Cesare Beccaria

Abhandlung über Verbrechen und Strafen

Von neuem aus dem Italiänischen übersetzt. Mit Anmerkungen von Diderot, mit Noten und Abhandlungen vom Uebersetzer, mit den Meinungen der berühmtesten Schriftsteller über die Todesstrafe

Cesare Beccaria

Abhandlung über Verbrechen und Strafen
Von neuem aus dem Italiänischen übersetzt. Mit Anmerkungen von Diderot, mit Noten und Abhandlungen vom Uebersetzer, mit den Meinungen der berühmtesten Schriftsteller über die Todesstrafe

ISBN/EAN: 9783743623309

Hergestellt in Europa, USA, Kanada, Australien, Japan

Cover: Foto ©Suzi / pixelio.de

Weitere Bücher finden Sie auf **www.hansebooks.com**

Des Marchese Beccaria's Abhandlung über Verbrechen und Strafen.

Von neuem aus dem Italiänischen übersetzt.

Mit Anmerkungen von Diderot, mit Noten und Abhandlungen vom Uebersetzer, mit den Meinungen der berühmtesten Schriftsteller über die Todesstrafe nebst einer Kritik derselben, und mit einem Anhange über die Nothwendigkeit des Geschwornengerichts und über die Beschaffenheit und die Vortheile desselben in England, Nordamerika und Frankreich.

Von

J. A. Bergk.

In rebus quibuscunque difficilioribus non expectandum, ut quis simul et serat et metat, sed praeparatione opus est, ut per gradus maturescant.

Baco.

Erster Theil.

Leipzig, 1798.
Bei Johann Gottlob Beygang.

Seiner Magnificenz

dem

derzeitigen Rektor der Universität Leipzig

Christian Daniel Erhard,

Doktor und Professor der Rechte, Assessor des Oberhofgerichts u. s. w.

Es giebt keine erhabenere und nützlichere Beschäftigung, als den Menschen ihre Rechte und Pflichten kennen zu lernen, weil diese Kenntniß der wahre und einzige Weg zur Tugend ist. Niemand verdient daher mehr Achtung, als die Handhaber der Gerechtigkeit und die Lehrer des Rechts, die den Saamen zu tausend guten Handlungen in den jungen Gemüthern ausstreuen. Ew. Magnificenz sind ein Eingeweiheter in die Lehren des Rechts und haben Lorbeern auf dem Felde errungen, das ich in diesem Buche zu betreten gewagt habe. Der Gedanke, einem so erfahrnen Richter meine Arbeit zu widmen, würde mich davon abgeschreckt haben, wenn nicht die Hoffnung auf Ihre gütige Nachsicht mir wieder Muth gemacht und die Dankbarkeit mich dazu aufgemuntert hätte: denn wem

könnte

konnte ich diese Bearbeitung und Uebersezzung des Beccaria mit grösserm Rechte zueignen als Ew. Magnificenz, die Sie mich oft belehrt haben und mit welcher mir, mich über die Gegenstände, die den Inhalt dieses Buchs ausmachen, zu unterhalten, oft das günstige Loos fiel. Dankbar erinnere ich mich an jene lehrreichen Gespräche, die Sie mit mir oft, über den Zweck der Strafe und über die Rechtmäßigkeit und über den Nutzen der Todesstrafe führten, wo Sie meine Meinungen erst durch ihre Folgen und dann durch die Grundsätze, auf welche sie sich stützten, an der Wurzel selbst angriffen. Ich gebe hiermit Ew. Magnificenz eine Frucht zurück, welche Ihnen zu verdanken hat

Ew. Magnificenz

Leipzig,
den 27. März 1798.

unterthänigster Diener
J. A. Bergk.

Inhalt des ersten Theils.

---

4. Von

Inhalt des ersten Theils.

21. Von

38. Von

An den Leser!

Von dem Verfasser.

Einige Ueberreste von Gesetzen eines eroberungssüchtigen Volkes aus dem Alterthume, die ein Fürst, der vor zwölf Jahrhunderten zu Constantinopel regierte, zusammenlesen ließ, die hernach mit Longobardischen Gebräuchen vermischt und in bändereiche Werke unbekannter Privatausleger eingeschlossen wurden, machen die Ueberlieferung von Meinungen aus, der man in einem grossen Theile Europens noch

immer

immer den Namen von Gesetzen giebt. Es ist eine traurige und bis auf den heutigen Tag noch sehr gewöhnliche Sache, daß eine Meinung von Carpzov, ein alter von Clarus berührter Gebrauch und eine von Farinacius mit zornigem Wohlgefallen angegebene Marter, die Gesetze sind, die diejenigen ruhig befolgen, die mit Zittern über das Leben und die Schicksale der Menschen gebieten sollten. Diese Gesetze, die eine Auswahl und eine Frucht der barbarischsten Jahrhunderte sind, werden in diesem Buche von der Seite des peinlichen Rechts untersucht und man wagt, ihre Unordnungen und ihre Ungerechtigkeit den Beherrschern der allgemeinen Glückseligkeit in einer Schreibart darzustellen, die den unaufgeklärten und ungedultigen Pöbel davon abhält. Die Freimüthigkeit, womit man der Wahrheit nachgeforscht hat und die Unabhängigkeit von gemeinen Meinungen, womit dieses Werk geschrieben ist, ist eine Wirkung der sanften und aufgeklärten Regierung, unter welcher der Verfasser lebt. Die großen Monarchen, die Wohlthäter der Menschheit, die uns regieren,

lieben

lieben die von dem unbekannten Philosophen mit Ueberlegung und Ruhe vorgetragenen Wahrheiten, nicht aber die, welche ein schwärmerischer Eifer ausstreuet, von welchem bloß derjenige entflammt ist, der mit Gewalt oder mit List auf sie losstürmt, den aber die Vernunft vertilgt: die gegenwärtigen Unordnungen wird derjenige, der genau alle Umstände derselben untersucht, für eine Satyre und für einen Vorwurf der vergangenen Zeitalter und nicht für eine Beschimpfung des gegenwärtigen Jahrhunderts und seiner Gesetzgeber ansehen.

Wer mich mit seinen Kritiken beehren will, der suche sich nur anfänglich von dem Zwecke, auf welchen dieses Werk gerichtet ist, genau zu unterrichten, von einem Zwecke der, weit entfernt das gesetzmäßige Ansehen zu verringern, vielmehr darzu dienen wird, es zu vermehren, wenn die Meinung in den Gemüthern der Menschen mehr auszurichten vermag, als die Gewalt, und wenn die Gelindigkeit und Menschlichkeit in den Augen Aller dasselbe rechtfertigen. Die übelverstandenen Kritiken, die man gegen dieses Buch gemacht hat, gründen

sich

sich auf verwirrte Begriffe und zwingen mich meine für den aufgeklärten Leser anzustellenden Untersuchungen einen Augenblick zu unterbrechen, um ein für allemal den Irrthümern eines furchtsamen Eifers oder den Verläumdungen des boshaften Neides auf immer den Zugang zu verschließen.

Es giebt drei Quellen, aus denen die moralischen Grundsätze und die politischen Regeln der Menschen fließen. Die Offenbarung, das Naturgesetz und die Verträge, die ein Werk der Gesellschaft sind. Zwischen der Erstern und den beiden Andern kann man in Beziehung auf ihren Endzweck keine Vergleichung anstellen: nur darin stimmen alle drei mit einander überein, daß sie zur Glückseligkeit dieses zeitlichen Lebens führen. Wenn man die Verhältnisse und die Belehrungen der Offenbarung betrachtet, so schließt man dadurch die Belehrungen und die Beziehungen der beiden andern nicht aus: ja vielmehr da jene, ob sie gleich göttlich und unveränderlich sind, durch die Schuld der Menschen, durch die falschen Religionen

gionen und durch die willkührlichen Begriffe von Tugend und Laster auf tausenderlei Art in den verdorbenen Gemüthern entstellt worden sind, so scheint es nothwendig zu seyn, jede andere Betrachtung bei Seite zu setzen und bloß das zu untersuchen, was aus rein menschlichen Verträgen, die man entweder ausdrücklich abgeschlossen oder aus Nothwendigkeit oder um des allgemeinen Besten willen stillschweigend vorausgesetzt hat (eine Idee, worin jede Sekte und jedes Moralsystem nothwendig einstimmen muß) hervorgeht. Immer wird es ein lobenswerthes Unternehmen seyn, das auch die Hartnäckigsten und Ungläubigsten nöthigt, sich nach den Grundsätzen zu fügen, die den Menschen antreiben, in Gesellschaft zu leben. Es giebt also drei verschiedene Classen von Tugenden und Lastern, religiöse, natürliche und politische. Diese drei Classen dürfen niemals im Widerspruche mit einander stehen; allein nicht alle Folgerungen und Pflichten, die sich aus der Einem ergeben, folgen auch aus den Andern. Das Naturgesetz verlangt nicht alles, was die Offenbarung fodert und das reingesellschaftliche

Gesetz

Gesetz legt uns nicht alles das auf, was das Naturgesetz gebietet. Es ist aber sehr viel daran gelegen, dasjenige, was sich aus diesem Vertrage, d. h. aus den ausdrücklichen oder stillschweigenden Verträgen der Menschen ergiebt, abzusondern, weil dies die Grenze derjenigen Gewalt ist, die rechtmäßiger Weise zwischen Menschen und Menschen ohne einen besondern Auftrag des höchsten Wesens ausgeübt werden kann. Daher kann man ohne Tadel den Begriff von der politischen Tugend veränderlich nennen: der Begriff von der natürlichen Tugend würde immer deutlich und bestimmt seyn, wenn die Schwachheiten und die Leidenschaften der Menschen ihn nicht verdunkelten; der Begriff hingegen von der religiösen Tugend ist immer einerlei und beständig, weil er unmittelbar von Gott geoffenbaret und von ihm erhalten worden ist.

Man würde also irren, wenn man denjenigen, der von gesellschaftlichen Verträgen und ihren Folgen spricht, beschuldigen wollte, er trüge Grundsätze vor, die entweder gegen das Natur-

Naturgesetz oder gegen die Offenbarung anstoßen, da er doch nicht von diesen redet. Man würde irren, wenn man demjenigen, der von dem Kriegszustande spricht, der vor dem gesellschaftlichen Zustande vorausgeht, Hobbes Meinung zuschreiben wollte, d. h. daß er vor der gesellschaftlichen Verbindung keine Pflicht und Verbindlichkeit zuließe, anstatt daß man denselben als eine Thatsache ansieht, die von der Verderbniß der menschlichen Natur und von dem Mangel ausdrücklicher Gesetze herrührt. Man würde irren, wenn man es einem Schriftsteller als ein Verbrechen anrechnete, daß wenn er die Wirkungen des gesellschaftlichen Vertrages untersucht, er dieselben nicht vor diesem Vertrage selbst annimmt.

Die göttliche und die natürliche Gerechtigkeit sind ihrem Wesen nach unwandelbar und beständig, weil das Verhältniß zwischen den Gegenständen selbst immer dasselbe bleibt; die menschliche oder politische Gerechtigkeit aber, die nur ein Verhältniß zwischen der Handlung und dem veränderlichen Zustande der Gesellschaft ausdrückt,

drückt, kann sich verändern, je nachdem eine Handlung für die Gesellschaft nothwendig oder nützlich wird und hierüber kann niemand leicht entscheiden, als wer die verwickelten und sehr veränderlichen Verhältnisse der bürgerlichen Verbindungen zergliedert. So bald als diese wesentlich verschiedne Grundsätze mit einander verwirrt werden, so giebt es keine Hoffnung mehr, gründliche Untersuchungen über öffentliche Angelegenheiten anzustellen. Es ist eine Pflicht der Theologen, die Grenzen zwischen Recht und Unrecht festzusetzen, in so fern es die innere Bosheit oder die Güte einer Handlung anbelangt und es kommt dem Staatsrechtslehrer zu, die Verhältnisse zwischen dem politischen Rechte und Unrechte zu bestimmen: und kein Gegenstand kann jemals dem Andern zum Nachtheile gereichen, weil jedermann einsieht, wie weit die reinpolitische Tugend der unveränderlichen von Gott entsprungenen nachstehen muß.

Wer also, ich wiederhole es noch einmal, mich mit seiner Beurtheilung beehren wollte,

fange

fange nicht damit an, mir Grundsätze beizumessen, die entweder die Tugend oder die Religion vernichten, da ich doch gezeigt habe, daß ich keine solchen Grundsätze habe und anstatt mich als einen Ungläubigen und Aufrührer zu verschreien, suche man vielmehr in mir einen schlechten Logiker oder einen unbesonnenen Politiker zu finden: man zittere aber nicht bei jedem Satze, der das Interesse der Menschheit vertheidigt: man überführe mich entweder von der Unnützlichkeit oder von dem politischen Schaden, den meine Grundsätze anrichten könnten und man beweise mir den Vortheil des bis jetzt angenommenen rechtlichen Verfahrens.

Ich habe ein öffentliches Zeugniß von meiner Religion und von meiner Unterwürfigkeit unter meinem Souverain in der Antwort auf die Noten und Bemerkungen *) abgelegt: es würde daher überflüßig seyn, auf andere ähnliche Schriften zu antworten: wer aber mit der Anständigkeit, die rechtschaffenen Männern geziemt

*) Der Tittel einer Schrift, die gegen Beccaria in Italien erschien.

ziemt und mit der Einsicht schreibt, die mich der Mühe überhebt, die ersten Grundsätze zu beweisen, er sey von welchem Stande er wolle, wird an mir nicht allein einen Mann, der sich zu antworten bemüht, sondern auch einen friedlichen Liebhaber der Wahrheit finden.

Vorrede.

Von dem Uebersetzer.

Es giebt kein zweckmäßiger Mittel, die Menschen zur Tugend zu leiten, als eine durchgängige Handhabung der Gerechtigkeit. Jedermann beugt sich vor dem Rechte, achtet und gewinnt dasselbe lieb und thut allenthalben seine Pflicht als Mensch und als Bürger, so viele Mühe und Schwierigkeiten es ihm auch kosten sollte.

Der Mensch hat vor nichts einen größern Abscheu als vor widernatürlichen und ungerechten Zwange. Sein empörtes Gemüth leistet diesem Widerstand, wenn auch sein Leben dadurch in

Gefahr gerathen sollte. Ungleiche und harte Strafen streuen den Saamen zu den Verbrechen aus, die sie verhüten sollen. Sie fodern die trotzige Gemüthsart der Menschen heraus, rufen schlummernde Leidenschaften zum Leben, die nach Rache dürsten, und regen Begierden auf, die durch ihre Unersättlichkeit gleich der Pest wüthen und stürzen die geplagte Menschheit in ein Meer von Irrthümer, Vergehungen und Sünden, aus welchem keine andere Rettung als der Tod ist. Harte Strafen verwirren die Begriffe und stempeln Handlungen als Verbrechen, welche die unschuldigsten und edelsten sind. Sie prägen dem menschlichen Gemüthe Blutgier und Rachgier ein, die keine Grenzen kennen. Sie umringen den Menschen allenthalben mit Furcht und Schrecken und giebt es wohl eine unedlere und schädlichere Triebfeder als Furcht? Kein Schrecken trägt unter Menschen Früchte, die ihrer werth und die ihnen nützlich sind. Es entehrt und erniedrigt das menschliche Gemüth und was sind solche Menschen, die sich vor sich selbst schämen müssen, nicht fähig, um die Verachtung von sich selbst in ihren Bußen auszutilgen, deren Qualen nur durch ein stetes Toben und durch einen

einen unsinnigen Taumel von einem Laster zum Andern gestillt werden? Niederträchtigkeit, eine Frucht der Furcht und des Schreckens, wagt jede Schandthat, so abscheulich und empörend sie auch seyn mag. Menschen, in deren Busen der Wurm der Selbstverachtung nagt, gehen ohne Bedenken durch Blut und über Leichen, um nur die folternde Pein zu ersticken, die sie stets verfolgt.

Menschen müssen durch Vernunft und Gerechtigkeit geleitet werden, weil dies der Pfad der Natur und die Stimme der Gottheit ist. Foltern und Qualen machen nur Bösewichter, Achtung aber gegen die Menschheit und Behandlungen der Menschen nach vernünftigen und rechtlichen Grundsätzen, erwecken Liebe zur Tugend und zum Rechte unter den Menschen. Wer begeht die meisten Verbrechen? Wer achtet weder Tugend noch Einsichten und wer hat kein Mitleid mit dem Unglücklichen und mit der Unschuld? Sind es nicht Menschen, die nie einen vernünftigen Grund, warum sie etwas thun und lassen sollen, hören? Sind es nicht die, bei welchen eine harte Behandlung die Naturgesetze entweder verstummen gemacht, oder verwirrt hat? Sind es nicht die, welche von Jugend auf Geringschätzung drückt und Mißhandlung verfolgt? Sind es nicht die, welche man bloß durch sinnliche Eindrücke und durch die ohnmächtige Furcht lenkt? Was entflieht eiliger als Furcht, weil sie gegen die Naturgesetze anstößt? Wem enteilt der menschliche Geist schneller als der Furcht, die ihn schmerzt, und die ihn niederdrückt, anstatt erhebt; die ihn von dem Guten abschreckt, anstatt dazu ermuntert; die ihn in den Augen Anderer verächtlich macht und dem Spotte preiß giebt, anstatt daß sie ihm ihre Achtung und Liebe verschaffen sollte?

Unser Zeitalter steht auf einer höhern Stufe der Kultur, als die Vorwelt. Es fodert daher auch eine ganz andre Behandlung als rohe Barbaren oder durch Elend und Bedrückung verwilderte Gemüther. Es ist Zeit, daß die Vernunft herrsche und daß die Gerechtigkeit zu Gericht sitze, damit die Menschheit sich nicht fürchterlich an den Menschen räche. Die Natur hat einen Zeitpunkt, bis wohin sie Mißbildung verträgt; wird aber dieser überschritten, so verwandelt man die Menschen in Ungeheuer. Der Vernunft trotzen, ist gefährlich und der Gerechtigkeit ausweichen, ist Hochverrath

verrath an der Menschheit. Man wecke den schlummernden Tiger nicht auf, man reitze nicht seine Blutgier, man kehre auf den Pfad der Natur und der Vernunft zurück und höre die Stimme des Rechts und der Weisheit.

Es giebt keinen wichtigern und einflußreichern Zweig der Gesetzgebung, als die Lehre von Verbrechen und Strafen. Durch sie will man die Menschen zur Tugend führen, durch sie soll das Recht der Menschheit geschützt werden und durch sie soll allgemeine Gerechtigkeit herrschen. Wie muß man nun es anfangen, um diesen Zweck zu erreichen? Man muß genau das Gebiet des äußern Rechts von dem Gebiete des Gewissens trennen, man muß die Rechte des Bürgers aufsuchen und ihre größere oder geringere Wichtigkeit bestimmen, man muß nach diesem Maaßstabe ihre Verletzung abmessen, man muß damit wirksame und verdiente Uebel verknüpfen, man muß aber genau die Vorschriften der Gerechtigkeit beobachten, und man muß die Strafen bald und mit Achtung gegen die menschliche Natur vollziehen. Ueber alle Staatsbürger muß ein gleiches Gesetz herrschen, alle Missethäter müssen gleichen Leiden unterworfen werden, wenn sie

sie gleiche Verbrechen begangen haben. Partheilichkeit bei der Untersuchung und harte Behandlung des Gefangnen muß entfernt werden, niemand darf anders als nach dem Buchstaben des Gesetzes gerichtet und verdammt werden, jeder muß seines Gleichen zu Beurtheilern über seine Schuld oder Unschuld erhalten. Das Verfahren des Richters muß Publizität begleiten, der Urtheilsspruch muß dem Publikum mit seinen Gründen bekannt gemacht und die Strafe öffentlich vollzogen werden. Keine Strafe darf grausam, entehrend oder unmäßig seyn, weil dieses dem Verbrecher nützt, indem man ihn wegen seiner Leiden bemitleidet, anstatt daß man seine Bestrafung gerecht halten sollte. Nichts ist der Herrschaft des Rechts schädlicher, als Bemitleidung des Verbrechers, wegen unverdienter und harter Strafen. Keine Strafe darf allzu lange dauern, jede muß dem Menschen ihr Ende im Hintergrunde zeigen, damit ihn die Hoffnung und der Muth beleben, ein rechtlicher Mann, wenn auch nicht ein moralischer Mensch, zu werden. Der Staat muß sich hüten, dem Verbrecher nie ein Recht zu entziehen, das ihm nicht zum Schutze anvertraut ist. Er darf nicht in die Regalien der Gottheit eingreifen: ist

Mord

Mord begangen worden, so darf er nicht wieder tödten, weil er dadurch eine Gewissenspflicht des Andern verletzt und kein äußers Recht, das allein vor sein Forum gehört, in Anspruch nimmt. Warum greift er in ein Reich ein, wo er nicht Gesetzgeber, Richter und Vollzieher seyn kann? Warum soll der Mensch etwas verlieren, was er durch sein Gewissen verbunden ist, zu erhalten, und was entschuldigt den Staat, eine härtere Strafe zu verfügen als nöthig ist? Immer muß Gleiches mit Gleichem vergolten werden: allein diese Gleichheit bezieht sich bloß auf die Verlezzung der äußern Rechte. Den Mörder darf der Staat nicht deshalb strafen, daß er dem Andern das Leben geraubt, sondern daß er ihm seine unveräußerlichen Bürgerrechte entrissen hat: diese können und dürfen dem Menschen allein von Menschen entzogen werden; und darein hat jeder Verbrecher durch sein Verfahren eingewilligt. Es war seine Pflicht, Andere als sich selbst zu betrachten. Seine Handlung zeigt also die Strafe, die er sich will zugefügt wissen. Nie darf aber der Richter eine Verletzung eines Gewissensrechtes beurtheilen, sondern immer nur das äußere Recht, das etwan durch die Vernichtung des Lebens, oder durch Verstümmelung

melung oder durch Beraubung des Verstandes verlohren gegangen ist.

Jeder Verbrecher muß um seiner That willen, nicht Anderer wegen leiden. Ihn soll Strafe treffen, weil er eine widerrechtliche Handlung ausgeübt hat. Der Mensch ist Selbstzweck und wehe dem der ihn zum bloßen Mittel erniedrigt und zum eingebildeten Vortheile Anderer abschlachtet! Es ist Wahn, daß sich die Menschen durch Strafen von Verbrechen abschrecken lassen. Sie haben Anlagen, auf welche alle Strafen nichts wirken, die alle solche Antriebe, die aus Furcht entspringen, verschmähen und die das Primat über alle Aeußerungen der Menschen führen. Der Hang zum Bösen kann nicht durch Furcht ausgerottet werden. Nicht die Nothwendigkeit, sondern die Freiheit ist sein Schöpfer und auch sein Vernichter. Der Mensch ist kein Opferthier, das Andern zur Versöhnung und zum Nutzen abgeschlachtet werden darf, sondern eine moralische Person, die ein Gesetz in ihrem Busen trägt, das jede solche Behandlung für Frevel erklärt. Was hat es für Vortheile gehabt, daß Hekatomben von Menschen in England und Frankreich geopfert worden sind? Nicht eine kurze und grausame Strafe fruchtet etwas, sondern der Anblick eines gestraften Verbrechers, der als warnendes Beispiel uns stets vor Augen schwebt. — Die Zweckmäßigkeit der Strafe ist der Gerechtigkeit untergeordnet. Hat man gethan, was diese fodert, so kann man auch mit Achtung gegen die Menschheit auf jene Rücksicht nehmen: denn jede Strafe muß zugleich zweckmäßig seyn, aber nicht für andere allein, sondern vorzüglich für den Verbrecher. Er soll, wenn auch nicht gebessert, denn diese Macht ist nicht Andern sondern ihm allein gegeben, doch an rechtliche Maximen gewöhnt werden. Er muß durch Unterricht und Beispiel lernen, das Gute achten und das Recht befolgen. Jeder Verbrecher, dem es an Einsicht gebricht und dies ist nur leider! allzu oft der Fall, muß unterrichtet und belehrt werden, damit er das Gute von dem Bösen, das Rechtliche von dem Widerrechtlichen unterscheiden und damit er seine Pflicht kennen, und damit er einsehen lerne, wozu er da ist. Man muß ihn auch durch Umgang mit gebesserten Verbrechern zum Guten locken.

Jeder Verbrecher, der ein verwildertes Gemüth und der ein zu großes Verbrechen begangen hat, muß in einem einsamen, aber gesunden, Kerker anfänglich sich selbst überlassen werden. Der Hang nach Thätigkeit und nach Beschäftigung, der dem Menschen natürlich ist, muß ihn zum Nachdenken über sich selbst, und über den Zustand seines vorigen Leben und dadurch zur Reue über seine Schandthat bringen. Nichts scheint wirksamer zur Besserung des Menschen zu seyn, als todtenstille Einsamkeit, weil er, aus Mangel an äußern Eindrücken, an sich selbst denken und sich mit sich selbst beschäftigen muß. Hat ihm diese Grabesstille zum Nachdenken und zur Reue gebracht, dann muß er in die Gesellschaft von Verbrechern kommen, die schon große Fortschritte in ihrer Besserung und in der Angewöhnung an rechtliche Maximen gemacht haben. Oeffentliche Arbeit ist nunmehro die Strafe, die er noch zu leiden hat und wo er mit Andern aber in keiner allzu großen Anzahl arbeiten kann. Die Aufseher dürfen keine rohen, unwissenden und barbarische Menschen, sondern gute, erfahrne und einsichtsvolle Männer seyn, die die menschliche Natur, ihre Anlagen, ihre Triebe, oder ihre Begierden und Leidenschafschaften und alles was den Menschen vom Pfade der Natur ableitet, kennen. Sie müssen Seelenärzte seyn, um immer die zweckmäßigsten Mittel bei der Kur ihres Kranken wählen zu können.

Wollte man mir einwenden, daß es sehr schwer, wenn nicht in unsern jetzigen Zeiten ganz unmöglich, sey, diese Foderungen zu befriedigen, so erwiedere ich, daß eine durchgängige Handhabung des Rechts und die Achtung gegen die Menschheit und die Schonung der Gesundheit des Menschen Pflicht ist, daß es das Gesetz der Zweckmäßigkeit und die Klugheit erfordert, daß der Staat sich angelegen seyn lasse, den Verbrecher an ein rechtliches Leben zu gewöhnen, um nicht widerrechtlich und zwecklos einen Menschen geplagt zu haben. Kann man aber auch diese Foderungen der Vernunft und des Rechts nicht auf einmal befriedigen, so muß man doch versuchen, sich in seinen Handlungen ihnen zu nähern. Es ist unerlaßliche Pflicht der Menschen, daß sie die Verbesserungen, welche das Recht fodert, nicht auf die lange Bank schieben, weil sie dadurch ihren Charakter vernichten. Es ist entweder Kurzsichtigkeit oder Eigennutz, wenn man behauptet, daß sich

Fode-

Foderungen des Rechts nicht ausführen lassen. Kann denn aber unsere Vernunft — das Wirklichste und Höchste, was es für Menschen giebt — etwas fodern, was entweder nicht möglich oder ungereimt ist? Kann sie etwas durch ihr feierliches Sollen als Pflicht ankündigen, was einen Widerspruch enthält? Kann uns unser Gewissen für etwas verantwortlich machen, was wir nicht thun können? Der Stimme der Vernunft nicht gehorchen, ist Frevel und die Foderungen des Rechts und der Pflicht für leere Anmaßungen erklären, ist Hochverrath gegen die Menschheit. Die Stimme des Gewissens ist Gottesstimme und wer erkühnt sich, sich gegen den Allheiligen zu empören und zu behaupten, die Foderungen der Vernunft, die allgemein, für alle Menschen gleich und uneigennützig sind, seyen Ungereimtheiten oder Erdichtungen?

Wenn die Menschen dem Rechte gehorchen, so sind sie deshalb noch nicht tugendhaft. Strenger Gehorsam gegen das Recht ist erst der Vorhof zur Tugend und diese ist eine Pflicht, die ohne Selbstschändung und ohne blutige Reue nicht abgewiesen werden kann. Stetes Reformiren in Dingen, die ein Produkt der Ver-

nunft

nunft und der Freiheit sind, ist Pflicht, weil die Vernunft uns ihre Ideen immer als Muster aufstellt, dem wir nachahmen und das wir als Vorbild ansehen sollen. Aber es ist ein Unglück, daß eine große Menge unserer Zeitgenossen höchst verständig ist, viele Einsichten besitzt und vor lauter Erfahrungen nicht weiß, was sie thun soll und also den Wald vor den Bäumen nicht sieht, hingegen desto weniger vernünftig ist. Die Vernunft, der Charakter der Menschen, scheint ihnen ein völliges Geheimniß zu seyn. Sie können sich nicht zu Ideen — den Kindern der Vernunft — erheben, sie tappen daher bei allen Unternehmungen im Finstern, sie sehen nicht die Heiligkeit ihrer Foderung ein, sie ahnden nicht die hohe Bestimmung des Menschen und sie sind kalte und laue Zuschauer von allem, was um sie herum vorgeht. Sie glauben, das Menschengeschlecht drehe sich in ewigen Kreißen umher und fange immer die Rolle, die es so eben ausgespielt habe, von vorne an. Wie können diese Menschen Lust haben, etwas für ihre Mitmenschen zu unternehmen? Wie können sie geneigt zu Aufopferungen seyn, da sie die Nothwendigkeit, den traurigen Götzen, dem sie huldigen, für die Lenkerin der

Schicksale der Menschen halten? Allein es giebt einen Gott und eine Vernunft, die uns von diesem Spiele der Nothwendigkeit erretten. Wir sollen im Guten und in der Vollkommenheit fortschreiten, wir sollen das Recht auf den Weltthron erheben, wir sollen Alle als unsers Gleichen lieben und achten. Niemand thut seine Pflicht, der nicht stets von diesem Gedanken belebt ist und den nicht stets die Majestät der Pflicht durchdringt. Gelingt auch eine menschliche Verbesserung nicht auf den ersten Wurf, so dürfen wir doch nicht müde werden, darinne fortzufahren und an allem, was Menschen thun und gethan haben, zu bessern.

Unsere bürgerlichen und peinlichen Gesetze verlangen allenthalben eine Verbesserung. Sie sind entweder ungerecht oder zu nachsichtig, beides kann nicht vor der Vernunft bestehen.

Beccaria hat in seiner Abhandlung über Verbrechen und Strafen herrliche Ideen niedergelegt, von welchen zu verwundern ist, daß sie nur in Pensilvanien Früchte getragen haben. Seine Vorschläge sind human und gerecht, seine Ideen sind meistentheils Ausflüsse der Vernunft, seine Strafen weder entehrend noch unzweckzweckmäßig. Er achtet allenthalben das Recht der Menschheit, und diese Achtung gegen dieselbe belebt seine ganze Untersuchung. Er verhüllt seine Ideen manchmal in Dunkel, und beschreibt, wo er bestimmt seine Meinung sagen sollte, und wählt unbestimmte Ausdrücke, wo er glaubte, für seine Zeitgenossen und für sein Vaterland anstößige Gedanken zu äußern, allein darf uns das abschrecken, nach den Goldgruben zu graben, die darin verborgen sind? Sind die Winke, die er zu gerechten und zweckmäßigen Gesetzen und Strafen giebt, nicht hinreichend, dem Forscher nach Wahrheit anzudeuten, was des Verfassers Meinung sey? Ein tiefer Abscheu gegen Bedrückung, eine heiße Liebe zur Gerechtigkeit und eine höhere Achtung gegen die Menschheit, sind der Charakter dieser Schrift. Beccaria wollte die Wahrheit sagen, aber er wollte nicht ihr Opfer werden, verlangt denn nun die Wahrheit Opfer? Nein! nicht sie, sondern die Tyrannei der Menschen ist das gefräßige Raubthier, das die Menschen unsere Brüder, wegen ihrer verschiedenen Meinungen verschlingt. Kein Forscher nach Wahrheit darf sich aber deshalb abschrecken lassen, Wahrheit zu sagen und Wahrheit zu hören, sie komme woher sie wolle,

denn

denn sie ist Gottes Stimme. Was sollte aus den Menschen werden, wenn die Wahrheitssucher schwiegen, sobald sie glaubten, ihre Meinung werde Mißfallen oder Aufopferung kosten? Wo würde man dies Himmelskind suchen müssen? Wo würde man noch Menschen finden? Unter den Trümmern der Welt würde alles begraben werden, was Menschen theuer und heilig ist. Die Maxime, jeder darf sagen wovon er überzeugt ist, ist rechtlich, weil durch ihre Anwendung niemand unrecht geschieht und weil es Pflicht für Menschen ist, sich einander ihre Meinungen mitzutheilen, indem dieser Ideenwechsel ein kräftiges Mittel zur Kultur und eine mächtige Auffoderung zur Tugend ist.

Beccaria hat oft Gegenstände nur kurz berührt, die der Denker schon weiter verfolgen wird. Seine Ideen sind oft sehr zerstreut, und zerstückelt, vielleicht mehr als sich vertheidigen läßt, aber er wollte kein System schreiben. Der Unwillen gegen die Ungerechtigkeiten der Menschen feuerte ihn an, seine Ideen auf das Papier niederzuwerfen und sich eben nicht so genau um eine strenge logische Verbindung der Gedanken zu bekümmern. Er wollte den Menschen

Mensch-

Menschlichkeit lehren und mußte daher nicht allein ihren Verstand, sondern auch ihr Herz in Anspruch nehmen. Er wollte ihnen eben die Verachtung gegen das Unrecht und eben den Abscheu vor Grausamkeiten einflößen, der ihn belebte. Nichts macht einen tiefern Eindruck auf die Menschen, als wenn der Schriftsteller die kalte Vernunft mit den Gefühlen des Herzens abwechseln läßt. Was ist die Ursache, daß manche philosophische Schriften Kants so sehr gefallen? Nicht allein der Reichthum an Gedanken, die Masse von neuen Ideen und die kühnen Ansichten, sondern die Sprache des Herzens fesselt uns unwillkührlich und ist Labsal nach heißen Tagen.

Diderots Anmerkungen ließ im Jahre 1797 der B. Röderer zum erstenmal aus der Handschrift des Verfassers zur französischen Uebersezzung von Morellet abdrucken. Die Franzosen müssen Beccaria fleißig studiert und gelesen haben, denn Röderer sagt, diese Uebersetzung sey einige zwanzigmal von neuem gedruckt worden. Diderots Bemerkungen sind zwar nicht zahlreich, aber sie sind voll Menschenkenntnis und wer ließt nicht gern die Meinungen eines Diderot, wenn es einen so wichtigen Gegenstand der Menschheit betrifft?

Meine Anmerkungen sind hingeworfene Gedanken, die mir der Raum nicht gestattete weiter auszuführen. Ich wollte nur aufmerksam machen, wie ein peinliches Gesetzbuch beschaffen seyn müße, wenn es vor der Vernunft in unsern Tagen bestehen wolle. Sie sind ohne die Absicht, irgend jemand zu beleidigen, niedergeschrieben. Sie sind Kinder der Unschuld und gleichwohl sind sie nicht ohne Anfechtung zur Welt gekommen. Sie haben nicht die Absicht den Lauf der Sterne zu verrücken: immer mag der Mond und die Sonne den Gang fortgehen, sie werden dieselben in ihrem tausendjährigen Laufe nicht stören.

Die Absicht, warum eine neue Uebersetzung, wobei ich die Hommelsche benutzt habe, unternommen worden, ist, eine Kritik der Meinung über die Todesstrafen beizufügen, die Ideen über Verbrechen und Strafen zu revidiren und allenthalben das Gebiet des Gewissens von dem Gebiete des äußern Rechts abgesondert zu betrachten: erstlich allemal zu untersuchen, was ist rechtlich, und zweitens, was ist zweckmäßig. Ich habe deshalb unter dem Texte des ersten Bandes oft Anmerkungen beigefügt, weil ich im zweiten Bande keine Gelegenheit habe, wieder auf diesen Gegenstand zurück zu kommen. Der zweite Band, der nächstens erscheinen wird, enthält die Ideen einer peinlichen Gesetzgebung, (nämlich Abhandlungen, was ein Verbrechen sey, und über die Stufenfolge derselben, über den Zweck der Strafe und über den Maaßstab derselben) die Meinungen der angesehensten Schriftsteller über die Todesstrafe, nebst einer Kritik derselben und einer Untersuchung ihrer Rechtmäßigkeit und ihres Nutzens u. s. w.

Aus dem Briefe *) des Marchese Beccaria an Andre' Morellet, habe ich einen Auszug gegeben und alles ausgehoben, was sich auf B. Lage, Beschäftigungen, Lieblingsneigungen und gesellschaftliche Verbindungen bezog.

Die Geschichte des peinlichen Rechts, die ich beigefügt habe, ist bloß ein flüchtiger Abriß, der zeigen soll, welche Handlungen in der Vergangen-

*) Dieser Brief erscheint hier zum erstenmale teutsch. Er war an den französischen Uebersetzer Andre' Morellet gerichtet, mit dessen Erlaubniß er im Jahr 1797 in Paris mit Diderots Anmerkungen zum erstenmal abgedruckt wurde.

gangenheit für Verbrechen gehalten und welche Strafen ertheilt wurden. Mir schien es, als müsse bei einer solchen Erzählung die menschliche Natur und die Geschichte stets Hand in Hand mit einander gehen; ich habe daher immer auf den Grad und die Art der Kultur, die in einem Zeitalter herrschend waren, Rücksicht genommen.

Leipzig,
den 27. März 1798.

J. A. Bergk.

Kurze

Kurze Nachricht von dem Leben des M. Beccaria.

Auszug eines Briefes von ihm selbst an Andre' Morellet *).

Ich kann Ihnen nicht sagen, wie sehr ich mich gerührt fühle, mein Buch in die Sprache einer Nation übersetzt

*) Dieser Brief ist eine Antwort auf einen Brief von Andre' Morellet, der sein Werk, von Verbrechen und Strafen, ins Französische übersetzt und ihm Nachricht von dem großen Beifalle, welchen es in Frankreich fände, gegeben hatte. Zu dieser Uebersetzung war der Herr von Malesherbes die Veranlassung gewesen. Diderot, Helvetius, Büffon, Hume, der Baron Holbach, bei welchem sich täglich die größten Denker in Paris versammelten, ließen durch den Uebers. dem Marchese Beccaria, ihre Hochachtung, Dankbarkeit und Freundschaft bezeugen. Auch J. J. Rousseau hatte das Werk gleich anfänglich zum Lesen erhalten. Mit d'Alembert war B. schon vorher verbunden; dieser hatte daher auch jenem Zusatze zu seiner Abhandlung über Verbrechen und Strafen geschickt, von welchen aber bei der ersten Ausgabe der Uebersetzung kein Gebrauch gemacht werden konnte, weil sie Andre' Morellet

setzt zu sehen, welche Europa unterrichtet und aufklärt. Ich selbst verdanke alles französischen Büchern. Sie haben in meiner Seele die Gefühle der Achtung gegen die Menschheit erweckt, welche eine achtjährige fanatische Erziehung erstikt hatte. Ich verehre Ihren Namen schon wegen der vortrefflichen Artickel, die Sie in das unsterbliche Werk, die Encyclopädie, haben einrücken lassen, und es war für mich die angenehmste Ueberraschung, als ich erfuhr, daß ein Gelehrter von Ihrem Ansehen meine Abhandlung, von Verbrechen und Strafen, zu übersetzen, würdige. Ich danke Ihnen von ganzem Herzen für das Geschenk, das Sie mir mit Ihrer Uebersetzung gemacht haben. Ich habe sie mit einem Vergnügen gelesen, das ich Ihnen nicht beschreiben kann und ich habe gefunden, daß Sie die Urschrift verschönert haben. Ich gestehe Ihnen mit der größtem Aufrichtigkeit, daß die Ordnung, welcher Sie dabey gefolgt sind, mir selbst natürlicher und den Vorzug vor der Meinigen zu verdienen scheint und es thut mir leid, daß die neue italienische Ausgabe beinahe vollendet ist, bei welcher ich mich sonst gänzlich oder doch fast gänzlich nach Ihrem Plane würde gerichtet haben. —

Der Einwurf, den man Ihnen gemacht hat, daß das Buch durch Veränderung der Ordnung an Stärke und Nachdruck verliehre, hat keinen Grund. Die Stärke bestehe in der Wahl der Ausdrücke und in der Verbin-

rellet von d'Alembert zu spät erhielt. Beccaria's Brief ist vom Mai 1766 und beantwortet die Fragen, welche der Uebersetzer an ihn gethan hatte.

Der Uebers.

Verbindung der Ideen und diesen beiden Wirkungen kann nur die Verwirrung schaden. Die Furcht, die Eigenliebe des Verfassers zu beleidigen, durfte Sie nicht zurückhalten. Erstlich, weil, wie Sie selbst mit Recht in Ihrer vortreflichem Vorrede sagen, ein Buch, worinne man die Sache der Menschheit vertheidigt und wenn es einmal öffentlich bekannt gemacht worden ist, der Welt und allen Nationen angehört und zweytens was mich anbetrist, ich wenig Fortschritte in der Philosophie des Herzens, die ich über die Philosophie des Verstandes setze, müßte gemacht haben, wenn ich nicht den Muth erworben hätte, die Wahrheit zu sehen und zu lieben.

Die Ungeduld, mit welcher meine Freunde Ihre Uebersetzung lesen, raubte mir sie, so bald ich sie selbst gelesen hatte und ich muß daher die Erläuterung der Stellen, welche Sie dunkel gefunden haben, auf einen andern Brief verschieben. — Allein ich muß Ihnen sagen, daß mir während des Schreibens die Beispiele eines Macchiavelli, eines Gallilei, und eines Giannone vor den Augen schwebten. Ich hörte das Kettengerassel, das der Aberglaube macht und das Geschrei des Fanatismns, das das Seufzen der Wahrheit erstickt. Der Anblick dieses schrecklichen Schauspiels bestimmte mich, manchmal das Licht in Wolken einzuhüllen. Ich wollte die Menschheit vertheidigen, ohne ihr Martyrer zu werden. Der Gedanke, daß ich dunkel seyn müßte, hat es mich manchmal ohne Noth gemacht. Verbinden Sie noch damit die Unerfahrenheit und den Mangel an Fertigkeit im Schreiben, den man einem Schriftsteller verzeihen kann, der nur 28 Jahr alt und der nur seit 5 Jahren in die Laufbahn der Wissenschaften eingetreten ist.

Es ist mir unmöglich, Ihnen, mein Herr, die Zufriedenheit zu schildern, mit welcher ich den Antheil, den Sie an mir nehmen, sehe und wie tief ich über die Merkmale der Hochachtung gerührt bin, die Sie mir beweisen und die ich nicht ohne Eitelkeit annehmen, und ohne Ihnen Unrecht zu thun, abweisen kann. Mit eben derselben Erkenntlichkeit und Verwirrung habe ich die verbindlichen Sachen angenommen, die Sie mir, von Seiten der berühmten Männer sagen, welche der Menschheit, Europa und Ihrer Nation so viel Ehre machen. D'Alembert, Diderot, Helvetius, Büffon, Hume, berühmte Namen und die man nie ohne die innigste Bewegung hören kann, eure unsterblichen Werke sind meine stete Lektüre, der Gegenstand meiner Beschäftigungen bei Tage und meines Nachdenkens in dem Schweigen der Nacht! Voll von den Wahrheiten, die ihr lehrt, wie könnte ich angebeteten Irrthümern räuchern und mich bis dahin erniedrigen, die Nachwelt zu belügen? Was ich Ihnen, mein Herr, schreibe, ist genau das, was ich fühle. Ich finde mich über alle meine Hoffnungen belohnt, indem ich Merkmale der Achtung von allen den berühmten Männern erhalte, die meine Lehrer sind. Melden Sie jedem insbesondere, ich bitte Sie darum, meinen gehorsamsten Dank, und versichern Sie dieselben aller der tiefen und wahren Hochachtung, welche ich gegen sie hege und welche eine gefühlvolle Seele für die Wahrheit und für die Tugend hat. Vor allem sagen Sie dem Baron Holbach, wie sehr

sehr ich ihn verehre und wie begierig ich bin, mich seiner Freundschaft würdig zu machen.

Ihre und Ihrer berühmten Freunde Neugierde nach dem, was mich betrift, ist zu schmeichelhaft für mich, als daß ich mich nicht bemühen sollte, sie aufrichtig zu befriedigen. Ich bin der älteste Sohn einer Familie, die einiges Vermögen hat, aber Umstände, theils nothwendige, theils von dem Willen Anderer abhängende, lassen mir nicht viel Reichthum. Ich habe einen Vater, dessen Alter und sogar Vorurtheile zu verehren meine Schuldigkeit ist. Ich bin an eine junge gefühlvolle Frau verheurathet, die eine Lust darin findet, ihren Verstand auszubilden und ich habe das seltene Glück genossen, daß auf die Liebe die zärtlichste Freundschaft folgte. Meine einzige Beschäftigung ist, in Ruhe Philosophie zu studiren und auf diese Weise drei sehr lebhafte Wünsche in mir, die Liebe zu gelehrtem Ruhme, die Liebe zur Freiheit und das Mitleid mit den unglücklichen Sclaven so vieler Irrthümer zu befriedigen. Seit fünf Jahren her schreibt sich meine Bekehrung zur Philosophie und ich verdanke sie der Lektüre der persischen Briefe. Das zweite Werk, das die Revolution in meinem Geiste vollendete, ist das Buch des Helvetius, vom Geiste. Mit Gewalt stieß mich Helvetius auf dem Wege der Wahrheit fort und er hat zuerst meine Aufmerksamkeit auf die Verblendung und das Elend der Menschheit erweckt. Der Lektüre seines Werk vom Geiste verdanke ich einen großen Theil meiner Ideen. Das erhabene Werk von Büffon hat mir das Heiligthum der Natur aufgeschlossen. Ich habe letzthin den 12 und 13 Band der Quartausgabe gelesen

lesen und vorzüglich die beiden Betrachtungen über die Natur bewundert, die mich durch die philosophische Beredtsamkeit, womit sie geschrieben sind, entzückten. Was ich bis jetzt von Diderot habe lesen können, nämlich: seine dramatischen Werke, seine Auslegung der Natur und die Artikel in der Encyclopädie, hat mir voller Ideen und Wärme geschienen. Was für ein vortreflicher Mann muß er nicht seyn! Die tiefe Metaphysik des Herrn Hume, die Wahrheit und Neuheit seiner Ansichten haben mich in Erstaunen gesetzt und meinen Verstand aufgeklärt. Seit kurzem habe ich alle 18 Bände seiner Geschichte mit einem unbeschreiblichen Vergnügen gelesen. Ich habe hier einen Politiker, einen Philosophen und einen Geschichtschreiber vom ersten Range kennen gelernt. Was soll ich Ihnen, mein Herr, von den philosophischen Werken des Herrn d'Alembert sagen? Sie zeigen mir eine unendliche Kette von großen und neuen Gedanken, und ich finde da die Erhabenheit und den Styl eines Gesetzgebers. Seine Vorrede zur Encyklopädie und seine Anfangsgründe der Philosophie sind klassische Werke und enthalten Saamen zu einer unermeßlichen Menge von Untersuchungen. Ich verstehe Mathematik genug, um die großen Entdeckungen dieses berühmten Mannes würdigen und ihn für den größten Geometer dieses Jahrhunderts erklären zu können. Ich habe viel Belehrung aus den Werken des Abbe' von Condillac geschöpft. Nach meiner Meinung sind sie Meisterstücke von Bestimmtheit, Deutlichkeit und guter Metaphysik. Ich habe vor kurzem die Ehre gehabt, ihn zu Mailand kennen zu lernen und ein Freundschaftsband mit ihm anzuknüpfen. Ich führe ein ruhiges

ges und einsames Leben, wenn man eine auserlesene Gesellschaft von Freunden, wo Verstand und Herz in einer stetem Thätigkeit sind, Einsamkeit nennen kann. Wir lieben alle einerlei Wissenschaften und Vergnügungen. Das ist meine Erholung und diese verhindert mich, mein Vaterland als einen Verbannungsort für mich anzusehen.

Dieses Land ist noch ganz unter den Vorurtheilen begraben, welche seine alten Herrn da zurückgelassen haben. Die Mailänder verzeihen denen nicht, die sie in das 18zehnte Jahrhundert versetzen wollten. In einer Hauptstadt, die hundert und zwanzigtausend Einwohner hat, giebt es kaum zwanzig Personen, die sich zu unterrichten wünschen und die der Wahrheit und der Tugend opfern. Da ich und meine Freunde überzeugt sind, daß periodische Werke Eines der besten Mittel sind, Geister, welche jeder starken Anstrengung unfähig sind, an irgend eine Lektüre zu fesseln, so lassen wir Blätter *) drucken, worinne wir dem Zuschauer nachahmen, einem Werke, das so viel beigetragen hat, die Kultur des Geistes und die Fortschritte des gesunden Menschenverstandes in England zu befördern. Ich werde die Ehre haben, Ihnen eine Sammlung davon zu

*) Das periodische Blatt, woran die besten Köpfe in Mailand arbeiteten und wovon jetzt mehrere die höchsten Aemter in der cisalpinischen Republik verwalten, hieß der Caffee und die Gesellschaft, die Caffeegesellschaft. Sie versammelte sich im Hause des Grafen Veri, der damals wirklicher Präsident des höchsten Finanz- und Comerzienrathes im Mailändischen war.

Der Uebers.

zu schicken. Sie werden da Schlechtes, Mittelmäßiges und Gutes untereinander finden. Von mir steht ein Versuch über die rednerischen Zierrathen, ein Bruchstück über den Styl, ein Gespräch über periodische Werke, ein anderes über die Vergnügungen der Einbildungskraft, eine Uebersezzung eines Stücks des Herrn von Montmaur über die Zergliederung der Hasardspiele, darinn; alles Sachen, die ich mit der bei periodischen Schriften gewöhnlichem Eilfertigkeit geschrieben habe. Die Aufsätze des Grafen Veri sind mit dem Buchstaben P. unterzeichnet. Sie kennen ihn schon durch seine kleine vortrefliche Abhandlung über das Glück. Er ist ein Mann, der sich durch trefliche Eigenschaften des Verstandes und des Herzens auszeichnet und der Theuerste meiner Freunde. Es scheint als fühlte ich für ihn eben den Enthusiasmus der Freundschaft, den Montaigne für seinen Freund Etienne de la Boetie fühlte. Er hat mich zum Schreiben aufgemundert und ihm verdanke ich, daß ich das Manuscript von Verbrechen und Strafen nicht ins Feuer geworfen habe. Er hat es mit seiner eigenem Hand abgeschrieben.

Die Wissenschaften haben einen Denker verlohren, aber die Nation hat einen vortreflichen Minister an dem Grafen Carli bekommen. Er ist durch ein Werk über die Münzen bekannt.

Meine andern Freunde sind, ein Bruder des Grafen Veri, der wie dieser viele Talente besitzt, der Marchese Longo, der Graf Visconti, Herr Lambertinghi, der Graf Secchi u. A. Wir alle treiben in

der

der Einsamkeit und in der Stille die gute Philosophie, die man hier fürchtet und verachtet. Glauben Sie mir, mein Herr! daß die französischen Philosophen in diesem Amerika ihre Colonie haben und daß wir ihre Schüler sind, weil wir Schüler der Vernunft sind. Schließen Sie daraus, mit welcher Erkenntlichkeit und mit welchem Vergnügen ich die Werke annehmen werde, die Sie mir ankündigen und deren Gegenstand die Menschheit zu unterrichten und zu trösten ist. Wir schätzen hier das vortrefliche Werk des Herrn Gatti, das Sie übersetzt haben und wo wir einen in den Büchern von der Arzeneikunde sehr selten philosophischen Geist finden, außerordentlich. Ich würde es noch nicht gelesen haben, wenn es mir nicht der Abbe' von Condillac von Parma geschickt hätte. — Ich würde nach Paris fliegen, um mich zu unterrichten, um Sie zu bewundern und um Ihnen alles das, was ich für Sie, für Herrn d'Alembert und für ihre berühmten Freunde empfinde, auszudrücken, wenn es mir mein Vermögen erlaubte. Doch hoffe ich, daß sich die Umstände ändern werden und daß diese Verzögerung mich in Stand setzen wird, mich Ihrer Gesellschaft desto würdiger zu machen. — Ohne Verzug werde ich Ihnen einige Erläuteruugen über die Stellen schicken, die Sie dunkel gefunden haben und die ich gar nicht zu rechtfertigen begehre, weil ich nicht geschrieben habe, um nicht von Philosophen, wie Sie, verstanden zu werden. Ich bitte Sie sehr, mir Ihre und Ihrer Freunde Bemerkungen zu zuschicken, damit ich sie mir bei einer sechsten Ausgabe zu Nutze machen kann. Theilen Sie vor allem andern das Resultat Ihrer Unterredungen über mein Buch Diderot mit. Ich wünsche recht sehr zu wissen, welchen Eindruck ich auf einen so erhaben Geist gemacht habe.

N. S. Der Pater Frisi trägt mir auf, Ihnen seine Empfehlung zu machen. Er schätzt Sie unendlich. Er ist einer meiner theuersten Freunde. Er wird vielleicht diesen Frühling nach Paris reisen und ich beneide ihn sehr um sein Glück *).

Die eigentliche Veranlassung zu diesem Werke soll die schreckliche Begebenheit, welche der Familie Calas in Toulouse wiederfuhr, gegeben haben. Die Encyklopädisten, welche die Mißbräuche der Staatsverwaltung angriffen und über den ungeheuern Despotismus, welcher in Frankreich wüthete, mit aller Macht herfielen, schrieben bey der Ermordung Calas an einen ihrer Freunde nach Mailand, daß jetzt der Zeitpunkt dasey, gegen die Härte der Strafen und gegen die Undultsamkeit religiöser Meinungen zu Felde zu ziehen. Der, an welchen der Brief gerichtet war, gieng mit dem Schreiben des Sekretairs der Encyclopädisten zu dem Grafen Veri, in dessen Wohnung sich die Caffeegesell-

*) In einem Briefe an Beccaria fordert André Morellet diesen auf, das große Werk, das er über Gesetzgebung versprochen hat, zu vollenden. Seit der Zeit ist auch ein Werk erschienen, wovon Beccaria Verfasser seyn soll. Ich kenne nur die französische Uebersetzung, welche in Frankreich und England sehr viel Beyfall erhalten hat. Der Titel derselben heißt: Essai sur la politique et la legislation des Romains, in 12 Paris l'an III.

Der Uebers.

gesellschaft versammelte und machte seinen Auftrag bekannt. Man war allgemein damit zufrieden und schickte den Brief herum. Alle Gelehrte dieser Gesellschaft beeiferten sich um die Wette, diesen Auftrag in Ausführung bringen zu helfen. Vor allen aber zeichnete sich Beccaria aus, der sich erbot, eine Abhandlung zu schreiben, wo er sich die Grausamkeit der Strafen zu rügen, ihre Strenge deutlich zu zeigen und zugleich das Mißverhältniß zwischen Verbrechen und Strafen ins Licht zu stellen vornahm. Er wollte Menschenleben retten, und schrieb daher mit einem Feuer und mit einer Stärke, die nur der Enthusiasmus für die Sache der Menschheit und die Einsicht in das zahllose Unrecht, welches sie zu erdulden hat, einflößt.

In der Schweiz hatte sich seit mehrern Jahren eine gelehrte Gesellschaft gebildet, um Kenntniß der den Menschen nützlichsten Wahrheiten zu verbreiten und auf die Mildeeung der Strafen hinzuarbeiten. Zu dieser Absicht gab sie Preißfragen auf. Unter den Schriften, welche bei der Akademie einliefen, gab es mehrere, die ein gewisses akademisches Verdienst hatten, aber keine, welche die Richter in Absicht der Bestimmtheit der Form und des Umfangs der Gesichtspunkte befriedigte. Unter diesen Umständen nahm die Gesellschaft im Jahre 1763 den Entschluß, ihren Preiß dem Abbe' Mably, wegen seiner Entretiens de Phocion, zu zuerkennen. Aus demselben Grunde entschloß sie sich, dem ungenannten Verfasser einer italienischen Abhandlung über Verbrechen und Strafen eine Medaille von zwanzig Dukaten zu geben, und ihn einzuladen, sich ihr zu erkennen

kennen zu geben, um einen so vortreflichen Bürger ein Merkzeichen der Hochachtung zu überliefern, der seine Stimme zu Gunsten der Menschen gegen eingewurzelte Vorurtheile zu erheben wagte.

Kurzer Abriß einer Geschichte des Criminalrechts.

Von dem Uebers.

Verbrechen und Strafen sind Handlungen der menschlichen Willkühr, welche durch Vernunft bestimmt werden sollen. Es ist daher nöthig, daß man weiß, was die Vernunf gebietet und verbietet und wie weit sich die Grenzen des äußern Rechts als des Gebietes der Staatsgewalt erstrecken, ehe man Etwas für ein Verbrechen erklären und als ein solches bestrafen kann. Dieser äußere Gerichtshof ist genau von dem Gebiete des innern Rechts unterschieden; vor jenem ist der Staat Richter, in diesem die Gottheit; jener bestimmt die Rechtlichkeit oder Widerrechtlichkeit einer That, dieses die Sittlichkeit oder Unsittlichkeit der Gesinnung, und zugleich der Handlungen, in sofern der Mensch dabei nicht als auf die Willkühr Anderer einwirkend vorgestellt wird.

Die Begriffe des Rechts und des Unrechts, der Zurechnung nnd der Strafe, des Verhältnisses zwischen einem Verbrechen und der Ausgleichung desselben, durch ein physisches Uebel müssen bestimmt und deutlich erörtert seyn, ehe irgend eine Strafe als gerecht gedacht werden kann. Das Uebel muß mit der widerrechtlichen

chen That in ein rechtliches Verhältniß gebracht werden und niemand darf mehr leiden als er verdient hat. Wie ist aber dies möglich? Wie können endliche Wesen sich zum Richter von ihres Gleichen aufwerfen und in ihren Aussprüchen Anspruch auf Gerechtigkeit machen? Wie wollen ohnmächtige und kurzsichtige Sterbliche den Grad der Strafbarkeit und das Maaß von physischen Uebeln bestimmen, die der Uebertretung auf dem Fuße nachfolgen sollen? So lange bloß ein veräußerliches Recht gekränkt worden ist, findet bei der Strafe der Grundsatz der strengen Wiedervergeltung statt; so bald aber irgend ein angebornes Recht *) verletzt worden ist, muß dem Verbrecher nicht allein der Genuß seiner bürgerlichen Rechte entzogen, sondern er muß auch noch mit einem verhältnißmäßigen Uebel bestraft werden. Wer daher gestohlen hat, muß Ersatz leisten, wer den Andern gemißhandelt hat, ohne aber doch ein Glied seines Körpers unbrauchbar gemacht zu haben, muß mit den körperlichen Leiden, welche er dem andern zugefügt hat, belegt werden; wer dem Andern eines Gliedes als einer der nothwendigsten Bedingungen zur Ausübung seiner äußern Rechte beraubt hat, muß dafür zwar am Körper büßen, aber darf doch nie verstümmelt werden, weil man sich sonst an seiner Menschheit vergreifen würde, die doch keinem äußern Gerichtshofe unterworfen ist; wer gemordet hat, muß den Gebrauch aller seiner Bürgerrechte verlieren. Wie lange dies aber geschehen darf

*) Angeborne und zwar äußere Rechte sind die, welche durch ein freies Zusammenleben des Menschen mit seines Gleichen entspringen und sich von ihm als auf die Freiheit Anderer einwirkend, nicht trennen lassen.

darf *) und wie lange der Mörder nicht als Bürger anzusehen ist, muß jeder Staat gesetzlich bestimmen, weil nichts der Willkühr der Richter, die nicht der Souverain sind und also keine Gesetze geben können und dürfen, muß überlassen werden. Alle bürgerlichen Strafen müssen sich auf das Gebiet des äußern Rechts, welches dem Staate allein als Wirkungskreiß angewiesen und welches seinem Schutze allein anvertraut ist, beschränken.

Da das Menschengeschlecht sich nur nach und nach ausbildet, da die niedern Anlagen des Menschen in der Kultur den höhern vorausgehen müssen, weil diese den Stoff zu ihrer Wirksamkeit von jenen erhalten, und weil daher die Menschen vorher als Thier vegetirt haben müssen, ehe sie von ihren Anlagen für die Menschheit als denkende Wesen und für die Persönlichkeit als Gesetzgebende und Gesetzbefolgende oder Gesetzübertretende Gebrauch machen können, so wird man leicht einsehen, daß die Strafen in den frühern und rohern Zeitaltern eben so widerrechtlich als grausam seyn mußten, weil man damals nichts an dem Menschen achtete, was ihn über die Sinnenwelt erhebt und was Ehrfurcht vor seines Gleichen einflößt. Seine moralische Natur lag noch in tiefem Schlummer, was sollte den Gesetzgeber und Richter zur Achtung gegen seine Gattung bewegen? Man behandelte den Menschen gleich andern Sachen der

*) Der Staat kann den Mord nicht bestrafen, weil die Erhaltung des Lebens keine Rechts- sondern eine Gewissenspflicht ist, deren Bestrafung der Gottheit anheim fällt. Der Staat kann nur das entziehen, was er schützen soll.

der Willkühr, weil man noch keinen Vorzug an ihm gewahr wurde, welcher ihm vor der Thierwelt eigen ist. Man ehrte physische Stärke an ihm und suchte diese unter das Gesetz zu beugen. Alle Strafen waren daher gegen eine physische Macht gerichtet, die man nach Willkühr zerstören konnte. An dem Menschen war bis jetzt bloß die Thierheit wirksam, welche durch Strafen sollte gebändigt und gezügelt werden. Sobald aber die Denkkraft erwachte und die Anlage für die Menschheit ausgebildet zu werden anfieng, räsonnirte man über Gesetze und Verschulden, über Verbrechen und Strafen; man hielt ein Verbrechen für strafwürdiger als das Andere und man suchte die Leiden, welche man dem Verbrecher anthat, mit seiner Uebertretung in Verhältniß zu bringen. Aber man hatte keinen rechtlichen Maaßstab, man konnte daher nicht gerecht seyn, weil man eine Handlung der Willkühr nicht nach Grundsätzen des Rechts, sondern nach Regeln der Klugheit schätzte. — Der Verstand schuf Götter welche schreckliche Rache an dem Mörder foderten, und welche die Uebertretungen und die Strafen vervielfältigten. Bis jetzt war die Idee eines einzigen Gottes noch nicht in den Menschen erwacht, so bald dies aber geschehen war, wurden zwar der Strafen weniger, aber sie wurden nicht gerechter und gelinder, weil man die Gottheit nicht von ihrer moralischen, sondern von ihrer metaphysischen Seite betrachtete. Nun kam aber Christus, welcher zuerst die Gottheit als Vater aller Menschen aufstellte und welcher zuerst die moralischen Eigenschaften, welche ihr als Weltschöpfer, Weltregierer und Weltrichter zukommen, am deutlichsten heraus hob, den menschlichen Gemüthern einprägte

einprägte und sie allgemein verbreitete. Die Religion Christi bildete die praktische Vernunft aus, obgleich dies nur sehr langsam geschah, und ob man gleich noch Jahrhunderte lang nicht die Heiligkeit und Gerechtigkeit der Gottheit verehrte, sondern ihren Zorn und ihre Rachsucht fürchtete, weil diese Leidenschaften selbst in der Brust ihrer Verehrer die herrschensten waren, und man der Gottheit stets die Begriffe und Affekten beilegt, welche unsern Verstand und unser Herz beseelen. Die Gottheit ist durch alle Jahrhunderte hindurch stets ein Abdruck der Kultur der Menschen.

Die moralische Revolution, welche Jesus bewirkte, hatte einen großen Einfluß auf die Bestimmung der Begriffe von Verbrechen und Strafen, denn wurden gleich in den Jahrhunderten des Aberglaubens und des religiösen Fanatismus die Verbrechen gegen die Gottheit zahlreicher und die Strafen, womit man die Unglücklichen peinigte, barbarischer, weil die moralischen Begriffe von der Gottheit durch Unwissenheit verdrängt wurden, so hat sie doch vorzüglich in neuern Zeiten zur Aufklärung und Berichtigung der moralischen Begriffe, zur Belebung des moralischen Gefühls und endlich zu einem richtigern Maaßstab zwischen Verbrechen und Strafen beigetragen. Die praktische Vernunft wurde durch die Religion gepflegt, bis sie frei und selbstständig Gesetze für den Willen gab und sowohl die Moral heiliger als die Religion moralischer machte.

Verbrechen und Strafen halten daher stets gleichen Schritt mit der Ausbildung und Veredelung der Menschen. Alle Verirrungen, welche die Menschheit

macht,

macht, haben auf ihre Bestimmung Einfluß und jede Annäherung an die Wahrheit mildert die Strafen und vermindert die Verbrechen: denn wie oft sind diese nicht Ausgeburten verwirrter Köpfe und fanatischer Schwärmer gewesen? Wie oft hat man etwas mit dem Namen eines Verbrechens belegt, was eine Verirrung des Verstandes war? Wie oft hat man nicht die schuldlosesten Aeußerungen mit dem Tode bestraft? — So lange der Mensch noch Thier ist, wird die Strafe abgekauft, weil man in dieser Epoche der Kultur glaubt, der Mensch habe, wie alle andere Sachen, einen Preiß. Menschenmord wird an die Anverwandten mit Geld getilgt. Fängt aber der Mensch an zu denken und über alles was um ist und geschieht, zu räsonniren und nach dem Grunde aller Thaten und Sachen zu forschen, dann giebt es keine andere Tilgung der Schuld mehr, als Leiden oder Tödung des Verbrechers. Macht der Mensch aber von seiner Anlage für die Persönlichkeit Gebrauch, dann werden die Strafen weniger grausam und empörend, als in den beiden vorhergehenden Kulturperioden des menschlichen Geistes. Wird aber endlich das Menschengeschlecht mündig und kann alle seine Anlage ihrem Naturzwecke gemäß gebrauchen, dann erst kann ein mit einer strengen Gerechtigkeit übereinstimmendes Verhältniß zwischen Verbrechen und Strafen statt finden. Das Gebiet des innern Rechts wird genau von dem Gebiete des äußern Rechts abgesondert gedacht, in jenem ist der alleinige Richter die Gottheit, in diesem der Staat, welcher rechtlich organisirt, desto heiliger die Rechte der Menschheit achten wird, welche er zu beschützen die Absicht hat. Jeder ungerechte Richterspruch wird ohne

Wirkung bleiben, weil alle Gewalten, welche den Staat konstituiren, das Recht wirklich machen und die Regierung der Asträa einführen, von einander getrennt sind und doch in ihren Wirkungen in einander greifen. Das Unrecht, das die Eine thun wird, wird den Untergang aller Andern nach sich ziehen: man wird daher durch den Eigennutz zu einer strengen Gerechtigkeitspflege aufgefordert werden.

Finden denn auch Strafen im Naturstande statt? Da dieser ein Zustand der Rechtlosigkeit ist, weil jeder Richter und Vollzieher seines Urtheils in seinen eigenen Angelegenheiten ist, und weil keine oberste Gewalt existirt, die Gerechtigkeit ausübt und das Uebel, das der Verbrecher durch seine That verdient, darnach vertheilt, so giebt es darin wohl Rache und Selbstvertheidigung, aber keine Strafe. Diese sind erst im Staate möglich, weil da eine Gewalt eingeführt ist, welche über alle Andere gesetzt ist und daher Jeder unter ihrem Schutze seines Rechtes theilhaftig werden kann. Im Staate allein findet eine austheilende Gerechtigkeit statt. Das Strafrecht ist das Recht des Befehlshabers gegen den Unterwürfigen, ihn wegen seines Verbrechens mit einem Schmerze zu belegen. Wenn jemand ein Verbrechen begeht, das ein angebornes Recht des Andern verletzt oder das auch ein erworbenes Sachrecht beeinträchtigt und das ihn also unfähig macht Staatsbürger zu seyn, weil er durch seine Handlung einen Zustand der Rechtlosigkeit einführt und alles Recht unmöglich macht, so wird er vor die Criminalgerechtigkeit gezogen. Geschichte des Criminalrechtes ist daher eine Aufzählung der

man-

mancherlei Begriffe von Verbrechen und Strafen, welche jemand des Staatsbürgerthums unfähig machen. Zugleich muß sie aber auch die allmählige Entwickelung dieser Gegenstände und den Grund derselben darstellen und also den Gang der menschlichen Kultur beobachten, damit nicht Ideen in die Geschichte hineingetragen werden, welche aus ihr allein geschöpft werden müssen, und damit man nicht einem Zeitalter einen Grad der Aufklärung zuschreibe, welchen es, vermöge des stufenweisen Fortschreitens des menschlichen Geistes, nicht haben kann. Die Griechen und Römer, ob sie schon civilisirt waren, konnten doch nicht den Grad der Kultur besitzen, der ihre Strafen gerecht und ihre Verbrechen weniger zahlreich machte. Sie mußten daher entweder viele Verbrechen zu hart und grausam oder zu gelinde bestrafen, weil sie noch nicht das äußere Recht von dem innern absondern, und weil sie nicht die Rechte, welche der Staat allein schützen kann, kennen konnten. Sie waren sinnlich kultivirt und näherten sich der Kultur der Anlage für die Menschheit, wo man alles, was gethan wird und geschieht, nach dem Nutzen und Schaden, aber nicht nach dem Rechte und Unrechte beurtheilt. Gab es auch einzelne Menschen unter ihnen, welche gerecht waren und welche das Recht und Unrecht einsahen und moralisch gebildet waren, so war dies doch nicht Nationalgeist, welcher allein das Bedürfniß nach einer Verbesserung der peinlichen Gerechtigkeit im Staate rege macht und die Beherrscher zwingt, einen richtigern Maaßstab zwischen Verbrechen und Strafen einzuführen.

Gesellschaften, welche noch keinen Staat ausmachen und also noch unter keinem Oberhaupte *) stehen, können nicht strafen, weil niemand dem Andern untergeordnet, sondern jeder dem Andern gleich ist und es daher keine austheilende Gerechtigkeit geben kann. Der Grund der Strafe entsprang nicht aus Rachlust d. i. aus dem aus der vorsetzlichen Wiedervergeltung entstehenden Vergnügen, welches als Vergütung des durch die Beleidigung erlittenen Uebels und Mißvergnügens gesucht und gebilligt wurde, sondern aus der Absicht, die man durch die Errichtung eines Staats erreichen wollte. Diese Absicht aber würde verfehlt worden seyn, wenn man nicht den Uebertreter bestraft hätte; denn man beabsichtigte durch Errichtung des Staates Sicherheit, wie konnte man aber diese hoffen, wenn man nicht Gewalt gegen den Verbrecher gebrauchte und ihn also bestrafte? Die Rachsucht, welche die wilden Völker charakterisirt und womit sie die, welche sich irgend eine Beleidigung des Andern, oder einen Mord ihres Nebenmenschen oder irgend eine Uebertretung eines eingeführten Gebrauchs oder einer Sitte haben zu Schulden kommen lassen, ist nicht Strafe, sondern eine ungerechter Weise ausgeübte Macht über den Ohnmächtigen. Es giebt noch keine oberste Gewalt, also kann man auch noch keine Strafe ausüben, diese ist ein Erfolg von dem Staatsvertrage, welcher entweder wirklich abgeschlossen oder als stillschweigend eingegangen vorausgesetzt wird. Allent-

*) Unter dem Oberhaupte verstehe ich keine physische, sondern eine moralische Person, welche die gesetzgebende, vollziehende und richterliche Gewalt in sich begreift.

Allenthalben sah man in der alten Welt den Verbrecher als eine physische Gewalt an, welche schädlich sey und welche man nach Willkühr behandeln oder gar tödten könne *). Die Criminalgesetze der Aegyptier scheinen hart und grausam gewesen zu seyn, wenn sie gleich auch hier und da das Gepräge der Weisheit tragen. Meineid war bei ihnen ein Verbrechen, das mit dem Tode bestraft wurde. Wer nicht aufrichtig anzeigte, wovon er lebte, war der Todesstrafe unterworfen. Eben diese Strafe traf auch den, der von unerlaubtem Gewinn lebte und dies geschah nach einer Verordnung des Amasis. Ein Vater, der sein Kind ermordete, mußte drei Tage und drei Nächte unter öffentlicher Wache bei der Leiche stehen, wahrscheinlich um ihm das Bild seiner That recht lebhaft einzuprägen und ihn zeitlebens zu verwunden. Wer eine Freigeborne entehrte, wurde entmannet. Die Aegyptier verfolgten auch die, welche in religiösen Meinungen von dem hergebrachten Religionsglauben abwichen. Man war grausam und undultsam in gleichgültigen und nachsichtig und gelind in wichtigen Dingen. Wer jemanden, der auf der Straße unter die Räuber gefallen, oder sonst in Gefahr war, nicht zu Hülfe kam, verlor das Leben. Der Vatermörder wurde mit glühendern Eisen geschlagen und lebendig verbrannt. Der im Ehebruch Ergriffene wurde mit Ruthen gepeitsch und die Ehebrecherin verlor die Nase. Den Diebstahl bestrafte man nicht. Wer den Feinden ein Staatsgeheimniß entdeckte, dem wurde die Zunge ausgeschnitten. Falsche Münzer verlohren beide Hände,

*) Nach Hommel, Klein und Montesquieu.

Hände, so wie auch diejenigen, welche falsches Gewicht und Maaß führten.

Unter den Aethiopiern war eine besondere Einrichtung in Ansehung der Todesstrafe. Diodor von Sizilien lernt sie uns kennen. Es war bei ihnen ein Gesetz, keinen ihrer Unterthanen mit Gewalt mit dem Tode zu bestrafen, wenn er auch einen noch so gewaltsamen Tod verdient hatte. Man schickte einen Liktor zu dem Schuldigen, der das Zeichen des Todes vor sich her trug; so bald der Schuldige dieses erblickte, gieng er nach Hause und tödtete sich selbst. Diodor führt ein Beispiel an, daß, als ein Verbrecher fortgehen wollte, ohne sich selbst zu tödten, ihm seine eigene Mutter mit ihrem Gürtel erwürgt habe.

Alle morgenländischen Völker sind leidschaftlich, und empfinden tief, weil sie eine immer regsame Einbildungskraft besitzen und daher zur Strenge geneigt, grausam und rachsichtig sind. Bei vielen dieser Völker aber hatte die Glaubensart Einfluß auf die Bildung des Charakters und der Denkungsart, wie es mit den Juden der Fall ist. Sie betrachteten ihren Jehova als einen Tyrannen, dem nur Härte gefalle und den Blut versöhne. Daher sind ihre peinlichen Gesetze streng und ungerecht. Der Gotteslästerer wurde aufgehangen und unbegraben hingeworfen. Die fleischlichen Vergehungen wurden meist mit dem Tode bestraft. Eine vorgebliche Jungfrau, die man nicht als eine solche fand, wurde gesteinigt oder lebendig verbrannt. Gewaltsame Schändung brachte den Tod. Die Verlobte, welche sich freiwillig mit einem Andern einließ, traf auch die

Todes-

Todesstrafe. So stand sie auch auf den Ehebruch, die Blutschande und Sodomie. Ein Kind das sich gegen seinen Vater boßhaft vergieng, wurde außer der Stadt aufgehangen. Ueberhaupt war das Recht der Widervergeltung in vielen Fällen eingeführt. Der Giftmischer mußte Gift tinken, wer dem Andern vorsetzlich um ein Auge brachte, verlor auch das Seinige. Diese Wiedervergeltung wurde besonders bei Todtschlägen den Verwandten zur Pflicht gemacht; daher die Bluträcher. Man nahm sogar an, daß das ganze Menschengeschlecht zum Bluträcher bestellt sey. Daher war man auch der Meinung, daß Todtschlag mit dem Tode bestraft werden müsse. Da der Staat noch nicht fest gegründet war und man der Rachsucht der Einzelnen nicht Einhalt thun konnte, so wurde die Blutrache durch die Freistätte eingeschränkt. In welchem Verhältnisse stand nun die Strafe bei den Hebräern mit dem Verbrechen? Da man das Leben über alles schätzte, und da man den Menschen nicht nach seinem moralischen Werthe, sondern nach seiner Körperstärke und nach seiner Klugheit und Verschlagenheit beurtheilte, so wurde vorzüglich die Beraubung dieser Güter hart bestraft. Man ehrte nicht den Menschen als ein moralisches und als ein der Rechte fähiges Wesen, sondern man betrachtete ihn als ein Werkzeug der tyrannischen Theokratie, welche die Juden mit Scorpionen geißelte. Er hatte keine andere Existenz als eine bürgerliche. Sein Leben war ein Geschenk des Staates, das man ihm daher nach Willkühr rauben konnte. Man verkannte in ihm gänzlich den Menschen und mißhandelte ihn destomehr als Bürger. Die Absicht wurde nicht genau von der That unterschieden

und

und die äußere Handlung galt für die Gesinnung. Es wurde oft der Schuldlose mit dem Schuldigen verdammt, weil man Thaten als Verbrechen stempelte, die nicht den Charakter einer freien und die Rechte des Andern beeinträchtigenden Handlung hatten.

Da die Griechen viele ihrer Gesetze anfänglich von den Aegyptiern entlehnten, so waren ihre Gesetze weder gerecht noch ihrem Charakter angemessen. Drako schrieb seine Gesetze mit Blut. Fast alle hatten den Tod zu ihrem Begleiter. Auch auf Unthätigkeit und Müßiggang stand der Tod. Wer Feld- oder Gartenfrüchte von fremdem Boden nahm, wurde wie ein Vatermörder bestraft. Alles trug das Siegel der Härte und Grausamkeit. Ohngeachtet alle Gesetze, welche Drako gab, seinen finstern und mürrischen Charakter verrathen, so verdient er doch Lob, wenn auch nicht wegen seiner Klugheit, doch wegen seiner edeln und kindlichen Gesinnung, daß er seine Mitbürger nie des Vatermordes für fähig hielt, weil er absichtlich die Erwähnung dieses Verbrechens, in dem es zu schrecklich und barbarisch sey als daß es je von Menschen begangen werden könne, ausließ. Solon, der den Menschen mehr kannte und seine Natur mehr ehrte, schafte diese blutgierigen Gesetze ab, den Todtschlag und den Ehebruch ausgenommen. Er wählte vorzüglich Ehrenstrafen und auch einige Geldstrafen. Die über Ausschweifungen ergriffene Tochter oder Schwester wurde nach seinem Gesetze verkauft, vermuthlich als Sclavin. Er verbot den Eltern, ein unrechtmäßig erzeugtes Kind zu ernähren. Solon wollte das Ehrgefühl der

Athenienser schärfen. Vatermord und Bestreben nach Alleinherrschaft schloß von obrigkeitlichen Aemtern aus. Wenn Partheien im Staate entstanden, so durfte niemand neutral bleiben, sondern jeder Bürger mußte für die Eine oder die Andere Parthei sich erklären, sonst war er nach dem Gesetze ein Bösartiger, der seinen eigenen Vortheil dem allgemeinen Besten vorzöge und sich um dieses nicht bekümmere. Auf die gewaltsame Entehrung einer Freigebornen standen zehn Drachmen. Einem Vornehmen von Athen brachte es den Tod, wenn man ihn trunken fand. Wer dem Andern um ein Auge brachte, verlor beide. Man sieht hieraus, daß allenthalben der richtige Maaßstab zwischen dem Verbrechen und der Strafe fehlt. Man war noch nicht moralisch kultivirt, um eine That nach Verdienst würdigen zu können. Die Athenienser waren eben in der intellektuellen Kultur begriffen, wo man noch keine rechtliche Gleichheit kennt, sondern Sclaven und Freie, Unedle und Edle zu unterscheiden anfieng und diesen entehrenden Unterschied zur Schmach der Menschheit einführte und ihn mit aller Gewalt behauptete.

Die peinlichen Gesetze, welche Lykurgus Sparta gab, scheinen sehr hart gewesen zu seyn, weil es seine bürgerlichen und Polizeigesetze waren. Er wollte die Menschen zu bloßen Spartaner machen. Sie sollten alle Gefahren und alle Mühseligkeiten verachten lernen. Patriotismus, strenge und rauhe Tugend, Unterdrükkung der edelsten Begierden und erhabensten Leidenschaften waren der Hauptzweck seiner bürgerlichen und Polizeigesetze. Die Gefühle der Achtung gegen den Menschen

schen wurden ausgetilgt und die sanften und gefälligen Tugend in die Acht erklärt. Die Gesetze befohlen Grausamkeiten und machten nur fürchterliche und alles Recht mit Füssen tretende Geschöpfe.

Zaleukus der Gesetzgeber der Lokrenser ist in seinen Gesetzen hart und oft unklug. Er blendet den Ehebrecher. Er setzte Lebensstrafe darauf, wenn jemand einem Kranken Wein, ohne Vorwissen des Arztes, reichte. Er selbst riß sich ein Auge aus, um seinem Sohne Eines zu erhalten, der, nach seinen eigenen Gesetzen, beide verlohren hatte.

Romulus zeigte allenthalben durch seine Gesetze, daß er mit einem rohen Volke, das er bilden wollte, zu thun habe. Er bestellte deshalb den Hausvater zum Richter seines Hauses, auch gab er ihm in gewissen Punkten das Recht über Leben und Tod. Diesem Gerichte war mit Zuziehung der Verwandten auch die Frau, mit welcher er sich, unter gewissen Feierlichkeiten, verbunden hatte, unterworfen, wenn sie die eheliche Treue verletzte. Wein getrunken zu haben, wurde bei der Ehefrau so nachdrücklich als Ehebruch bestraft und um dieses leicht zu erfahren, brauchte man den Kuß auf den Mund. Numa milderte Eines und das Andere. Nachher entlehnten die Römer ihre meisten Gesetze von den Griechen, wenigstens nahmen sie die Gründung ihres Justitzwesens von ihnen durch die zwölf Tafeln *). In der

*) Das Gesetz der zwölf Tafeln erlaubte, den nächtlichen Dieb, so wie den Dieb bei Tage, der sich, wenn er verfolgt wurde, zur Wehre setzte, zu tödten. Ehe man den

der Folge machte das Sittengericht und die damit verbundenen Ehrenstrafen einen großen Theil ihrer Verfassung aus, die von der Criminalgerichtsbarkeit große Ausnahmen machte und ihr Gebiet um vieles verkleinerte. Die Strafen dieses Gerichts waren willkührlich; denn alles was die Sitten angeht, alles was die Regeln der Bescheidenheit betrift, läßt sich nicht füglich in ein Gesetzbuch zusammenfassen, weil die Sitten etwas konventionelles sind.

Die ältesten Strafen der Römer waren hart. Ihre Kapitalstrafen trafen entweder das natürliche oder das bürgerliche Leben. Unter die wahren Verbrechen gehörten bei ihnen vornehmlich folgende: das Majestätsverbrechen, der Ehebruch, die Schändung, Verkupplung, Blutschande, widernatürliche Wollust, Menschenmord, Feueranlegen und Giftmischen, Parricidium, das Falsum, öffentliche und privat Gewaltthätigkeiten, Beraubung der öffentlichen Gelder, Menschenraub, Amtserschleichung, das crimen repetundarum, Preiserhöhung des Getreides und das crimen residuorum, welches vornehmlich der begieng, welcher öffentliche Gelder zu seinem Privatgebrauche verwandte. Unter diesen Hauptverbrechen liegen noch andere von dieser Art. In den Gesetzen gegen den Ehebruch war wegen aller Arten der

den Dieb tödtete, mußte man schreien und Leute rufen. — Es verurtheilte zur Widervergeltung, wenn man den, welcher Klage führte, nicht hatte besänftigen können. Einige behaupten, es habe dem Gläubiger erlaubt, den unvermögenden Schuldner in Stücken zu hauen, Andere hingegen sagen, das Gesetz rede nur von der Theilung des für den verkauften Schuldner gelößten Preißes.

der natürlichen und widernatürlichen Wollust verordnet, als über die Schändung, Lenocinium, Blutschande und widernatürliche Wollust, obgleich sich auch einzelne besondere Gesetze wegen Einzelner von diesen Verbrechen finden. Die Gesetze, welche gegen den Menschenmord sprachen, bestraften auch den Meuchelmord und das Anlegen des Feuers und den Giftmischer. Die Dezemviri verordneten gegen die Urheber von Schmähschriften und gegen satyrische Dichter Todesstrafen. Nach der Abschaffung der Dezemviri wurden fast alle Gesetze, welche die Todesstrafe bestimmten, aufgehoben. Man schafte sie nicht ausdrücklich ab; aber sie konnten, da das porzische Gesetz verboten hatte, einen römischen Bürger hinzurichten, nicht mehr angewandt werden. Dieses Gesetz kam aber nur den togatis zu Gute. Vergeblich würde sich der Soldat darauf berufen haben. Von diesem Zeitpunkte sagt Livius, daß nie ein Volk die Mäßigung der Strafen mehr geliebt habe als die Römer. Rechnet man zu dieser Gelindigkeit der Strafen noch das Recht, welches dem Angeklagten zustand, vor dem Urtheilsspruche sich weg zu begeben, so wird man sehen, daß der Römer den Geist befolgt haben, der einer Republik natürlich ist. Zu den Zeiten des freien Staats waren gewöhnlich Ehren- und Geldstrafen, und solche die das bürgerliche Leben entzogen, welche aber in einem Freistaate von keiner geringem Wichtigkeit sind. Sylla, der die Tyrannei, die Anarchie und die Freiheit unter einander mengte, gab die Kornelischen Gesetze. Es schien, er mache nur Vorschriften, um Verbrechen einzuführen und zu vermehren. So fand er, weil er eine große Menge von Handlungen mit dem Namen Mord belegte,

belegte, überall Mörder; und durch sein Verfahren, das nur zu sehr von Andern nachgeahmt wurde, legte er Fallstricke, säete Dornen und öffnete Abgründe auf dem Wege aller Bürger. Fast alle Gesetze Syllas enthielten nichts als das Untersagen des Wassers und Feuers. Cäsar fügte noch die Einziehung der Güter hinzu, weil die Reichen, wenn sie in der Verweisung ihr väterliches Erbtheil behielten, noch kühner waren, Verbrechen zu begehen.

Die Kaiser, als sie eine militairische Regierung errichtet hatten, fühlten bald, daß solche ihnen eben so schrecklich als den Unterthanen sey, sie suchten sie daher zu mäßigen. Man theilte die Strafen in zwey Klassen; in die, welche die Vornehmsten des Staats angiengen und welche ziemlich gelinde und in die, welche Leute von geringem Stande trafen, und welche hart und grausam waren. Die Vornehmen wurden deportirt, die von niedrigem Stande mit dem Tode bestraft. Ueberhaupt nahmen zu den Zeiten der Kaiser die eigentlichen und natürlichen Lebensstrafen zu. Das Criminalrecht gewann durch die Despotie, Herrschsucht und durch den Geiz der Kaiser einen ungeheuern und fürchterlichen Umfang, welcher in der Folge durch die Verfolgung der Christen noch mehr vergrößert wurde und unter den christlichen Kaisern durch Mißbrauch der Religion ein neues Gebiet erhielt.

Allenthalben bemerkt man das Schwankende und Ungewisse in der römischen Criminalgesetzgebung, welches einem Zeitalter in der Epoche der Kultur der Denkkraft eigen ist. Ohne Grundsätze hin und hergeworfen sind die Gesetze und die Strafen, welche jene bestimmen, ein Werk der Noth oder des Ungefährs, welches jederzeit den Charakter des Augenblicks, der es gebahr, an sich trägt. Allenthalben vermißt man einen richtigen Unterschied zwischen bürgerlichen und peinlichen Verbrechen, beide werden gleich unverhältnißmäßig bestraft. Das Gebiet des Gewissens und des äußern Recht sind allenthalben mit einander vermengt und es werden lasterhafte Handlungen wie widerrechtliche Thaten vor das bürgerliche Gericht gezogen. Man sah bei der Bestrafung nicht auf die Verschuldung, sondern auf die äußerlichen Umstände, man war daher eben so ungerecht als unvernünftig.

Muhamed machte Religionszweifel zu einem der größten Verbrechen und gründete den Thron des Aberglaubens auf Blut; Tod stehet auf Mord, Steinigung auf den Ehebruch bei beiden Theilen; Ausschweifung außer der Ehe wird mit achzig Streichen bezahlt; die Strafe auf den Diebstahl steigt nach den öftern Wiederholungen, bei dem ersten und zweitenmale sind Streiche die Strafe, bei dem drittenmal verliert der Dieb die Hand, bei dem viertenmale den Fuß. Ihre Zeugen nöthigen die Türken nicht zum Eide. Ueberhaupt wendet man auf das Vermögen, auf das Leben und auf die Ehre der Unterthanen sehr wenig Aufmerksamkeit. Alle Streitigkeiten werden schnell geendigt, und die Art zu endigen ist gleichgültig.

Das Criminalrecht der Deutschen beschäftigt sich hauptsächlich mit den Verbrechen gegen die vier Haupttugenden, die in dem Nationalcharakter der Deutschen

Grund-

Grundzüge ausmachten, Tapferkeit, Ehrfurcht gegen die Götter, Treue und Keuschheit. Sie hatten Lebens - Ehren - und Geldstrafen. Die Geldstrafen aber waren die gewöhnlichsten. Oeffentliche Mißhandlungen wurden mit Korn oder etlichen Stücken Vieh gebüßt und bei Privatbeleidigungen konnte man die Strafe auf gleiche Art abkaufen. So büßte man selbst für Mordthaten, indem sich der Mörder mit der Familie des Getödteten um den Preiß verglich. Raub war bei den ältern Deutschen kein Verbrechen, sondern wurde gleichsam als eine Kriegsübung angesehen, die Tapferkeit der Nation auch immer in Frieden zu beschäftigen. Für den Ehebruch war bei den meisten alten Deutschen bloß eine empfindliche Leibes - oder Ehrenstrafe bestimmt, welche dem Manne in Gegenwart der Anverwandten überlassen wurde. Man ließ das Verbrechen dem rächen, der beleidigt war. Bei den Sachsen aber kostete der Ehebruch das Leben. Treulosigkeit im Kriege wurde mit dem Tode bestraft. Die Priester vollzogen die Strafen. eine Politik, welche die Befolgung der Strafen bei einem so rauhen Volke erleichterte, aber auch den Priestern großes Ansehen gab. Es findet sich indessen bei den ältesten Deutschen kein Religionshaß, welcher Einfluß in ihre Criminalgesetzgebung gehabt hätte, obgleich ihre Religion sich zuweilen grausame Begriffe von ihrer Gottheit zu machen scheint.

Uebermuth der Mächtigen und Reichen machte die Verwandlung der Geldstrafen in Leibesstrafen den Deutschen erwünscht und gern gaben die Häupter der Nation zur Demüthigung der ihnen nacheifernden Mächtigen

tigen und Reichen den Wünschen der Geringern nach. Die Kapitularen der Könige der Franken verwandelten die Geldstrafen in Kapitalstrafen.

Da die deutschen und fränkischen Gesetze schon an sich nicht von der Beschaffenheit waren, daß sie ihr Ansehen erhalten konnten, so verloren sie es mit dem Ausgange des Karolingischen Stammes gänzlich. Zur Zeit des Faustrechtes schwiegen die Gesetze; nur hinter den Mauern konnte die Justizpflege Schutz finden. Bei dem Mangel allgemeiner Gesetze bildeten sich nach und nach rechtliche Gewohnheiten, welche in den Urtheils- und Malefizbüchern aufbewahrt wurden. Aus diesen Bruchstücken und unzusammenhängenden Gedanken konnte kein System der peinlichen Gesetzgebung erwachsen. Selbst da, wo auch eine peinliche Gesetzgebung statt fand, wurde sie doch meistentheils nur wie ein nutzbares und dem Machtgefühl schmeichelndes Recht, aber nicht als eine Pflicht gegen die Unterthanen betrachtet.

Alter und neuer Aberglaube vereinigten sich, Mißbräuche aller Art einzuführen. Unwissende Schöppen und eine widersinnige Prozeßform, welche die Kompilatoren des Sachsen- und Schwabenspiegels gegen die despotische Verfahrungsart der Geistlichen aufrecht zu erhalten suchten und die schrecklichen heimlichen Gerichte kamen zusammen, um eine Reform der peinlichen Prozedur und Gesetze nothwendig zu machen: und diese wurde durch die bessere Polizei, und durch die bessern Gewohnheiten und Gesetze der Städte begünstigt.

Die

Die Bekanntschaft mit dem römischen Rechte hatte anfangs auf das Criminalwesen nur einen geringen Einfluß, weil die Rechtsgelehrten sich mit peinlichen Fällen wenig abgaben. — Da die verschiedene Staats- und Gerichtsverfassung der Römer und Deutschen die Anwendung der peinlichen Gesetze der Erstern nicht begünstigte, und das kanonische Recht sich meistentheils nur mit Bußen und kirchlichen Vergehungen beschäftigte, so konnte das Studium der fremden Rechte vor der peinlichen Gerichtsordnung Kaiser Karls V. dem peinlichen Rechte wenig nutzen. Fanatismus und Unwissenheit verheereten Deutschland, wie konnte man in diesen barbarischen und abergläubischen Zeiten erwarten, daß jedes Verbrechen nach Verdienst werde bestraft werden? Der Aberglaube erdichtete zahllose Verbrechen, welche ein freier und selbstthätiger Vernunftgebrauch höchstens für Irrthümer erklärt, die als Ausgeburten des Verstandes nicht von unserer Willkühr abhängen und daher nicht strafbar sind. Die Herrschsucht der Geistlichkeit nahm das ganze Gebiet der menschlichen Wirksamkeit in Beschlag und erklärte alles für Verbrechen, was gegen ihre Habsucht und Tyrannei anstieß. Kein Jahrhundert der Vorwelt ist durch Blut und Ungerechtigkeit so befleckt worden, als die Zeiten, wo die Geistlichkeit die Blitze und Donner des Himmels und der Erde in seiner Gewalt hatte, und wo ihre Intoleranz und Unwissenheit die blutige Fackel schwankt. So stand die Sache als Maximilian I. auf dem Reichstage zu Worms 1495 die Abschaffung der heimlichen westphälischen Gerichte unternahm und bei den Reichstagen 1498 und 1500 auf die Verfertigung einer peinlichen Gerichts-

 ordnung

ordnung Bedacht genommen wurde. Nun konnte man schon die Schriften der Alten und das fortgesetzte Studium der römischen Gesetze zur Auffindung guter Grundsätze, besonders zur leitung des peinlichen Verfahrens benutzen. Der Freiherr von Schwarzenberg machte den Entwurf einer peinlichen Gerichtsordnung und bewirkte inzwischen deren Einführung zu Bamberg 1507 und nachher bei den Markgrafen von Brandenburg in Franken. Dies ist wahrscheinlich die Grundlage der 1532 bekanntgemachten peinlichen Gerichtsordnung Kaiser Karls V. So unvollständig auch die peinliche Gerichtsordnung ist, weil sie nicht alle Arten von Verbrechen umfaßt, auch da, wo das römische Recht schweigt, auf dieses verweiset, zuweilen in der Grausamkeit der Strafen ausschweift, zu eingenommen für die römische Jurisprudenz ist, zu viel der Willkühr der Richter überläßt, voll Aberglauben ist und kirchliche Vergehungen mit Verbrechen im Staate vermischt, so hat sie doch viele Mißbräuche abgeschaft, dem Gebrauche der Tortur Grenzen gesetzt, der deutschen peinlichen Rechtspflege durch Vorschriften, welche die Ausmittelung des Thatbestandes und den Beweiß betreffen, einen sichern Gang verschaft und für die Vertheidigung des Angeschuldigten gesorgt.

Einige andere deutsche Fürsten folgten diesen und den ältern Beispielen nach und es erschien unter andern auch 1535 eine Hessische peinliche Gerichtsordnung von Philipp dem Großmüthigen. Viele Andere ließen es bei der peinlicheu Gerichtsordnung Karls V. bewenden, allenfalls erfolgten einzelne Gesetze zur Bestimmung einzelner

Fälle

Fälle und zur Bestrafung einzelner Verbrechen. In unserm Jahrhunderte, in welchem Christian Thomasius über die Gesetzgebung so viel Licht verbreitete, dachte man auch noch mehr an diesen Zweig derselben. Beyer und Thomasius hielten eigene Vorlesungen über das Criminalrecht. Mehrere Andere folgten ihnen hierin nach und dieser Umstand richtete nicht nur die allgemeine Aufmerksamkeit mehr auf diesen Gegenstand, sondern hatte auch die Folge, daß die dem peinlichen Rechte eigenen Begriffe und Grundsätze gesammelt und genauer entwickelt wurden.

In den preußischen Staaten ist man seit dem Anfange dieses Jahrhundert mit Verbesserung des Justizwesens beschäftigt gewesen. Im Jahr 1717 erschien eine Criminalordnung, welcher mehrere den peinlichen Prozeß betreffenden Verordnungen folgten; und das für das Königreich Preußen bestimmte Landrecht enthielt in seinem dritten Theile die peinlichen Gesetze, in welche die damals noch sehr harte Criminalpraxis war aufgenommen worden. Das neue preußische Landrecht enthält in dem Theile, welcher das peinliche Recht betrift, einzelne vortrefliche Grundsätze. Es werden aber mehrere Handlungen noch für Verbrechen gehalten, welches Uebertretungen des Sittengesetzes sind. Die Strafen stimmen auch nicht allemal mit der Größe eines Verbrechens überein und sind nicht für alle, welche einerlei Verbrechen begehen, gleich. Es enthält auch Dunkelheiten und unbestimmte Begriffe, welche aus einem peinlichen Gesetzbuche gänzlich entfernt seyn sollten.

In

In dem Hessischen erhielt man 1726 eine Darmstädtische und 1748 eine Casselsche Gerichtsordnung. Auch die Kaiserlichen Staaten haben durch Maria Theresia und Joseph II. einzelne gute peinliche Gesetze erhalten. Dieser letztere hob sogar die Todesstrafen auf, aber welche grausame und tödtliche Strafe setzte er an ihre Stelle? Er brauchte Menschen anstatt Vieh und langsam schwanden die Opfer dahin, welche an der Donau hinunter Schiffe ziehen mußten. Keine Strafe darf das Leben des Verbrechers in Gefahr setzen, wenn sie nicht selbst Mord seyn soll. Und wie viel haben nicht einzelne Schriftsteller in Deutschland zur Aufklärung und Berichtigung einzelner Begriffe im Criminalrechte beigetragen? Sie haben sowohl die Anzahl der Verbrechen zu mindern als die Strafen weniger ungerecht und grausam zu machen gesucht. Mehrere haben Entwürfe zu Gesetzbüchern des peinlichen Rechts geliefert, z. B. Claproth, J. C. Quistorp, J. M. G. Beseke; Entwurf eines Gesetzbuchs in Criminalsachen, (von dem Coadj. v. Dalberg) 1792, und Entwurf eines Sitten- und Strafgesetzbuches für einen deutschen Staat von dem Fr. v. Eberstein 1793. Andere haben Lehrbücher geschrieben oder sonst einzelne Abhandlungen über das peinliche Recht bekannt gemacht; z. B. Kleinschrodt systematische Entwickelung der Grundbegriffe und Grundwahrheiten des peinlichen Rechts nach der Natur der Sache und der positiven Gesetzgebung, 3 Th. 1793—1796. Soden Geist der peinlichen Gesetzgebung Deutschlands, 2 Th. 2te A. 1792. Gmelin Grundsätze der Gesetzgebuug über Verbrechen und Strafen 1785. Abhandlung von der Criminalgesetzgebung. Eine Preißschrift

schrift u. s. w. von H. E. von Globig und J. G. Huster 1783. Vier Zugaben zu der vorhergehenden Schrift v. Globig und Huster, Klein Annalen der Gesetzgebung und Grundsätze des gemeinen deutschen und preußischen peinlichen Rechts, D. C. D. Erhard Uebersetzung des Pastoret über Verbrechen und Strafen, und Handbuch des chursächsischen peinlichen Rechts, Stelzer Grundsätze des peinlichen Rechts für praktische Rechtsgelehrte, und Kritik über Preußens neues Criminalgesetz. Noch haben sich um das peinliche Recht sehr verdient gemacht: Hippel in seinem Werke über Verbrechen und Strafen *) und in seinen Abhandlungen, welche von der preußischen Gesetzkommission den Preis erhalten haben, C. U. D. v. Eggers, J. C. Koch, J. L. E. Püttmann, E. K. Wieland, G. Z. E. Meister, J. Ch. Eschenbach, C. F. Hommel, J. Fr. S. v. Böhmer, Andreas Zaupser, C. W. Jacobs u. A.

Durch die kantische Philosophie muß das peinliche Recht eine ganz andere Gestalt gewinnen, als es bisher gehabt hat. Kant hat zuerst den Grund des Unterschiedes zwischen der Tugend- und Rechtslehre deutlich und genau angegeben und dadurch das Gebiet des Staates bestimmt von dem Gebiete der Moral abgesondert. Durch ihn sind die äußern Rechte, welche dem Menschen als einem auf die Willkühr Anderer einwirkenden Wesen von Natur zu kommen, vollständig angegeben worden. Der Zweck des Staates und der Zweck der Strafen

*) Unter diesem Tittel gedruckt 1797, vorher hieß es: Nachricht, die von K—sche Untersuchung betreffend, Ein Beitrag über Verbrechen und Strafen 1793.

Strafen erscheinen in einem ganz andern Lichte als vorher; jener ist nicht mehr das unbestimmte allgemeine Beste, und der Zweck der Strafen ist weder Abschrekkung, noch Besserung; die Strafen sind nicht Mittel zu irgend einem Zwecke, sondern eine nothwendige Verbindung mit der Störung der allgemeinen und gesetzlichen Freiheit. Sie erfolgen deshalb, damit das Recht wirklich werde und unter den Menschen herrsche. Aus der kantischen Schule haben bisher in ihren Lehrbüchern das Natur- oder Staatsrechtes Beiträge zum peinlichen Rechte geliefert: G. Hufeland, T. Schmalz, J. H. Abicht, K. H. Heydenreich, Z. E. Hofbauer, C. C. E. Schmidt, L. H. Jakob, K. L. Poerschke, Z. C. G. Schaumann, J. H. Tiestrunk, J. G. Fichte, Mereau, Stephani, der Verfasser des Buchs: Vom Staate und den wesentlichen Rechten der höchsten Gewalt 1794 u. A. — Auch in Rußland ist man bemüht gewesen, die Härte der Strafen zu mildern. Die Kaiserin Elisabeth schafte die Todesstrafe ab, welche Catharina aber wieder einführte. Einzelne vortrefliche Ideen und Vorschläge zur peinlichen Gesetzgebung enthält die Instruktion Catharinens für die Commission, welche auf ihrem Befehl ein neues Gesetzbuch entwarf. Von den Gesetzen sagt sie: die Mäßigung regiert die Menschen, und nicht die Ueberschreitung des Maaßes. Die politische Freiheit triumphirt alsdann, wenn die Gesetze wider die Verbrecher eine jede Strafe aus der besondern Eigenschaft des Verbrechens herleiten: denn so ist die Strafe nichts willkührliches, als welche nicht von dem Eigenwillen des Gesetzgebers, sondern von der Natur der Sache selbst abhängt; und es ist nicht der Mensch, welcher dem

Men-

Menschen Gewalt anthut, sondern seine eigenen Thaten. So vernünftig auch viele Maxime, welche diese Instruktion enthält sind, so giebt es auch viele andere, welche vor der Vernunft nicht bestehen können. Es giebt weder Verbrechen gegen die Gottheit noch gegen die Sitten. Jedes Verbrechen muß die allgemeine Gesetzlichkeit, welche der Staat zu behaupten die Pflicht hat, verletzen, wie wird aber jemandes Freiheit durch das, was man ein Verbrechen gegen die Religion und gegen die Sitten nennt, beeinträchtigt? Von den Strafen sagt sie: Die Liebe des Vaterlandes, die Schande und die Furcht vor Beschimpfung sind Mittel, die Menschen zu zähmen, und von vielen Verbrechen zurück zu halten. Man muß Menschen nicht auf den äußersten Wegen führen, sondern sich der Mittel, welche die Natur uns verleihet, um sie zu dem erwünschten Zwecke zu führen, mit Behutsamkeit bedienen. Forschet mit Aufmerksamkeit nach der Ursache der Zügellosigkeit; ihr werdet finden, daß sie von der Freiheit, ungestraft zu sündigen, nicht aber von der Gelindigkeit der Strafen herrührt. Laßt uns der Natur folgen, welche dem Menschen die Schande gleichsam zur Geißel gegeben hat: der härteste Theil der Strafe sey die Schande, welche die Strafe begleitet. Werden in einem Staate die Menschen durch nichts anderes als durch grausame Strafen von Verbrechen zurück zu halten, so glaubt sicherlich, daß dies von der Härte der Regierung herkommt. Alle Strafen, die den menschlichen Körper verunstalten können, sind mit Recht abzuschaffen. — Die Gewalt des Richters bestehet allein in der Handhabung der Gesetze, damit man an der Freiheit

und

und Sicherheit der Bürger nicht zweifle. Die Richter müssen mit dem Beklagten von einerlei Stande, d. i. seines Gleichen seyn, damit er nicht etwann auf den Verdacht gerathe, als wäre er solchen Leuten in die Hände gefallen, die in seiner Sache die Gewalt zu seinem Nachtheile anwenden könnten. Eine jede Strafe ist unbillig, so bald sie nicht nöthig ist. Nichts ist gefährlicher als wenn gesagt wird: Man muß auf den Sinn des Gesetzes sehen und nicht auf die Worte. Je mehr Menschen das Gesetzbuch lesen und verstehen werden, desto weniger werden der Verbrechen seyn. Die Rechtssprüche der Richter müssen dem Volke bekannt seyn, so wie auch die Beweise der Verbrechen, damit ein jeder Bürger sagen kann, daß er unter dem Schutze der Gesetze lebt. In dem gewöhnlichen Zustande eines gemeinen Wesens ist der Tod eines Bürgers weder nützlich noch nöthig. Nur in einem Falle kann er nöthig werden, d. i. in demjenigen, wo ein Gefangener noch Mittel und Kräfte findet, durch Empörung des Volks Unruhe zu stiften. Es kann aber auch dieser Fall nirgends Statt finden als da, wo das Volk seine Freiheit zu verlieren oder die Verlorne wieder zu erhalten, im Begriffe steht; desgleichen auch zur Zeit einer Anarchie, wenn die größten Unordnungen anstatt der Gesetze herrschen. —

Eine große Anzahl solcher herrlicher und nützlicher Ideen findet sich in dieser Instruktion. Es wäre nur zu wünschen gewesen, daß man sie befolgt und ausgeführt hätte; aber wie oft ist die Willkühr des Mächtigen an die Stelle des Gesetzes gesetzt worden? Wie

Viele sind ungerechter Weise auf eine grausame Art gemartert worden und wie wenige haben die Wohlthaten dieser vortreflichen Gedanken genossen? Man erdichtete Verbrechen, um strafen zu können, man ließ Meinungen abschwören, welche in der menschlichen Natur einheimisch und welche Kinder der Vernunft sind, und je Mächtiger jemand war, desto weniger war er an die Gesetze gebunden, und desto strafloser konnte er Verbrechen auf Verbrechen häufen. Die Advokaten und die Ukasen sind auch viele Quellen des Unrechts.

In Italien schrieb Beccaria sein Werk über Verbrechen und Strafen, und trug nicht allein dort, sondern in fast ganz Europa und in Nordamerika, vorzüglich in Philadelphia zur Milderung der Strafen und zur Achtung gegen die Menschheit bei. Welche vortrefliche Ideen enthält nicht auch Filangieri la scienza della legislatione! Wie sehr wäre es zu wünschen, daß man eilte dieses denkenden Mannes Gedanken zu realisiren. Der Großherzog von Toscana, Leopold suchte in seinen Staaten den vielen Ungerechtigkeiten, welche durch das Gewirr der Gesetze im Gange waren, abzuhelfen, und ob er gleich in mehrern Dingen ungerecht verfuhr, weil er Handlungen vor das Forum des Staats zog, welche nicht wiederrechtlich sind, z. B. den Luxus und andere, weil er daher mehr väterlich als vaterländisch und patriotisch ist, so kann man doch mehrere seiner Einrichtungen nicht genug rühmen. Der Regent darf seine Unterthanen nicht als unmündige Kinder ansehen, sondern soll sie als freie und selbstständige Wesen behandeln. Alles, was nicht die öffentliche Freiheit kränkt, muß ihrer Willkühr

kühr überlassen werden. Leopold sah das Strafrecht nicht bloß als ein Recht, sondern vielmehr als eine Verbindlichkeit des Staats an. Sein Zweck war durchgängige Handhabung der Gerechtigkeit. „Es ist Pflicht einer gerechten Regierung, gegen das Volk," sagt er in einer Cabinetsordre vom Jahr 1782, „allgemein bekannt zu machen, daß bei Bestrafung der Verbrechen eben so wenig Nachsicht und Gunst als Grausamkeit und Willkühr statt finde." „Der Staat hat die wesentliche Pflicht," heißt es an einem andern Orte, „Verbrechen zu verhüten, zu untersuchen und zu bestrafen, es liegt ihm also auch ob, dafür zu sorgen, daß nicht nur diejenigen, die von Verbrechern in Schaden gesetzt worden sind, sondern auch die, welche zusammentreffender Umstände halber ohne jemandes Schuld oder Bosheit in Inquisition gekommen und zum Nachtheile ihrer Ehre und ihres Hauswesens gefangen gehalten, nachher aber unschuldig befunden und losgesprochen worden sind, durchaus völlig entschädigt werden." Er hob die Freistätten für Verbrecher und die Inquisition auf. „Er verbannte," sagt ein mit L. Gesetzgebung vertrauter Schriftsteller *), „durch sein Criminalgesetzbuch ein unmenschliches und langwieriges Verfahren, das den Verbrecher oft zu einem Gefängnisse verdammte, das zehnfach härter war als die Strafe selbst. Er schränkte die Gewalt des peinlichen Richters bei leichten Vergehungen auf den Fall ein, wenn der Beleidigte sich beschwerte. Er verbannte unverhältnißmäßige Strafen

*) Betrachtungen über Leopold des Weisen Gesetzgebung in Toscana von D. C. Erhard, 1791.

sen und setzte den Grad der Strafbarkeit nach dem Grade der gestörten Sicherheit, nicht nach willkührlichen Launen und Leidenschaften fest." Er hob die Todesstrafe auf, welche er aber hernach in einigen Fällen wieder einführte. Leopold sorgte nicht allein für gerechte und milde Gesetze, sondern auch für ihre strenge und unpartheiische Vollziehung.

Die englischen Criminalgesetze sind äußerst grausam, ungerecht und zahlreich. Gegen zwei hundert Verbrechen ziehen die Todesstrafe nach sich. Ihr herrschender Grundsatz ist: je leichter ein Verbrechen begangen werden kann, desto härter muß es bestraft werden. Daher folgt auf einen Diebstahl von einem sehr geringen Werthe der Tod. Die Vorzüge der englischen peinlichen Gesetzgebung bestehen darin, daß jeder von seines Gleichen gerichtet wird und daß man den Buchstaben des Gesetzes (wäre nur dieser nicht mit Blut geschrieben!) befolgt, wodurch man der Chikane und den Sophistereien vorbeugt. Die Geschwornen, welche jeder Angeklagte sich selbst unter einer vorgeschlagenen Anzahl auswählen kann, sind die Krone der englischen peinlichen Gerichtsbarkeit. Allein ein Laster hat sich jetzt in die englischen Gerichtshöfe eingeschlichen, welches schon manchen Unschuldigen verschlungen hat, und dieses ist Käuflich- und Bestechlichkeit der Zeugen, welche zur Schande der Menschheit in England immer allgemeiner wird. Ohne Bedenken schwört der falsche Zeuge Eide und weiht den Unschuldigen dem Tode. Die englischen peinlichen Gesetze erklären viele Handlungen für Verbrechen, welche Vergehungen gegen das Sittengesetz sind und daher

nicht

nicht in das Gebiet des Staats einschlagen. Ueber Criminalgesetzgebung haben in England Fielding, Blakstone, Eden, Dawes u. a. geschrieben.

Vor der Revolution waren in Frankreich die peinlichen Strafen und Gesetze sehr hart und barbarisch. Man verdammte zum Feuer, zum Tode und zum Zerfleischen. Calas wurde nnschuldig verbrannt, und wie viele Andere haben noch dies Schicksal gehabt! Seit den Stürmen der Revolution hat man viele Menschen unschuldigerweise verdammt. Man hat Verbrechen erdichtet, welche höchstens Irrthümer des Verstandes waren. Jede Parthei erklärte ihre Gegner des Todes schuldig, und übte nur zu oft, ihre Rachsucht zu befriedigen, die grausamsten Ungerechtigkeiten aus. Das peinliche Gesetzbuch ist durch die konstituirende Nationalversammlung verbessert worden, die Strafen sind weit milder und gerechter und der Absicht der Strafe und dem Grade des Verbrechens weit angemessener als vorher. Nach Schließung des allgemeinen Friedens hört die Todesstrafe gänzlich auf und wird mit der Deportation in die französischen Inseln vertauscht. Der Gewinn, den Frankreich in Rücksicht der peinlichen Gerechtigkeit durch die Revolution erhalten hat, ist die Einführung des Geschwornen-Gerichts, völlige Publizität der gerichtlichen Untersuchungen und des Urtheils mit Anführung des Gesetzes und die Verurtheilung der Verbrecher nach dem Buchstaben des Gesetzes, der aber nicht wie in England grausam und mancherlei Deutungen fähig, sondern der Geist, welchen man sonst hinein trägt, selbst ist. Niemand kann ergriffen werden, ohne in der Absicht, ihn vor den Polizeibeamten zu bringen und niemand kann in Verhaft genommen oder behalten werden, ohne einen Verhaftsbefehl von den Polizeibeamten, oder von dem vollziehenden Direktorium im Falle einer Verschwörung, oder einer Verordnung zum Verhafte, es sey von einem Tribunale oder vom Direktor der Anklage Jury oder vermöge eines Anklagedekrets des gesetzgebenden Körpers in den Fällen, da es ihm zukömmt. Bewegungsgrund des Verhaftes und das Gesetz, vermögen dessen er anbefohlen wird, muß in dem Verhaftsbefehle förmlich ausgedrückt werden. Jeder Verhaftete muß sogleich oder spätestens noch an demselben Tage verhört werden. Erhellet aus dem Verhöre, daß kein Anlaß zur Beschuldigung gegen ihn da ist, so wird er sogleich wieder in Freiheit gesetzt; ist aber Ursache da, ihn ins Verhaftshaus zu schicken, so muß er in der kürzestem Zeit dahin gebracht werden. Alle Arten der Strenge, welche man gegen den Verhafteten ausübt, sind ein Verbrechen. Bei Verbrechen, welche eine leibes oder entehrende Strafe nach sich ziehen, kann niemand ohne eine von der Jury zuerkannten oder von der gesetzgebenden Versammlung dekretirten Anklage gerichtet werden. Die erste Jury erklärt, ob die Anklage zu zulassen oder zu verwerfen ist. Durch eine zweite Jury wird das Faktum anerkannt, und die vom Gesetze bestimmte Strafe durch die Criminaltribunäle angewendet. In jedem Departement ist ein peinliches Tribunal vorhanden. Die Richter können den Geschwornen keine doppelsinnige Frage vorlegen. Ist etwas bei dem Ausspruche des Urtheils oder bei der Untersuchung gegen die eingeführte Form versehen, so kaßirt das Kaßations-

tribu-

tribunal dieses Urtheil. Die Jury, welche das Urtheil spricht, besteht wenigstens aus zwölf Geschwornen. Der Beklagte hat die Befugniß; eine von dem Gesetz bestimmte Anzahl derselben zu verwerfen, ohne seine Gründe davon anzugeben. Wer von einer gesetzmäßigen Jury losgesprochen ist, kann wegen derselben Sache nicht wieder festgesetzt noch angeklagt werden. Die Gerechtigkeit wird umsonst verwaltet und jeder Prozeß wird so geschwind als möglich geendigt.

Frankreich hat einige ausgezeichnete Schriftsteller, die über das peinliche Recht geschrieben haben, z. B. Servin, Voltaire, le Trosne, Brissot, Servan, Vermeil, Valaze, Pastoret, Vaßelin, Thorillon u. A. Roußeau, Montesquieu und Condorcet haben auch einige vortrefliche Ideen über diesen Gegenstand in ihren Schriften niedergelegt. Auch Pethion hat über Verbrechen und Strafen geschrieben.

Die Rechtspflege der Nordamerikanischen Freistaaten gleicht in ihrer ganzen Einrichtung der engländischen Justizverfassung, aus welcher sie ihren Ursprung nahm. Sie hat aber in einzelnen Fällen, dem Lokale und den Grundsätzen der neuen Konstitutionen angemessen, einige Veränderungen erhalten. In der Verbesserung der peinlichen Gerechtigkeit haben die meisten Staaten seit der Revolution rühmliche Fortschritte gemacht. Der Grundpfeiler der Sicherheit der Personen ist das Verhör durch Geschworne. Der Angeklagte kann nicht eher dem Arme der ausübenden Gewalt überliefert werden, bis seine Schuld und seine Strafe von

zwölf

zwölf Männern seines eigenen Standes einstimmig anerkannt und ihm zugesprochen ist.

Ueberhaupt sind in allen nordamerikanischen Freistaaten die Strafen mild und ihrem Zwecke entsprechend; doch übertrift hierin alle übrigen Staaten Pensylvanien, dessen Stifter der Freund der Vernunft und Menschlichkeit Penn war. Er war von einer Sekte, die alle Grausamkeiten verschmäht und jede Gleichgültigkeit gegen Blutvergießen verabscheuet. Penn verfertigte so geschwind als möglich eine Sammlung milder Criminalgesetze, die nur dem vorsätzlichen Mörder das Todesurtheil sprachen und überließ es selbst dann noch der ausübenden Gewalt, entweder durch Begnadigungen es aufzuheben, oder auch die Strafe zu verändern. Dieses Gesetzbuch fand in England keinen Beifall und nach einem langen Streit zwischen dem Könige und dem Statthalter von Pensylvanien ward das englische Criminalrecht, nach seinem ganzen Umfange und in seiner ganzen Strenge, eingeführt.

Diese Verfassung dauerte so lange als die Könige von England Beherrscher von diesen Colonien blieben. Kaum aber waren die Bewohner Pensylvaniens von den englischen Bedrückungen befreit, als sogleich ihre ursprünglichen mildern Strafgesetze ein vorzüglicher Gegenstand ihrer Aufmerksamkeit wurde. Es bestätigte sich auch hier Montesquieus Grundsatz: „Die Strenge der peinlichen Gesetze vermindert sich mit den Fortschritten der Freiheit.“ Die mildern Grundsätze Beccaria's und Voltair's fanden allenthalben großen Eingang.

Die neue Staatsordnung foderte eine Verbesserung der Strafgesetze und machte es zum angelegentlichsten Geschäfte, Strafen zu erfinden, die weniger grausam und den verschiedenen Graden des Verbrechens mehr angemessen wären. Der Krieg verhinderte die Ausführung dieses Vorhabens bis 1786. Die Todesstrafe, die sonst fast für jede Art des Diebstahls oder widernatürlicher Verbrechen zuerkannt wurde, ward nur für Mord, gewaltsamen Raub, vorsätzliches Mordbrennen und Hochverrath beibehalten, übrigens aber Staupenschlag, Einkerkerung und öffentliche Arbeiten an ihre Stelle gesetzt. So beträchtlich diese Milderung der Strafgesetze auch war, so war sie doch nur der Anfang der beabsichtigten Verbesserungen. Sie faßte allerdings einige von selbst einleuchtende rechtliche Grundsätze in sich, aber andere eben so einleuchtende waren übergangen worden. Das Entspringen aus dem Gefängnisse wurde mit Schlägen bestraft und in manchen Fällen mit Abschneiden der Ohren. Personen, welche die Gefängnisse durchbrachen, wurden, wenn sie neue Verbrechen begiengen, der Vortheile der neuen Gerichtsverfassung verlustig und nach der Schärfe der alten Gesetze verurtheilt; gleich als wenn das Gesetz, welches allezeit voraussetzen muß, daß der Gefangene ein Verlangen zu entfliehen haben wird, nicht seine ganze Aufmerksamkeit und Sorgfalt dahin zu richten hätte, daß das Gefängniß fest und sicher sey; oder, als wenn es nicht vielmehr den Gefangenaufseher dafür verantwortlich zu machen hätte, wenn ein Gefangener sich seiner Wachsamkeit entziehet, als daß es einer Person ein neues Verbrechen aufbürden sollte, die durch das Entfliehen aus

dem

dem Orte ihrer Einsperrung nichts mehr gethan hat, als einem natürlichen Antriebe, dessen Stärke niemand in Zweifel ziehen kann, gefolgt ist, ohne in der That eine eingegangene Verbindlichkeit verletzt oder ein in sie gesetztes Vertrauen gemißbraucht zu haben. Eine Erfahrung von wenigen Jahren war hinreichend, die zahllosen Gebrechen der öffentlichen Strafarbeiten zu zeigen. Verbrecher, die mit Eisen beschwert durch die Gassen und auf den Landstraßen umher liefen, gaben vielmehr ein öffentliches Schauspiel des Lasters als der Schande und des Elendes; und die Unmöglichkeit, sie hinlänglich zu bewachen, erleichterte ihnen die Mittel zu Ausschweifungen, zur Trunkenheit, zum Plündern und zur Flucht. Alle Gefangene, welches auch ihr Verbrechen war und was sie auch für einen Charakter hatten, wurden in eine Masse zusammengeworfen. Auf diese Weise wurden die Bösen nicht gebessert, die minder Bösen aber wurden noch schlimmer. Sie verbreiteten nach und nach Schrecken über Stadt und Land; und weit entfernt von dem Wege des Lasters abgeführt worden zu seyn, wurden sie vielmehr zu neuen Auftritten von Bosheit eingeweiht, bis endlich die Gefängnisse nicht mehr hinreichten, die immer zunehmende Menge überführter Bösewichter zu fassen.

In diesem Zeitpunkte traten einige der angesehensten Einwohner von Philadelphia in eine Gesellschaft zusammen, um den elenden Zustand der Gefängnisse zu verbessern, ihre Mängel genau zu erforschen und der Regierung die vornehmsten Gebrechen und Mißbräuche derselben bemerklich zu machen. Diese Gesellschaft gab die Veranlassung zu einer weitern Milderung des Strafgesetzbuches. Im Jahre 1790 schafte die Gesetzkommission, die damals ein besonderes Collegium oder eine besondere Cammer ausmachte, die Strafe der öffentlichen Arbeiten, der Verstümmelung und des Stäupens ab und führte an deren Stelle Gefängniß, Geldstrafe und Wiedererstattung für das begangene Verbrechen ein. Eben dieses Gesetz verlangt einen höhern Grad von Erweisen zur Ueberführung gewisser Verbrecher, und besonders derer, die des Kindermordes angeschuldigt werden, und nach dem dasselbe verschiedene wichtige Artikel in Ansehung der Einrichtung der Gefängnisse festgesetzt hat, trägt es zugleich einem besondern Ausschusse auf, die nöthigen Abänderungen in der innern Verfassung der Gefängnißgebäude zu machen. Die wohlthätigen Wirkungen dieser Einrichtung sind allenthalben sichtbar, die Verbrecher gehen gebessert aus dem Gefängniß heraus und der Verbrechen werden weniger, weil immer die meisten von denen begangen werden, die schon eine öffentliche Strafe erlitten haben. Man behandelt den Menschen mit Achtung und ehrt auch noch im Verbrecher die Menschheit: denn man sieht ein, daß der Zweck der Bestrafung der Verbrechen nicht allein die Züchtigung des Verbrechers, sondern zugleich auch das Mittel seiner Besserung seyn soll. Rush und noch einige Andere haben in Nordamerika über Verbrechen und Strafen geschrieben.

In welchem Zustande befindet sich nun jetzt die peinliche Gesetzgebung? Sind die Strafen, welche man ausübt, gerecht und zweckmäßig? Und sind die Handlungen,

lungen, welche man vor das Forum des Staats zieht, wiederrechtlich und werden sie daher mit Recht unter die Verbrechen gezählt? Ehe man bestimmt, was im Staaten widerrechtlich ist und was man durch die Strafen beabsichtigt, muß man wissen, was der Zweck des Staates ist. Warum errichtet man nun Staaten? Um einen sichern und freien Gebrauch von allen seinen Kräften machen und um eine allgemeine und gesetzliche Gleichheit genießen zu können. Was nun diese letztere stört oder gar aufhebt, ist ein Verbrechen und der Handelnde soll mit Gewalt in die Grenzen des Rechts zurückgewiesen werden. Diese Gewalt, welche ihm der Staat zufügt, und die für ihn ein Uebel ist, heißt Strafe, deren Zweck weder Besserung des Verbrechers noch Abschreckung Anderer ist, weil jene ein Werk der Willkühr und eigenen Einsicht ist und dieser der Mensch nicht darf zum Opfer gebracht werden, weil er eine moralische Person ist, die niemals als bloßes Mittel zu irgend etwas darf gebraucht werden. Auch ist die Abschreckung Anderer kein rechtlicher Zweck, sondern eine Klugheitsregel, deren Erfolg die Erfahrung rechtfertigen muß. Und was hat man für ein Recht, einem Menschen um Anderer willen einen Schmerz zu zufügen, da man nie gewiß weiß, ob sein Beispiel je etwas fruchten wird? Der Verbrecher stört die rechtliche Gleichheit und diese kann allein durch ein Uebel, das sich jemand durch seine widerrechtliche That zuzieht, wieder hergestellt werden. Der Zweck der bürgerlichen Strafe ist daher Wiederherstellung der rechtlichen Gleichheit.

Unterscheidet man nun jetzt schon genau Verbrechen von moralischen Uebertretungen, und bestraft man nur wiederrechtliche Handlungen? Keine Handlung darf der Staat bestrafen, welche niemandes Freiheit verletzt. Und wie verfährt man noch jetzt fast allenthalben? Man erklärt Meinungen und Glaubensarten für Verbrechen, man straft Gedanken, man verfolgt Handlungen, welche zwar unmoralisch, aber nicht wiederrechtlich sind und man beobachtet noch keinen richtigen Maaßstab zwischen den Verbrechen und ihrer größern oder geringern Strafbarkeit. Man hat noch nicht genau bestimmt, in welchem Verhältnisse ein Verbrechen mit dem Zwecke des Staats steht? Ob es unveräußerliche oder veräußerliche Rechte verletzt? Ob es dinglichen, oder persönlichen, oder dinglich persönlichen Rechten Abbruch thut? Wie ist es daher möglich, daß man gerecht im Richten und Strafen seyn kann? Durch die Todesstrafe, die noch allenthalben die Völker entehrt, verfährt man so wohl wiederrechtlich als barbarisch, weil man dadurch in das Gebiet des Gewissens und also in die Regalien der Gottheit eingreift. Man überschreitet die Grenzen der Wirksamkeit des Staates, indem man dem Menschen etwas raubt, was er zu erhalten eine Gewissenspflicht hat. Man vergißt, daß der Staat nicht zum Weltrichter, welcher die Moralität und Immoralität der Handlung und Gesinnungen richtet, sondern bloß zur Beurtheilung und Bestrafung der Thaten, welche auf die Willkühr Anderer einwirken und diese beeinträchtigen, bestimmt ist. Er hat nicht die Absicht das Leben der Menschen zu erhalten, sondern bloß den Gebrauch der äußern Rechte zu schützen, welche dem Menschen angeboren sind, oder welche er sich durch seine Willkühr erwirbt. Man straft den Mord aus

Wahn-

Wahnsinn *), den Mord ohne Absicht und den Mord, über welchen jemand lange nachsinnt, oft mit einerlei Strafe. Beraubung eines Gliedes oder Mißhandlungen werden nicht härter gezüchtigt als Diebstahl. Und wie viele Menschen seufzen noch in Ketten, die sie nicht verdient haben! Wie grausam büßen Andere für ein Vergehen, das ganz und gar nicht vor das Forum des Staats gehört! Und wie theuer müssen manche den Mangel an Respeckt bezahlen, der vielleicht nicht einmal der Obrigkeit, sondern bloß dem Menschen ist verweigert worden! Wie viele werden vor Gericht auf bloßen Verdacht gezogen, da doch Kränkung der Unschuld eine Uebertretung ist, welche nichts wieder gut macht, und welche nie kann ausgesöhnt werden.

Wir haben also im peinlichen Rechte noch nicht gethan, was wir zu thun schuldig sind, Wir bestrafen noch unmoralische Handlungen und stempeln noch Dinge zu Verbrechen, welche es nicht sind. Unsere Absicht ist nicht, den Verbrecher zu einem rechtlichen Manne zu

*) Und welcher Mörder mag wohl seines Verstandes im Augenblicke seiner That völlig mächtig seyn? Verblenden ihn nicht Leidenschaften, rauben sie ihm alle Besinnung und verwirren sein Bewußtseyn, daß er nicht weiß was er thut, daß er das Schändliche und Widerrechtliche seiner That nicht einsieht, bis es zu spät ist, wo alsdann der Schleier erst von seinen Augen fällt und ihm das Verbrechen in seiner ganzen Abscheulichkeit zeigt? Bei dem Mörder, der dem Andern nachstellt und mehrmals auflauert, ist die Idee des Mordes des Andern zur fixen Idee geworden. Gekränkte Leidenschaften, Noth und verwirrte Begriffe sind größtentheils die Ursachen von den Mordthaten.

zu machen, sondern ihn ohne Mitleid und ohne Zweck büßen zu lassen. Und wenn die Zeit seiner Strafe vorbei ist, so kümmern wir uns nicht darum, ob er nicht etwann gar als ein weit größerer Bösewicht aus dem Gefängnisse herausgeht als er hinein kam. Unsere meisten Strafen sind daher weder gerecht noch zweckmäßig. Und welche Formen will man in gewissen Staaten als Gesetze angesehen wissen? Jedes Gesetz muß allgemein und gleich seyn und jeder muß sich vor ihm beugen und zum Gehorsam gegen dasselbe gezwungen werden können. Verbrecher, die gleiche Absichten und Gesinnungen bei ihren Thaten verrathen haben, müssen einerlei Strafe leiden. Jede Ungleichheit vor dem Gesetze ist nicht allein widerrechtlich, sondern auch das Ende aller Staaten. Wir werden in den Naturstand zurück geworfen, wo niemand dasselbe Gesetz anerkennt, dem der Andere gehorcht, sondern wo jeder sein eigener Richter ist.

In Deutschland klügelt man an dem Gesetze herum, weil man es nicht buchstäblich entweder wegen seiner Grausamkeit oder wegen seiner Unzweckmäßigkeit vollziehen kann. In England fließt Menschenblut in Strömen, einem Buchstaben zugefallen, der eben so unvernünftig als ungerecht ist. In Nordamerika und in Frankreich ist der Buchstabe des Gesetzes Geist, und macht jede Deutung unnöthig, aber dennoch werden auch in diesen beiden Staaten noch Verbrechen bestraft, welche nicht vor das menschliche, sondern vor das göttliche Gericht gehören und Strafen ausgeübt, welche unzweckmäßig sind.

Die

Die meisten Strafen, welche man den Verbrechern zufügt, sind nicht darzu eingerichtet, daß sie den Büßenden zu einem rechtlichen Manne machen, sondern daß sie ihm bloß ein absichtloses Leiden anthun. Und gleich wohl soll ein Nebenzweck bürgerlicher Strafen, wenn auch nicht Besserung, doch Bewirkung legaler Handlungen seyn, damit der Verbrecher, wenn er wieder in den Genuß seiner Bürgerrechte eintritt, nie wieder in sein voriges wiederrechtliches Leben zurück falle, sondern jedes Andern Rechte heilig achte und unangetastet lasse. Keine Strafe darf allzulange dauern. Jedem Verbrecher muß noch die Hoffnung als ein Antrieb zur Umänderung seiner Gesinnung übrig gelassen werden, einmal seine Freiheit wieder zu erhalten. Die Gefängnißaufseher sollten daher die größten Menschenkenner seyn, damit sie bei jedem Verbrecher die zweckmäßigsten Mittel anwenden könnten, um ihn in seinen Handlungen an allgemeine Maxime zu gewöhnen und zu einem rechtlichen Manne zu machen. Man sollte den Bösewicht durch das Beispiel des gebesserten Verbrechers zur Besserung ermundern. Beide sollten daher einander Gesellschaft leisten: denn vor einem guten Manne muß auch der größte Missethäter seinen Geist beugen und ihm Achtung und Bewunderung zollen.

Von Verbrechen und Strafen.

§. 1.

Einleitung und Absicht dieses Buches.

Die Menschen überlassen gewöhnlich die wichtigsten Anordnungeu der alltäglichen Klugheit oder dem Gutbefinden derjenigen, die einen Vortheil haben, sich den besten Einrichtungen entgegen zu setzen *). Weise Gesetze

*) Welche Mittel aber hat man auch angewandt, die Aufmerksamkeit des Menschen von dem abzuziehen, was ihn am meisten interessiren sollte, weil es am meisten zur Erreichung seiner Zwecke beiträgt? War nicht bis jetzt fast allenthalben jede Untersuchung, welche sich auf den Zweck des Staates und die Mittel, die vollkommenste und rechtmäßigste Verfassung einzuführen, bezog, verpönt und war nicht alles dazugeeignet, jeden Denker von einer freimüthigen Erörterung der Pflichten und Rechte des Regenten und des Bürgers abzuschrecken? Politischer und religiöser Aberglaube vereinigten sich mit der Herrschsucht, dem Menschen jeden Gedanken an das, was ihm auf dieser Erde am meisten angeht, zu benehmen. Und gleichwohl hat nichts einen größern Einfluß auf die Kultur des Geistes als eine immer rege Beschäftigung mit dem, was die Handhabung des öffentlichen Rechts betrift und was zum Besten aller beiträgt. Eine rechtliche organisirte Verfassung gewährt dem Menschen erst ein ächtes Menschenschenleben, weil er dann von allen seinen Kräften einen freien und ungehinderten Gebrauch machen kann, der ihm Achtung gegen seine Natur

setze sorgen, ihrer Natur nach, für das Beste Aller und widerstehen dem mächtigen Bestreben derjenigen, welche alle Macht und alles Glück einigen Wenigen zu zuwenden, und alle Ohnmacht und alles Elend auf den größten Theil des Volks zu wälzen trachten.

Nur wenn wir durch tausend Irrthümer in Dingen die zu unserm Leben und zu unserer Freiheit wesentlich nothwendig sind, hindurch gegangen und wenn wir der auf den höchsten Gipfel gestiegenen Leiden müde und überdrüßig sind, entschließen wir uns, den Unordnungen abzuhelfen, die uns drücken und den deutlichsten Wahrheiten die Augen zu öffnen, welche gerade wegen ihrer Einfachheit gemeinen Geister entgehen, weil diese nicht die Gegenstände zu zergliedern im Stande, sondern ein Spiel verworrener Eindrücke sind, und nichts nach reifer Untersuchung, sondern bloß auf Hörensagen annehmen *).

Man

tur und Bestimmung einflößt, und ihm eine richtige Kenntniß von dem, was er thun soll und darf, verschaft. Eine genaue Bekanntschaft mit der Moral, Rechtslehre und Religion kann niemand erlassen werden, der sich nicht des Namens des Menschen verlustig machen will, weil diese Wissenschaften das heiligste Interesse der Menschheit umfassen.

Der Uebers.

*) Die Wahrheit, sagt man, liegt in der Mitte, aber wo ist diese Mitte? Man wird sie immer erst gewahr wenn man sie gefunden hat. Alle Erfindungen, alle Entdeckungen in den Künsten und Wissenschaften sind ein Werk der Noth. So lange der Mensch kein Bedürfniß nach etwas fühlt, wird er auch nicht darnach streben und ringen. Wenn ein Volk nicht einsieht, daß seine Gesetze drückend und ungerecht sind, so wird es auch und

Man schlage die Geschichte auf und man wird sehen, daß die Gesetze, welche Verträge freier Menschen sind, oder doch seyn sollten, meistentheils nur Werkzeuge der Leidenschaften einiger Wenigen, oder Geschöpfe einer zufälligen und vorübergehenden Nothwendigkeit gewesen sind *). Sie waren niemals das Werk eines

nicht auf den Gedanken gerathen, daß es zweckmäßigere und gerechtere Gesetze geben kann. Ein Uebermaaß von Uebeln und Leiden, und eine ungeheuere Schaar von Ungerechtigkeiten sind allein die Mutter besserer Einrichtungen. Jedes Uebermaaß, das schädlich ist, führt das Heilmittel bei sich. Gute und gerechte Gesetze können daher erst nur dann entstehen, wenn die Menschen mit Scorpionen sind gegeißelt worden, wenn sie zahllose Mißhandlungen erlitten und die völlige Unsicherheit des Eigenthums eingesehen haben. Der Mensch muß sich durch peinliche Irrthümer, durch blutige Verirrungen und durch namenlose Leiden hindurch gearbeitet haben, ehe er zur Wahrheit und zur Erkenntniß von dem, was recht und gut ist, gelangt. Gerechte Verfassungen werden daher jederzeit erst das Werk intellektueller oder politischer Revolutionen seyn.

Der Uebers.

*) Es ist ausgemacht, daß Gesetze nur dadurch entstehen können, daß man das Resultat des allgemeinen Willens vernimmt, und daß man die Stimmen sammeln muß, um weder ungerechte noch unkluge Gesetze zu machen: denn selbst die weisesten Gesetze können von dem Volke für ungerecht gehalten werden, weil es noch nicht den zur Einsicht ihrer Gerechtigkeit nöthigen Grad von Aufklärung besitzt. Jedes Gesetz muß angesehen werden können, als hätten Alle darein gewilligt, weil Alle zum Gehorsam gegen dasselbe gezwungen werden. Daß die Gesetze nie das Werkzeug der Leidenschaften einiger Wenigen werden, kann nur dadurch verhindert werden, daß man den Nationalwillen bei der Gesetzgebung zu Rathe zieht und dadurch die Leidenschaften selbst zwingt, sich unter

eines kalten und reiflichen Nachdenkens über die menschliche Natur. Niemals rührten sie von einem Denker her, der die Handlungen einer Menge von Menschen unter einen einzigen Gesichtspunkt vereinigte, und dabei *die größte Glückseligkeit, woran die größte Menge Antheil nähme*, beabsichtigte *).

Glück-

unter das Gesetz zu beugen und auf das allgemeine Beste hinzuarbeiten: denn Leidenschaften sind an sich weder etwas Böses noch etwas Gutes: sie leiten die Menschen sowohl zum Recht- als zum Unrechtthun. Sie sind Hebel der menschlichen Thätigkeit. Ohne Leidenschaften würden die Menschen in einen Todenschlaf sinken, der alle Tugend mit sich ins Grab ziehen würde. Wo geschieht etwas Großes und Gutes unter den Menschen als durch Leidenschaften? und nur derjenige, der etwas leidenschaftliche wünscht und mit Enthusiasmus unternimmt, kann ein großer Mann werden.

Der Uebers.

*) Wie ist aber dies anzufangen, da jeder Mensch etwas anderes als unentbehrlich zu seiner Glückseligkeit rechnet? Nichts ist wandelbarer als die Gefühle, auf welche sich alle Glückseligkeit gründet. Und wie soll eine äußere Gewalt, als der Staat hat, auf das Innere wirken und alles so einrichten, daß jedes Wünsche und Begierden befriedigt werden? Da jeder Mensch seinen eigenen Begriff von der Glückseligkeit hat, so würde der Staat etwas unmögliches sich zum Zwecke setzen, wenn er jeden glücklich machen wollte. Der Zweck des Staats muß etwas seyn, das durch Gewalt erreicht werden kann, weil diese das einzige rechtmäßige und auch pflichtmäßige Mittel ist, das ihm zu Gebote steht. Der Zweck des Staats ist daher eine gleiche Sicherheit des Genusses aller äußern Rechte, wo jedem alles zu thun erlaubt ist, was niemandes Freiheit beeinträchtigt. Mit dem Rechte ist Gewalt als ein identischer Begriff verbunden; denn das Recht besteht in der Einschränkung der Freiheit eines jeden auf die Bedingung, daß sie mit

der

Glücklich sind die wenigen Nationen, die nicht warteten, bis die langsame Bewegung der Verbindungen und Veränderungen in den menschlichen Angelegenheiten durch das größte Elend einen Uebergang zum Guten bahnte, sondern die durch weise Gesetze einen öffentlichen Rechtszustand, der das Wohl Aller befördert, beschleunigten. Welchen Dank der Menschen verdient nicht jener Weise, der den Muth hatte, aus dem Winkel seiner einsamen und verachteten Zelle unter die Menge den ersten, obgleich lange Zeit unfruchtbaren, Saamen nützlicher Wahrheiten auszustreuen!

Den philosophischen Wahrheiten, die durch Erfindung der Buchdruckerkunst allgemein verbreitet worden sind, verdankt man die Kenntniß der wahren Verhältnisse zwischen dem Souverain und seinen Unterthanen und zwischen den verschiedenen Nationen gegen einander. Die Wissenschaften belebten den Handel und unter

der Freiheit von jedermann zusammen bestehen kann. Der beste Gesetzgeber ist also der, welcher das Recht organisirt und eine solche Einrichtung trift, damit als nothwendige Wirkung des Staates das Recht erfolge. Die verschiedenen Staatsgewalten müssen in ihren Ursachen getrennt seyn, aber in ihren Wirkungen müssen sie ein Resultat — durchgängige Gerechtigkeit — geben. Das Recht muß durch den Eigennutz selbst erzwungen werden. Der Mißbrauch der einen Gewalt, oder das Unrecht derselben muß den Untergang Aller nach sich ziehen. Man wird dadurch die Gewalthaber durch ihre Interesse an ihre Pflicht ketten und ihre Aufmerksamkeit stets rege erhalten. Wechselseitige Eifersucht wird eben den Erfolg haben, als wenn die Menschen das Recht stets als ihre Schuldigkeit beobachteten.

Der Uebers.

ter den Nationen entstand ein stiller Krieg des Fleißes, der menschlich und vernünftiger Wesen würdig ist. Dies sind die Früchte die wir der Aufklärung schuldig sind. — Aber sehr Wenige haben die grausamen Strafen und das unregelmäßige Verfahren in peinlichen Sachen untersucht und bekämpft. Fast in ganz Europa hat man diesen so wichtigen Theil der Gesetzgebung vernachlässigt. Sehr Wenige haben sich bis zu allgemeinen Grundsätzen erhoben und die seit Jahrhunderten aufgehäuften Irrthümer vernichtet. Nur wenig hat die Macht der erkannten Wahrheit den allzufreien Lauf einer ungerechten und übelgeleiteten Gewalt gehemmt, den bisher ein langes und verjährtes Beispiel einer kaltblütigen Grausamkeit geheiligt hatte. Hätten nicht die Seufzer der Elenden, die man der grausamen Unwissenheit und der gefühllosen Gleichgültigkeit der Reichen opferte; hätten nicht die barbarischen Martern, die man mit einer verschwenderischem und unnützem Strenge für Verbrechen vervielfältigte, die entweder nicht bewiesen oder bloße Einbildungen waren; hätte nicht das Schrecken und Grausen eines Gefängnisses, das der grausamste Henker der Unglücklichen — die Ungewißheit — vermehrte; hätten, sage ich, nicht diese schrecklichen Gegenstände die Aufmerksamkeit der Philosophen, — der Art von Obrigkeit, welche die Meinungen der Menschen beherrscht und lenkt — erwecken sollen?

Der unsterbliche Montesquieu ist schnell über diesen Gegenstand hinweg geeilt. Die Wahrheit, die immer eine und dieselbe ist, hat mich gezwungen, den hellen Spuren dieses großen Mannes zu folgen, allein die Denker, für welche ich schreibe, werden seine Schritte von den Meinigen zu unterscheiden wissen. Wie glücklich würde ich mich schätzen, wenn ich, wie er, den geheimen Dank der verborgenen und friedlichen Anhänger der Vernunft erhalten und wenn ich ihnen jenen süssen Schauer einflößen könnte, mit welchem gefühlvollen Herzen dem Denker, der die Würde und den Vortheil der Menschheit vertheidigt, lohnen.

Jetzt sollte uns die Ordnung zur Untersuchung und zur Unterscheidung der verschiedenen Gattungen von Verbrechen und zu der Art, sie zu bestrafen, führen, wenn uns nicht ihre veränderliche Beschaffenheit in Ansehung der verschiedenen Zeiten und Orten zu einer unermeßlichen und langweiligen Umständlichkeit zwänge. Ich will mich daher begnügen, die allgemeinsten Grundsätze anzugeben, und die schädlichsten und gemeinsten Irrthümer auszuzeichnen, um sowohl denjenigen, die aus einer übelverstandenen Liebe zur Freiheit, Gesetzlosigkeit einzuführen wünschen als denen, welche die Menschen an eine strenge Klosterzucht gewöhnen wollen, den Irrthum zu benehmen.

Welches ist der Ursprung der Strafen und welches ist ihr Rechtsgrund? Welches sind die in einer guten Gesetzgebung anwendbaren Mittel, sich des Verbrechers zu bemächtigen, das Verbrechen zu entdecken und außer Zweifel zu setzen? Ist die Folter gerecht und führt sie zu dem Zwecke, den die Gesetze zur Absicht haben? Müssen die Strafen dem Verbrechen angemessen seyn und wie setzt man dieses Verhältniß fest? Welches ist der Maaßstab der Größe der Verbrechen? Ist die Todesstrafe zur Sicherheit und zur guten Ordnung in der Gesellschaft nützlich und nothwendig? Wie muß man die verschiedenen Verbrechen bestrafen? Sind einerlei Strafen zu allen Zeiten gleich nützlich? Was für einen Einfluß haben sie auf die Sitten? Welches sind die zweckmäßigsten Mittel, Verbrechen zu verhindern?

Alle diese Aufgaben verdienen mit einer geometrischen Schärfe aufgelöset zu werden, welcher weder der Nebel von Trugschlüssen, noch eine verführerische Beredtsamkeit, noch ein schüchterner Zweifel widerstehen kann. Hätte ich auch kein anderes Verdienst als das, daß ich Italien zuerst mit einer größern Deutlichkeit und Bestimmtheit gezeigt habe, was andere Nationen zu schreiben gewagt haben und was sie in Ausführung zu bringen anfangen, so würde ich mich schon glücklich schätzen; hätte ich aber, indem ich die Rechte der Menschen und der unüberwindlichen Wahrheit vertheidige, dazu beigetragen, ein unglückliches Opfer der Tyrannei und der Unwissenheit, welche beide gleich grausam und gefährlich sind, den Martern und den Qualen des Todes zu entreißen, so würden die Segenswünsche und die Thränen eines einzigen Unschuldigen in seinem Freudentaumel mich wegen der Verachtung der Menschen trösten.

§. 2.

Von dem Ursprunge der Strafen und von dem Strafrechte.

Man darf keinen dauerhaften Nutzen von der Moralpolitik hoffen, so lange sie nicht auf die unauslöschlichen

chen Empfindungen der Menschen gegründet ist *). Jedes Gesetz, das von diesem Grundsatze abweicht, wird stets

*) Die moralische Politik verlangt, daß das Recht das oberste Prinzip aller Gesetzgebung sey und daß alle Politik sich unter seine Macht beuge. Die Regeln der Politik können nicht allgemein seyn, weil sie aus der Erfahrung entlehnt sind. Sie sind daher eben so verschieden als die Subjekte, die Verstand haben. Wollte man nun solche Regeln zu ersten Grundsätzen aller Gesetze erheben (was freilich an und für sich selbst schon ungereimt seyn würde) so wäre der Damm gegen alle Ungerechtigkeiten durchbrochen und aller Zügellosigkeit stünde Thor und Thür offen. Jeder Staat, welcher seine Gesetze nicht auf das Recht, sondern auf Klugheitsregeln gründet, bereitet sich selbst den Untergang zu, denn jemehr Einsicht und Erfahrung jemand erlangt hat, destomehr Klugheit besitzt er und desto furchtbarer muß ein Mann dem Staate seyn, den sein Verstand über alle erhebt und den das Recht in seiner Machinationen nicht zurückschreckt — Das Recht hingegen ist keine empirischer, sondern ein reiner vor aller Erfahrung vorausgehender Begrif. Jeder muß dasselbe für Recht erkennen, was der Andere dafür hält. Seine Gesetze sind allgemein und jedes Willkühr soll ihnen gehorchen. Wird es also das leitende Prinzip einer Gesetzgebung, so steht diese fest und sicher und ist nie in Gefahr, jemandes Freiheit zu beeinträchtigen. Die politische Moral und die Moralpolitik unterscheiden sich also dadurch von einander, daß jene sich auf die Schlangenwendungen der Klugheit, welche nur nach Vortheil strebt und weder Recht noch Menschenleben achtet, diese aber auf das Recht gründet, das aller Menschen Willkühr ehrt, so lange sie sich nur nach allgemeinen Gesetzen bestimmt. Sie verachtet alle Kunstgriffe und Schikanen. — Die unauslöschlichen Empfindungen sind das Gefühl für Recht und Unrecht, das auch in dem größten Bösewicht, wie in dem edelstein Manne, zu Zeiten lebendig ist und ihn durch seine furchtbaren Erinnerungen und Aussprüche erschüttert und durch sein Verdammungsurtheil zu Boden schlägt. Jedes

stets einen mächtigen Widerstand antreffen, der endlich die Oberhand erhält, so wie eine Kraft, sie mag auch noch so gering seyn, wenn sie ununterbrochen fortwirkt, jede noch so starke Bewegung in einem Körper vernichtet. — Laßt uns das menschliche Herz zu Rathe ziehn! In ihm werden wir die Grundsätze des wirklichen Rechts des Souverains, die Verbrechen zu bestrafen, entdecken.

Kein Mensch hat einen Theil seiner Freiheit dem allgemeinen Besten freiwillig zum Opfer gebracht. Ein solches

Jedes Menschen praktische Vernunft hat Gelegenheit sich auszubilden, weil er mit Andern, die mit ihm in einem rechtlichen Verhältnisse stehen, und ihn zu beeinträchtigen geneigt sind, zusammen lebt, und über deren Verfahren er zornig und unwillig wird. Dieser Unwille ist ein Merkmal der Selbstthätigkeit der praktischen Vernunft. — Unauslöschlich ist dies Gefühl, weil es das Produkt einer Anlage ist, welche den Charakter der Menschheit ausmacht und sich daher nie von ihr trennen läßt. Folgt man also dieser, obgleich dunkeln und als Gefühl wandelbaren Empfindung bei der Gesetzgebung, so werden die Gesetze sowohl gerecht als dauerhaft werden. In jedes Menschenbrust steht mit unvertilgbaren Charaktern geschrieben, was er thun und lassen soll und jeden Gedanken, jede Maxime belauschet der furchtbare Richter, der uns entweder verdammt oder losspricht. Es ist zwar besser, der Gesetzgeber hat sein Gefühl zu Begriffen erhoben, um desto gewisser von der Rechtmäßigkeit aller seiner Unternehmungen überzeugt zu seyn, aber so lange der Mensch noch nicht den Grad von Kultur erreicht hat, wo er sich in allen Angelegenheiten seines eignen Verstandes bedient, wird man immer auf das Gefühl fußen müssen, um nicht ungerecht zu seyn und nicht in Sand zu bauen.

Der Uebers.

solches Hirngespinst findet man nur in Romanen. Jeder von uns wünschte, wenn es nur möglich wäre, daß die Verträge, die Andere binden, uns nicht binden möchten. Jeder macht sich zum Mittelpunkte aller Vereinigungen auf der Erde *).

Die Vermehrung des menschlichen Geschlechtes, die zwar langsam an sich, aber doch zu reißend war, als daß die Mittel, welche der unfruchtbare und sich selbst überlassene Boden anbot, hinreichten, die Bedürfnisse zu befriedigen, die immer zahlreicher sich einander durchkreuzten, vereinigte die ersten Wilden **). — Hatten

*) Der Mensch ist als sinnliches Wesen ein eigennütziges Geschöpf. Alles bezieht er auf seinen Vortheil. Sein Verstand ist Sklave der Sinnlichkeit. Er trachtet stets darnach, wie er ihren Genuß vermehren, und wie er immer mehr Mittel zur Befriedigung der Neigungen und Begierden ausfindig machen kann. — Als sinnliches Geschöpf sieht er sich als den Mittelpunkt der Erde an, um welchen sich Alles dreht und wozu Alles da ist. Aber da jeder dieselben Gesinnungen hegt und jeder den Andern zu unterjochen und zu beeinträchtigen sucht, so ist der Eigennutz selbst der Erhalter der Menschen, dem aber wieder die praktische Vernunft zu Hülfe kommt und alle Menschen einem und demselben Gesetze unterwirft und allen die unbedingte Pflicht auflegt, ihre herrsch- und habsüchtigen Begierden unter das Recht zu beugen und sie dem Dienste der Vernunft zinsbar zu machen. Als Vernunftwesen betrachtet gewöhnt sich daher endlich der Mensch an allgemeine Gesetze, welche Aller Freiheit auf eine und dieselbe Bedingung einschränken.

Der Uebers.

**) Die gänzliche Unsicherheit des Eigenthums und des Lebens verband die Menschen in Gesellschaft; aber da auch in diesem Zustande, wo jeder noch sein eigener Richter

Hatten sich aber nur einmal Gesellschaften gebildet, so entstanden nothwendiger Weise Andere, um den Erstern

Richter ist und jeder seiner Einsicht und Willkühr folgt, ein ewiger Krieg herrscht und Alles der Uebermacht weichen muß, so wurde man endlich gezwungen, in *bürgerliche* Gesellschaft zu treten, wo eine oberste Gewalt Aller Rechte zu schützen im Stande ist und wo jeder nicht etwann einen Theil seiner Freiheit aufopfert, sondern bloß der Selbsthülfe entsagt, welche der Staat an seiner Stelle übernimmt und den Angreifer bestraft. Eine durchgängige Herrschaft des Rechts findet also erst im Staate statt, weil eine Macht da ist, die Gewalt über Alle hat: und jeder genießt erst in diesem bürgerlichen Vereine seine volle gesetzmäßige Freiheit und ist nie der Gefahr ausgesetzt, sie ungerechter Weise zu verlieren. Die Freiheit des Menschen besteht darin, daß er in allen Dingen, die ihn allein angehen, sein eigener Herr ist. Kein Staat darf dieser Freiheit Abbruch thun. Die *öffentliche* Freiheit, wovon man erst Gebrauch machen kann, wenn man mit Andern im Staate lebt, besteht darin, daß jedes Gesetz im Staate muß angesehen werden können, als sey es aus unserm Willen entsprungen und mit unserer Einwilligung gegeben worden. Der Charakter jedes Gesetzes ist daher Allgemeinheit. So lange der Mensch im Naturstande lebte, der ein Stand der Rechtlosigkeit ist, wo niemand seines Rechtes theilhaftig wird, konnte niemand von diesem Rechte Gebrauch machen. Er gewinnt daher durch seinen Eintritt in die bürgerliche Gesellschaft mehr, als er verliert. Im Naturstande ist er allein seinem Gewissen unterthan, das alle seine Tritte belauscht und alles sein Thun und Lassen vor sein Forum zieht; im Staate aber ist er auch einem äußern Gerichtshofe verantwortlich, der gegen ihn im Uebertretungsfalle Zwang auszuüben berechtigt und wo der Staat Richter ist. Kein Staat, weil er sich auf eine Handlung der Menschen gründet, läßt sich daher ohne Gesetze als Bedingungen seiner Rechtmäßigkeit denken. Diese Bedingungen müssen ausdrücklich festgesetzt werden; damit jeder weiß

Widerstand zu leisten; und so verwandelte sich der Zustand des Krieges zwischen Einzelnen in einen Kriegszustand zwischen Nationen.

Die Gesetze sind die Bedingungen, unter welchen sich freie und unabhängige Menschen mit einander in Gesellschaft vereinigen: denn da sie eines Lebens in einem steten Zustande des Krieges und einer Freiheit überdrüßig waren, die ihnen wegen der Ungewißheit, sie zu erhalten, unnütz wurde, so opferten sie einen Theil davon auf, um den Uebrigen in Ruhe und Sicherheit zu genießen. Die Summe aller dieser Theile der Freiheit, die man zum Besten eines Jeden aufopfert, macht die Souverainität einer Nation *) aus und der Souverain ist

was er thun und lassen soll, weil das äußere Gericht einen größern oder geringern Spielraum nach Verhältniß der Kultur der Menschen erhält und weil daher ein Gesetz in einem Zeitalter für widerrechtlich gehalten wird, welches man in einem Andern für recht hält. Je größer die Einsichten einer Nation werden, desto mehr wird das Gebiet des äußern Rechts verengt.

Der Uebers.

*) Die Souverainität besteht in dem Willen Aller derjenigen, die sich in einen Staat mit einander vereinigt haben. Sie kann sich daher allein durch Gesetzgeben äußern, weil dieses allein eine allgemeine Handlung ist, welche für alle rechtliche Gültigkeit hat, und keine besondere, welche nur Einzelne trifft. Derjenige, der diesen Willen im Namen der Nation erklärt und ihn als das Resultat des Gesammtwillens bekannt und als Gesetz geltend macht, ist die gesetzgebende Gewalt, welche nur dem vereinigten Willen des Volks zukommen oder Stellvertretern auf einige Zeit zur Ausübung übertragen werden kann. Sie ist unveräußerlich, weil von ihr

ist der gesetzmäßige Bewahrer und Verwalter derselben. Allein damit war es noch nicht genug, daß man seine Freiheit jemand in Verwahrung gab, man mußte sie auch gegen die Privatbeeinträchtigungen jedes Menschen insbesondere vertheidigen. Jeder sucht nicht nur immer seinen in Verwahrung gegebenen Theil von der gemeinschaftlichen Masse wieder zurück zu nehmen, sondern sich auch des Antheils der Uebrigen zu bemächtigen. Es waren daher empfindliche Bewegungsgründe nöthig, die jedem die Herrschsucht zu benehmen vermögend waren, damit er nicht die Gesetze der Gesellschaft vernichtete und diese in die alte Verwirrung zurückstürzte. Diese empfindlichen Bewegungsgründe sind die gegen die Uebertreter der Gesetze bestimmten Strafen. Sie mußten empfindlich seyn, weil die Erfahrung gelehrt hat, daß der große Haufen keine festen Maximen in seinem Betragen annimmt, und sich nicht von jenem allgemeinen Grundsatze der Auflösung entfernt, den man sowohl in der physischen als in der moralischen Welt bemerkt *), wenn

ihr alles Recht ausgehen soll und sie daher schlechterdings niemand muß unrecht thun können. Nun ist es aber, sagt Kant, wenn jemand etwas gegen einen Andern verfügt, immer möglich, daß er ihm dadurch unrecht thue, nie aber in dem, was er über sich selbst beschließt. Also kann nur der übereinstimmende und vereinigte Wille Aller, so fern ein jeder über Alle und Alle über einen jeden eben dasselbe beschließen, mithin nur der allgemein vereinigte Volkswille gesetzgebend seyn.

Der Uebers.

*) Keiner der Grundsätze, welche in der physischen Welt gelten, hat Gültigkeit in der moralischen, weil diese nicht unter dem Gesetze der Nothwendigkeit, sondern der Freiheit steht. Der Uebers.

wenn man nicht Gründe damit verbindet, die unmittelbar die Sinne erschüttern und die sich stets dem Geiste darstellen, um den mächtigen Eindrücken der Privatleidenschaften, welche sich dem allgemeinen Besten widersetzen, das Gegengewicht zu halten. Weder Beredtsamkeit, noch Ueberredung, noch weniger die erhabensten Wahrheiten sind im Stande, die durch heftige Eindrücke gegenwärtiger Gegenstände etregten Leidenschaften lange Zeit hindurch zu bändigen.

Die Noth zwang also die Menschen, einen Theil ihrer Freiheit abzutreten. Es ist aber daher auch einleuchtend, daß jeder nur den möglichst kleinsten Theil von seiner Freiheit in öffentliche Verwahrung zu geben geneigt ist, wenn er nur hinreicht, die Andern zu seiner Vertheidigung zu vermögen. Von dem aus diesen möglichst kleinsten Theilen zusammengesetzten Ganzen rührt das Strafrecht her *). Jedes Recht, welches über

*) Das Strafrecht ist eine nothwendige Folge von dem Zwecke des Staates. Der Staat soll Jedes Rechte schützen und Alle sollen einem gleichen Gesetze gehorchen. Es nimmt sich aber jemand durch die Maxime, welche seine That verräth, von diesem Gesetze aus, und die rechtliche Gleichheit ist aufgehoben. Der Staat hat daher die Pflicht, den Uebertreter mit Schmerz an dieses Gesetz zu erinnern und seine Willkühr wieder auf die Bedingung einzuschränken, daß sie mit der Willkühr von jedermann bestehen kann. Das Strafrecht ist daher nicht durch einen besondern Vertrag entstanden, sondern ist Folge des bürgerlichen Vereins und das einzige Mittel, das diesem zur Erhaltung der allgemeinen Herrschaft des Rechts zu Gebote steht. Der Zweck des bürgerlichen Vereins würde verfehlt seyn, wenn nicht den Verletzer des allgemeinen Willens Strafe träfe.

Der Uebers.

über diese, durch den allgemeinen Willen bestimmten Grenzen, hinausgeht, ist Mißbrauch und nicht Gerechtigkeit, ist eine Thatsache aber kein Recht *) **). Alle Strafen sind, ihrer Natur nach, unge-

*) Keine Strafe darf die im Gesetze festgesetzten Grenzen überschreiten, weil der Richter, der das Gesetz anwendet, durch Pflicht an dasselbe gebunden ist und durch jede willkührliche Anwendung desselben das größte Unrecht begehen würde, weil er sich eigenmächtig aus einem Beamten in einem Gesetzgeber, der allein im Namen der Nation erklären kann und darf, was geschehen soll, verwandelt. Jedes Gesetz ist so lange gerecht als es die Nation gelten läßt und der Buchstabe desselben ist Pflicht für den Richter, wenn er auch ungerecht und grausam seyn sollte. Allein so bald ein Gesetz, dessen Ungerechtigkeit eingesehen wird, im Staat existirt, so ist es Pflicht der gesetzgebenden Gewalt, dieses Gesetz augenblicklich abzuschaffen.

Der Uebers.

**) Man muß bemerken, daß das Wort Recht nicht mit dem Worte Gewalt im Widerspruche steht, sondern daß das Erstere vielmehr eine Einschränkung des zweiten ist, d. h. eine für die größte Anzahl nützliche Einschränkung der Stärke eines jeden. Unter der Gerechtigkeit verstehe ich nichts anders als das Band, das die besondern Interessen zu vereinigen nothwendig ist und ohne welches man wieder in den alten Zustand der Ungeselligkeit zurückfallen würde.

Man muß sich hüten, mit dem Worte Gerechtigkeit die Vorstellung von Etwas als einer physischen Stärke und von einem wirklich vorhandenem Dinge zu verbinden. Sie ist nur eine einfache Vorstellungsart der Menschen, die einen unendlichen Einfluß auf Jedes Glückseligkeit hat; noch weniger verstehe ich darunter die Gerechtigkeit Gottes, die von einer ganz andern Art

ungerecht, die nicht zur Erhaltung der in Verwahrung gegebenen öffentlichen Freiheit und zum allgemeinen Besten *) nothwendig sind. Hingegen sind die Strafen desto gerechter, je heiliger und unverletzlicher die Sicherheit

Art ist und die eine unmittelbare Beziehung auf die Strafen und Belohnungen in jenem Leben hat a).

Beccaria.

a) Stärke und Recht sind gänzlich von einander, ihrer Natur nach, verschieden. Die Stärke ist etwas Physisches, das Recht etwas Moralisches, jene ist in der Sinnenwelt, dieses in dem Gebiete der Freiheit einheimisch. Das äußere Recht (wovon hier allein die Rede seyn kann) besteht in der Einschränkung der Freiheit der Willkühr Aller auf die Bedingung des Zusammenbestehens mit der Freiheit eines Jeden. Das Recht ist allgemein und nothwendig, weil es ein apriorischer Begriff ist. Es kann aber nur in einem solchen Verhältnisse gedacht werden, in welchem die Menschen durch ihre Willkühr auf einander einwirken. — Die Gerechtigkeit vertheilt Strafe und Belohnung nach diesem allgemeinen Rechtsgesetze. Durch sie erhält jeder, was er verdient hat. Die bürgerliche Gerechtigkeit beurtheilt die Thaten der Menschen und den Einfluß derselben auf die äußere Freiheit, die göttliche, die Maximen und Absichten des Handelnden; die Erstere verdammt nach dem Rechtsgesetze und belegt das Widerrechtliche mit Strafe, die Zweite nach dem Moralgesetze und straft das Unmoralische; jene fodert Allgemeinheit der Maximen, die Triebfeder dazu mag hergenommen seyn, woher sie will, diese Reinheit der Gesinnungen und Achtung gegen das bloße Vernunftgebot. Der Uebers.

*) Das allgemeine Beste besteht nicht in dem Wohlseyn Aller, das keine menschliche Macht bewirken kann, sondern in dem freien und sichern Genusse aller Bürgerrechte, der das Glück Aller schon zur Folge haben wird. Allgemeine Gesetzlichkeit ist das Charakterzeichen, daß ein Staat das allgemeine Beste beabsichtigt.

Der Uebers.

heit gehalten wird und je größer die Freiheit ist, welche der Souverain seinen Unterthanen einräumt.

§. 3.

Folgerungen.

Die erste Folgerung, die sich aus diesen Grundsätzen ergiebt, ist, daß die Gesetze allein Strafen auf Verbrechen setzen können; und daß dieses Recht nur dem Gesetzgeber, der die ganze durch einen Gesellschaftsvertrag verbundene Nation vorstellt, zukommen kann. Keine Obrigkeit, die immer nur ein Theil der Gesellschaft ist, kann irgend einem Mitgliede derselben eine andere Strafe mit Recht auflegen, als die durch das Gesetz bestimmt ist; denn da eine Strafe, welche durch ihre Härte die Grenzen, die ihr das Gesetz gesetzt hat, überschreitet, eine ungerechte Strafe, also noch eine andere Strafe ist, so darf keine Obrigkeit, der Vorwandt sey welcher er wolle, es mag sie Amtseifer oder das allgemeine Beste dazu anfeuern, die gegen einen Verbrecher bestimmte Strafe schärfen *).

Die

*) Der Souverain allein kann Gesetze geben, weil sein Wille als Wille der ganzen Nation, die er vorstellt, angenommen werden muß. Er kann daher aber auch nur allgemeine Grundsätze, wornach geurtheilt und gerichtet werden soll, aufstellen, aber nie selbst richten, weil er sonst Ankläger (vermöge des durch ihn gegebenen Gesetzes) und Richter in einer Person seyn würde, welches sowohl alle unpartheiischen Aussprüche unmöglich, als ihn auch zu einem bloßen Beamten, der an ein bestimmtes Gesetz als seine Pflicht gebunden ist, machen würde. Der Souverain kann nie Richter seyn, weil er als solcher nicht eine allgemeine Handlung,

Die zweite Folgerung ist, daß der Souverain, der die Gesellschaft selbst vorstellt, nur solche Gesetze geben

lung, sondern eine besondere ausübt, die seinen Charakter vernichtet. Er soll nicht bestimmen, wer das Gesetz verletzt hat, sondern bloß eine allgemeine Regel zur Beurtheilung der Handlungen Aller aufstellen. Als Souverain darf er nicht widerrechtlich handeln können. Dies ist aber nur so lange möglich, als die Maxime seiner Willkühr Alle bindet, und daher für Alle Gesetz ist und als solches für den Nationalwillen angesehen werden kann.

Die Obrigkeit, worunter man die vollziehende und die richterliche Gewalt verstehen muß, ist an das vom Souverain gegebene Gesetz gefesselt und darf nicht von dem Buchstaben desselben abweichen, wenn noch länger Recht im Staate existiren soll. Jeder ihrer Aussprüche, der den Buchstaben des Gesetzes verletzt, ist ungültig, und sie begehen dadurch ein Verbrechen, das bestraft werden muß. Durch die Obrigkeit können und dürfen die Strafen weder geschärft noch gemildert werden, wenn nicht aller Rechtspflege ein Ende gemacht und der Staat selbst aufgehoben werden soll. Der Richter, der am Buchstaben des Gesetzes deutelt und ihn nach seinen vorgefaßten Meinungen auslegt, setzt sich eigenmächtig an die Stelle des Souverains. Eine Strafe, die nicht jemanden das Gesetz bestimmt, ist ein Verbrechen. Alle Gesetze müssen allgemein seyn können, alle Richtersprüche sind besondere Anwendung des Gesetzes auf einen bestimmten Fall. — Der Souverain ist allein der Nation verantwortlich, wenn er ein Gesetz giebt, das nicht mit dem Nationalwillen übereinstimmt oder das ganz und gar nicht den Charakter eines Gesetzes — Allgemeingültigkeit — hat, der Richter aber einem bestimmten Gesetze, das die ausübende Gewalt zu vollziehen die Pflicht hat. Will der Richter das Gesetz nach Willkühr auslegen, so ist er nicht allein Rebel, sondern auch Parthei. Sein Urtheil kann und darf nicht gelten, wenn man nicht alles Recht an der Wurzel abhauen will.

Der Uebers.

hen darf, welche alle Mitglieder der Gesellschaft zum Gehorsam verpflichten, und daß ihm keineswegs die Beurtheilung zukommt, ob jemand den gesellschaftlichen Vertrag verletzt habe oder nicht, weil alsdann die Nation in zwei Partheien zerfallen würde; in die Parthei, die der Souverain vorstellt und die behauptet, der Vertrag sey verletzt worden und in die Parthei des Angeklagten, welche die Verletzung des Vertrags leugnet *). Es ist also nothwendig, daß ein Dritter über die Wahrheit der Thatsache entscheide: und hieraus folgt die Nothwendigkeit einer Obrigkeit, deren Urtheile unumstößlich seyn und in bloßen Bejahungen und Verneinungen der einzelnen Thatsachen bestehen müssen.

Die

*) Der Souverain versichert im allgemeinen, durch diese oder jene Thatsache sey in diesem oder jenem Falle der gesellschaftliche Vertrag verletzen worden; allein er klagt denjenigen, der beurtheilt werden soll, der Uebertretung nicht an: und auch alsdann, wenn sogar die öffentliche Gewalt Klage führte, so verlangt sie doch nur, daß man eine Untersuchung anstelle. Der Ankläger ist derjenige, welcher versichert, dieser oder jener habe diese oder jene Handlung begangen. Der Verfasser hat selbst eingestanden, daß die Regel des Rechts und des Unrechts für den Richter eine bloße Untersuchungweiße der Wahrheit der That sey. Er hat auch gesagt, daß die Verordnungen immer der öffentlichen Freiheit entgegen sind, weil sie keine besondere Anwendung einer allgemeinen Maxime sind. Man muß also hierbei dreierlei unterscheiden: die Maxime, die der Souverain aufstellt die besondere Thatsache, die der Ankläger behauptet and die Anwendung, die der Richter von dieser Maxime auf die Thatsache macht, nachdem sie gänzlich außer Zweifel gesetzt worden ist. Der Souverain ist also nicht die Parthei des Angeklagten, und zwar deshalb nicht, weil er nicht sein Richter seyn darf.

Diderot.

Die dritte Folgerung ist, daß, wenn man auch bewiese, grausame Strafen sey'n nicht unmittelbar dem allgemeinen Besten und dem Zwecke, Verbrechen zu verhindern zu wider, so sind sie doch unnütz; und in diesem Falle würden sie nicht allein den wohlthätigen Tugenden, welche die Wirkung eines aufgeklärten Verstandes sind, der lieber über glückliche Menschen, als über eine Heerde von Sklaven herrschen will, unter welchen stets eine schüchterne Grausamkeit im Schwange geht, nachtheilig seyn, sondern sie würden auch alle Gerechtigkeit und den gesellschaftlichen Vertrag selbst aufheben *).

§. 4.

*) Harte Strafen empören und reitzen zum Unwillen gegen die Obrigkeit. Man bemitleidet den Bestraften und bedauert ihn als ein Opfer einer Macht, die über ihn Gewalt anstatt Recht ausübt. Jeder glaubt, dem Verbrecher geschehe Unrecht und vergißt die That, welche der Thäter begangen hat. — Der Verbrecher, der weiß, daß ihn bei jeder widerrechtlichen That einerlei barbarische Strafe trift, wird sich, wenn er nur seinen Zweck erreicht, die größten Grausamkeiten erlauben, weil diese nicht härter bestraft werden, als geringere Verbrechen. Der Sinn für Recht und Unrecht wird in einer Nation, die nichts als harte Strafe ausüben sieht, abgestumpft, sie verliert den richtigen Maaßstab zwischen Verbrechen und Strafe. — Gelinde Strafen hingegen erregen nicht Mitleid mit dem Verbrecher, sondern Achtung gegen das Recht. Jedermann glaubt, die Obrigkeit habe hier nichts mehr als ihre Schuldigkeit gethan. Jeder scheuet sich ein Gesetz anzutasten, von welchem er selbst eingestehen muß, daß ihm durch seinen Ausspruch Recht widerfährt und das an ihm unausbleiblich vollzogen wird. Jeder huldigt einer Handlung, die das Recht ehrt. Gelinde Strafen fruchten daher weit mehr als harte. Die Verzweiflung, daß der Verbrecher einem grau-

§. 4.

Von der Auslegung der Gesetze.

Ein vierte Folgerung ist: die peinlichen Richter können aus dem Grunde das Recht nicht haben, die Criminalgesetze auszulegen, weil sie nicht Gesetzgeber sind. Die Richter haben die Gesetze von unsern Vorfahren nicht als eine gemeine Tradizion, noch als ein Testament bekommen, das den Nachkommen nur die Pflicht des Gehörsams übrig läßt; sondern sie erhalten dieselben von der lebenden Gesellschaft oder von dem Souverain, der jene vorstellt, als von dem gesetzmäßigen Verwahrer des wirklichen Resultats aller Stimmen der Nation.

Das Ansehen der Gesetze gründet sich nicht auf die Verbindlichkeit *) eines alten Vertrages der nichtig seyn würde, weil er den Willen derjenigen, die noch nicht

grausamen Gesetze preiß gegeben wird, reitzt den unwilligen Zuschauer selbst zu Verbrechen. England hat die blutigsten peinlichen Gesetze, und wo werden mehrere und schrecklichere Verbrechen begangen?

Der Uebers.

*) Wenn jedes einzelne Glied der Gesellschaft verpflichtet ist, so ist diese ebenfalls gegen jedes Mitglied durch einen Vertrag gebunden. Die Natur jedes Vertrages bringt die Verbindlichkeit beider Theile gegen einander mit sich. Diese Verbindlichkeit, die sich vom Throne herab bis in die niedrigste Hütte erstreckt, die auf gleiche Weisen den Reichen und den Armen fesselt, bedeutet nichts anders, als daß Alle bei der genauestem Beobachtung der Verträge, die der größern Anzahl Vortheil bringen, interessirt sind.

Das

nicht da waren, bände; und ungerecht, weil er die Nachkommen zu einer Heerde von Vieh erniedrigte *), sondern

Das Wort Verbindlichkeit a) ist eines von denen, die man öfters in der Moral als in andern Wissenschaften braucht und die ein abgekürztes Zeichen eines Vernunftschlusses und nicht eines Bildes sind. Man suche etwas Sinnliches für das Wort Verbindlichkeit, man wird nichts finden. Man mache aber einen Vernunftschluß, so wird man sich selbst verstehen und von andern verstanden werden.

Beccaria.

a) Das Wort Verbindlichkeit ist ein Begriff, welcher aus dem Verhältnisse zweier durch einen Vertrag oder ein Versprechen gebundenen Menschen hervorgeht. Pflicht ist die Nothwendigkeit einer Handlung meines Willens um des Vernunftgebotes- oder verbotes willen; sie bezieht sich bloß auf mich und nur auf Andere im allgemeinen als Wesen, die meines Gleichen sind. Habe ich aber dem Andern etwas zu leisten versprochen oder mich mit ihm in einen Vertrag eingelassen, so liegt mir eine Verbindlichkeit ob, welche sich daher nie auf das Allgemeine, sondern auf einen besondern Fall bezieht, der mich bindet. Beide Worte drücken eine moralische Nothwendigkeit aus, weil sie ein Produckt der Freiheit des Willens sind. Beide kündigen sich unserm Bewußtseyn durch das gebieterische und feierliche Sollen an. Beide sollen wir nicht deshalb erfüllen, weil wir Vortheile davon haben, sondern weil es unsere Vernunft gebiethet.

Der Uebers.

*) Ist der Gesellschaftsvertrag stets gültig oder darf und soll er aufgehoben und hernach wieder erneuert werden? Da jeder Vertrag außer der Form noch einen Inhalt hat, welcher wegen der stets fortschreitenden Ausbildung des menschlichen Geistes Veränderungen unterworfen ist, so kann heute etwas für wahr und recht, und ein Vertrag für gültig gehalten werden, welcher nach einiger Zeit nicht mehr dafür gilt. Je aufgeklärter und einsichtsvoller eine Nation wird, desto weniger werden ihre Urtheile in politischen Errichtungen mit dem übereinstim-

sondern auf einen stillschweigenden oder ausdrücklichen Eid, welchen der vereinigte Wille aller lebenden Unterthanen

einstimmen, was ihre Vorfahren für rechtlich und zweckmäßig gehalten haben. — Die Form des gesellschaftlichen Vertrags besteht darin, daß er Alle, welche sich mit einander vereinigen, bindet, und daß er eine völlige Gleichheit vor dem Gesetze mit Gewalt durchsetzt und behauptet. So lange die Menschen noch nicht dem bloßen Vernunftgesetze von freien Stücken gehorchen, wird bürgerliche Gesellschaft nöthig und die Form des Vertrages gültig seyn. Ganz anders aber ist es mit dem Inhalte desselben beschaffen. Durch den bürgerlichen Verein beabsichtigt man Schutz der Rechte Aller! Welches sind aber diese Rechte? Wodurch unterscheiden sich die veräußerlichen von den unveräußerlichen? Wie können wir uns der Vollständigkeit beider versichern? Und welche Mittel sind zur Erhaltung des Staatszweckes am tauglichsten? Welche Verfassung ist die rechtmäßigste und nützlichste? Welche Regierungsform ist am geschicksten, die eingeführten Gesetze zu handhaben? Da diese Fragen in Rücksicht des Rechtes so lange von jedem Zeitalter anders beantwortet werden, als man nicht die ersten Rechtsgrundsätze gefunden und das Gebiet des äußern Rechts genau von dem Gebiete des innern unterscheiden gelernt hat, und da die Menschen von der Nützlichkeit und Zweckmäßigkeit der Mittel zur Organisirung und Erhaltung eines rechtlichen Regiments immer von solchen Einsichten, welche aus der Erfahrung geschöpft werden, abhängen, so muß und soll der gesellschaftliche Vertrag abgeändert werden. Es ist widerrechtlich, eine Generation, die nicht ihre Einwilligung zu einem Vertrage gegeben hat, durch diesen binden zu wollen; und es ist unklug und widersinnig, ihr zu gebieten, daß sie auf dem Punkte der Aufklärung, welchen die Vorwelt erreicht hatte, stehen bleiben soll. Stillschweigende Verträge sind keine Verträge, weil zu jedem Vertrage die bestimmt erklärte Einwilligung zweier Personen und ihre Annahme des Gegenstandes, worüber ein Vertrag geschlossen, erfordert wird.

thanen dem Souverain geleistet hat, und welcher ein nothwendiges Band ist, das innere Ausbrausen des Eigennutzes der Einzelnen im Zaume zu halten und zu lenken. Dies ist die physische und wirkliche Macht der Gesetze.

Wer soll denn also der rechtmäßige Ausleger der Gesetze seyn? Der Souverain d. h. der Verwahrer der wirklichen Stimmen aller Bürger, und nicht der Richter, welchem bloß die Pflicht der Untersuchung, ob jemand eine Handlung, die das Gesetz verbietet, gethan habe oder nicht, obliegt.

Bei der Beurtheilung jedes Verbrechens muß der Richter einen vollkommnen Syllogismus machen, dessen Vordersatz aus dem allgemeinen Gesetze und dessen Untersatz aus der Handlung, die entweder mit dem Gesetze übereinstimmt, oder ihm entgegen ist, besteht, und dessen Schlußsatz entweder die Lossprechung oder die Strafe enthält. Macht der Richter aber von freien Stücken oder durch fehlerhafte Gesetze gezwungen, zwei Vernunftschlüsse, so öffnet er der Ungewißheit Thür und Thor.

Nichts ist gefährlicher als der Gemeinsatz: man muß den Geist des Gesetzen und nicht seinen Buchstaben befragen und zu Rathe ziehen *). Läßt man diesen Satz

wird. Die Vernunft kann solche Verträge weder für recht noch zweckmäßig halten, weil niemand genau weiß was ihr Inhalt ist und wie weit sich ihre Gültigkeit erstreckt. Der Uebers.

*) Wenn die Worte eines Gesetzes nicht deutlich und bestimmt sind und wenn man also vorgiebt, seinen Geist aufsuchen zu müssen, so trägt man nur zu oft seine Einsich-

Satz gelten, so reißt man den Damm nieder, der den Strom der Meinungen aufhält. Diese Wahrheit scheint mir außer allem Zweifel zu seyn, ob sie gleich gemeine Geister, die mehr von einem kleinen gegenwärtigen Uibel, als von den traurigen, aber entfernten Folgen eines falschen Grundsatzes, der unter einer Nation Wurzel gefaßt hat, erschüttert werden, für ein Paradoxon halten. Unsere Kenntnisse und alle unsere Ideen stehen in einer wechselseitigen Verbindung mit einander; je verwickelter sie sind, desto zahlreicher sind die Wege, die dahin und zurückführen. Jeder Mensch hat seine eigene Art zu sehen und jeder sieht zu verschiedenen Zeiten dieselben Gegenstände wieder auf eine andere Art an.

Der Geist eines Gesetzes würde dann das Resultat einer guten oder schlechten Logik eines Richters seyn. Er würde von der leichten oder schweren Verdauung desselben

Einsichten, Meinungen und Vorurtheile in die Stelle, welche man erklären will, hinein. Es scheint daher sehr mißlich, um den Verfasser eines Buches, besonders wenn dieses in der Muttersprache geschrieben ist zu stehen, wenn ihn die Ausleger nicht nach den Buchstaben, sondern nach dem Geiste erklären. Man mißversteht ihn dabei gemeiniglich und bürdet ihm Meinungen auf, woran er nicht gedacht hat, wie es z. B. mit Kants K. d. r. V. der Fall ist. Gesetze sind buchstablich gültig und dürfen nie nach ihrem Geiste ausgelegt werden, denn der Angeklagte hat entweder den Buchstaben des Gesetzes übertreten oder sich ganz und gar nicht gegen dasselbe vergangen. Bei Gesetzen mordet der Geist, aber nicht der Buchstabe, der nur recht thut.

Der Uebers.

selben und von der Heftigkeit seiner Leidenschaften, von der Ohnmacht des Leidenden, von der Verbindung des Richters mit dem Beleidigten und von allen den Kleinigkeiten, welche die Gestalt jeder Sache in dem unbeständigen Gemüthe des Menschen verändern, abhängen.

Daher sehen wir, wie sich das Schicksal eines Bürgers allemal ändert, so oft die Entscheidung über dasselbe von einem Gerichtshofe an einen Andern gebracht wird und wie oft das Leben der Unglücklichen ein Opfer falscher Vernunftschlüsse oder eine Beute der gegenwärtigen übeln Laune eines Richters ist, der das schwankende Resultat aller der verworrenen Begriffe, welche jetzt seinen Geist beschäftigen, für eine gesetzmäßige Erklärung hält. Daher sehen wir, wie einerlei Verbrechen, von einem und demselben Gerichtshofe zu verschiedenen Zeiten verschieden bestraft werden, weil man nicht der unveränderlichem und festgesetztem Stimme des Gesetzes, sondern einer trüglichen Unbeständigkeit willkührlicher Auslegungen gefolgt ist.

Ein Uebel, das aus der strengem Befolgung des Buchstabens eines Strafgesetzes entsteht, kann nicht mit den Verwirrungen in Vergleichung gestellt werden, welche eine Folge der Gesetzauslegung sind. Ein solch augenblickliches Uibel zwingt zwar den Gesetzgeber an den Worten des Gesetzes, welche die Ursache von der Ungewißheit sind, eine leichte und nothwendige Verbesserung vorzunehmen, aber es verhindert auch die schädliche Zügellosigkeit im Deuteln, welche die Quelle der willkührlichen und feilen Prozesse ist. Wenn ein festgesetztes Gesetzbuch, das man buchstäblich beobachten

muß,

muß, dem Richter keine andere Pflicht auflegt, als die Handlungen der Bürger zu untersuchen und zu entscheiden, ob sie mit dem geschriebenen Gesetze übereinstimmen oder ihm zu wider sind; wenn die Regel des Rechts oder Unrechts, nach welcher sich sowohl der unwissende als der aufgeklärte Bürger in ihren Handlungen richten sollen, nicht eine Streitsache ist, sondern bloß über die Thatsache die Entscheidung leitet, dann sind die Unterthanen nicht den kleinen Bedrückungen Vieler preiß gegeben, die um so grausamer sind, je geringer der Abstand zwischen dem leidenden und dem Unterdrücker ist; und die um so viel unseligere Folgen haben, als die Mißhandlungen eines Einzigen, weil dem Despotismus Vieler nur durch den Despotismus eines Einzigen kann abgeholfen werden; und weil die Grausamkeiten eines Despoten nicht mit seiner Stärke, sondern mit den Hindernissen, die man ihnen entgegen setzt, in Verhältniß stehen.

Auf solche Weise nun erlangen die Bürger diejenige Sicherheit ihrer Person und ihrer Güter, welche das Recht fodert, weil sie der Zweck ist, um dessent willen die Menschen in Gesellschaft treten; und welche ihnen Vortheile gewährt, weil jeder genau die Uibel berechnen kann, die eine widerrechtliche That nach sich zieht.

Es ist zwar auch nicht zu leugnen, daß die Bürger einen Geist der Unabhängigkeit und Freiheit *) er-

*) Nationen, welche unter gerechten Gesetzen leben, sind jederzeit freigesinnt, weil das Gesetz ein Werk ihrer Vernunft ist und jeder sich veredelt fühlt, daß er nicht veran-

langen werden, aber sie werden nichts destoweniger sich den Gesetzen unterwerfen und den höchsten Obrigkeiten gehorchen und sich nur denen widersetzen, welche die Schwachheit, ihren eigennützigen und eigensinnigen Meinungen nach zu geben, mit dem heiligen Namen der Tugend zu benennen gewagt haben.

Diese Grundsätze werden denen nicht gefallen, die es sich zum Gesetz gemacht haben, die blutigen Stöße die sie von ihren Obern erhalten haben, denjenigen, welche unter ihnen stehen, wieder fühlen zu lassen. Ich würde alles zu fürchten haben, wenn sie mich läsen und verständen, aber Tyrannen haben keine Lust zum Lesen.

§. 5.

Von der Dunkelheit der Gesetze.

Wenn die Auslegung der Gesetze ein Uebel ist, so leuchtet ein, daß auch die Dunkelheit eines ist, die nothwendiger Weise die Auslegung in ihrem Gefolge hat. Das Uebel aber ist desto größer, wenn die Gesetze in einer dem Volke unbekannten Sprache geschrieben sind, die dasselbe der Gewalt einiger Wenigen preiß giebt, weil

veränderlichen und partheiischen Menschen, sondern dem unwandelbaren und kalten Gesetze unterworfen ist, welchem er um desto lieber Gehör giebt, da es nichts anders enthält, als was ihm seine Vernunft gebietet und verbietet und weil er nie in Gefahr ist, daß ihm Unrecht geschehe. Das Gesetz ist für ihn die personifizirte Menschenvernunft, wodurch alle Mißdeutung ihrer Gebote und Verbote und alle Unbekanntschaft mit ihrem Inhalte verhindert wird.

Der Uebers.

weil es dem Bürger unmöglich ist, die Folgen seiner Handlung auf seine Freiheit oder auf die Freiheit seiner Mitbürger in einer Sprache zu beurtheilen, die aus einem öffentlichen und für alle geschriebenen Buche gleichsam ein geheimes und verschlossenes macht *).

Je

*) Gesetze, die in einer todten oder unverständlichen Sprache geschrieben sind, können deshalb keine rechtliche Gültigkeit haben, weil sie diejenigen, welche sie beobachten sollen, nicht verstehen. Wie kann man jemand nach einem Gesetze verdammen, das er nicht kennt? Weiß der Bürger auch vermöge seiner Vernunft, daß etwas verboten ist, so kennt er doch die Strafe nicht, welche auf die Uebertretung steht und deren Art und Maaß so willkührlich ist. Und welchen nachtheiligen Einfluß haben Gesetze, die in einer unbekannten Sprache geschrieben oder nicht deutlich bestimmet und kurz ausgedrückt sind, auf den Charakter der Menschen? Welche Triebfeder zur Willensbestimmung wird in ihnen herrschend gemacht? Kann man einen Feind, den man nicht kennt, der uns aber stets nachstellt und bedroht, anders als fürchten? Furcht wird also das Triebrad der menschlichen Handlungen; denn wie kann man Hochachtung gegen Gesetze haben, die uns hinterlistig meuchelmorden? — Daher bemitleiden wir den Menschen, der nach unbekannten Gesetz bestraft wird und wir fühlen Unwillen gegen seine Peiniger. Denn wir können uns nicht des Gedankes erwehren, daß ihm Unrecht geschehen sey, weil ihn etwas trifft, das er nicht kannte. Vor dem Rechte ist kein Staatsgesetz gültig, das nicht jedermann verstehen und das nicht jedem bekannt seyn kann, weil angenommen werden muß, daß jedermann seine Einwilligung könne darzu gegeben haben. Noch eine Schuldigkeit des Staates ist es, alle Gesetze in ein Gesetzbuch zu vereinigen, damit sich jedermann leicht mit ihrem Inhalte bekannt machen kann.

Der Uebers.

Je größer hingegen die Anzahl derjenigen seyn wird, die das geheiligte Gesetzbuch lesen und verstehen können, desto mehr werden sich die Verbrechen vermindern, weil es ausgemacht ist, daß Unwissenheit und Ungewißheit in den auf ein Verbrechen gesetzten Strafen die verführerischen und einschmeichelnden Leidenschaften unterstützen *). Was sollen wir von den Menschen denken, wenn wir sehen, daß die Gesetze der Nationen beinahe

*) Die Quellen der meisten Verbrechen sind Unwissenheit und Unbekanntschaft mit den Landesgesetzen. Der Unwissende bekümmert sich weder um die Regeln des Rechts noch um die Vorschriften der Moral, seine Leidenschaften werden daher durch nichts gezügelt, er irrt ohne einen Leiter und Gebieter herum und ist ein stetes Spiel sinnlicher Eindrücke. Da sein Verstand nicht kultivirt, sein moralisches Gefühl nicht lebendig ist und das Sittengesetz nur, nachdem er die böse That begangen hat, in ihm seine Stimme hören läßt, so sind natürlicher Weise Leidenschaften die einzige Kraft, die ihn in Bewegung setzt und beherrscht. — Die Ungewißheit, ob ihn die Strafe einholen und welche Strafe ihn treffen werde, ist noch eine Hauptursache der Verbrechen unter den Menschen. Er kennt Verbrecher die ungestraft bleiben. Er schmeichelt sich mit eben diesem Loose. Er hält das Strafen für ein Ungefähr, das dann und wann erscheint und nicht für die unvermeidliche Folge der Uebertretung eines Gesetzes oder einer widerrechtlichen oder bösen That. Gesetze, die nicht ohne Ansehen der Person strafen und die nicht jeden bekannten Verbrecher unausbleiblich treffen, sind das Unglück der Menschheit. Sie befördern das Böse, weil sie nicht gerecht richten; sie begünstigen die Verbrechen und machen lau gegen das Gute, weil die Richter sich willkührlich von ihrer Vollziehung lossprechen, und sie verwirren die Begriffe des Recht und Unrechts, weil der Verbrecher geehrt und der Tugendhafte in Mangel und Verachtung seufzt.

Der Uebers.

beinahe alle in einer ihnen unverständlichen Sprache geschrieben sind und daß diese eingewurzelte Gewohnheit noch in einem großen Theile von Europa herrscht?

Aus den obigen Bemerkungen folgt auch, daß keine Gesellschaft jemals ohne ein verständliches Gesetzbuch zu einer festen und bestimmten Regierungsform gelangen wird, wo die Ausübung der Gewalt eine Wirkung des Ganzen und nicht einzelner Theile desselben ist, wo die Gesetze nur mit Einwilligung des allgemeinen Willens abgeändert und wo sie nicht durch das Gedränge der Privatvortheile verwirrt und vernichtet werden können.

Vernunft und Erfahrung haben uns gelehrt, daß die Wahrscheinlichkeit und Gewißheit menschlicher Ueberlieferungen und Sagen immer mehr abnehmen, je mehr diese sich von ihrer Quelle entfernen. Wie sollen also die Gesetze der unvermeidlichen Allgewalt der Zeit und der Leidenschaften widerstehen können, wenn nicht ein dauerhaftes Denkmal von dem Gesellschaftsvertrage vorhanden ist?

Hieraus kann man sehen, wie nützlich die Buchdruckerkunst ist, welche das Publikum und nicht einige Wenige zu Aufbewahrern und Hütern der geheiligten Gesetze macht und wie sehr sie jenen finstern Geist der Ränkesucht und Tücke verscheucht hat, der vor dem Lichte flieht und der die Aufklärung, die von seinen Verehrern dem Anscheine nach verachtet, in der That aber gefürchtet wird, nicht ertragen kann. Der Buchdrukkerkunst haben wir es zu verdanken, daß der grausamen

und

und empörenden Verbrechen in Europa, worüber unsere Vorfahren, die bald Tyrannen, bald Sklaven waren, seufzten, immer weniger geworden sind.

Wer mit der Geschichte von zwei oder drei Jahrhunderten her oder mit der Zeitgeschichte bekannt ist, wird wissen, wie aus dem Schooße des Luxus und der Weichlichkeit die sanftesten Tugenden, Menschenliebe, Wohlthätigkeit und Duldung menschlicher Irrthümer hervorgegangen sind. Er wird zugleich auch gewahr werden, was die mit Unrecht sogenannte alte Einfalt und Ehrlichkeit für Wirkungen gehabt hat: die Menschheit seufzte unter einem unversöhnlichen Aberglauben; die Habsucht und der Ehrgeiß einer kleiner Anzahl von Menschen färbten die goldenen Palläste und die Thronen der Könige mit Menschenblut; heimlicher Verrath und öffentliche Metzeleien; Adliche, die den Pöbel tyrannisirten, und Lehrer des Christenthums, die alle Tage im Namen des Gottes der Barmherzigkeit ihre Hände mit Blut besudelten, sind kein Werk unsers aufgeklärten, aber von Einigen verderbt genannten Jahrhunderts *).

§. 6.

*) Die Menschen sind nur zu gern geneigt, die Vergangenheit zu loben und die Jetztwelt zu tadeln und jener Tugenden und Vorzüge zugestehen, die sie nicht hatte und diese für verderbt und ausgeartet zu halten. Der Grund dieser Erscheinung liegt in einer höhern moralischen Ausbildung des menschlichen Geistes. Wir sind weit strenger gegen unsere Zeitgenossen als gegen unsere Vorfahren. Die gegenwärtigen Ausschweifungen und Laster machen einen weit tiefern Eindruck auf uns als die vergangenen. Die Schriftsteller der Vorwelt stellen auch die damals im Schwange gehenden Schandthaten gemeiniglich ohne ein mißbilligendes Urtheil auf, sie waren

§. 6.

Von der Verhaftnehmung.

Ein nicht weniger gemeiner als dem Zwecke des bürgerlichen Vereins zu widerlaufenden Irrthum ist die Meinung von der persönlichen Sicherheit und daß man es dem Gutbefinden der Obrigkeit, welche doch bloß die Gesetze vollziehen soll, überläßt, einen Bürger einzukerkern, einem Feinde unter einem nichtigen Vorwandte die Freiheit zu rauben und einen Freund, troß der stärksten Anzeigen seiner Schuld, ungestraft zu lassen. Die Gefangenschaft ist eine Strafe, welche darin von jeder Andern

ren nicht so streng in ihren Urtheilen über das Thun und Treiben der einzelnen Menschen, weil die praktische Vernunft noch wenig kultivirt und weil der Geist des Zeitalters mehr auf das Angenehme, Schöne, Erhabene und Nützliche als auf das Gute und Rechte gerichtet war. Sie belebte daher nicht der moralische Unwille bei dem Anblicke der zahllosen Laster und Barbareien, der sich ihre Zeitgenossen schuldig machten, wie uns, die wir unsere Zeitgenossen einer strengern Censur unterwerfen und unsern Unwillen über die Ungerechtigkeiten, Grausamkeiten und Laster, die wir gewahr werden, nicht zurück halten. Die Einfalt und die sogenannte alte Ehrlichkeit der Vorwelt hatten Verbrechen in ihrem Gefolge, die uns irre zu machen drohen, ob wir Menschen oder reißende Thiere erblicken. — Und wenn es ausgemacht ist, daß das Menschengeschlecht in der Ausbildung immer fortschreitet und daß die Anlage in uns, welche dem Willen Gesetze giebt und diese ihm als Gebote aufdringt, die höchste ist, so werden die Menschen in ihren moralischen Urtheilen immer strenger werden und die Mitwelt immmer verderbter erscheinen, weil man jede Handlung der Menschen vor das moralische Gericht ziehen und sie entweder verdammen oder billigen wird. Der Uebers.

Andern unterschieden ist, daß sie nothwendigerweiße vor der gerichtlichen Entscheidung über das Verbrechen vorher gehen muß; aber dieser unterscheidende Charakter derselben hebt darum den Andern wesentlichen nicht auf, der darin besteht, daß das Gesetz allein die Fälle bestimmt, unter welchen jemand eine Strafe verdient hat *). Das Gesetz muß also die Anzeigen eines

*) Der Arrest kann so lange keine Strafe seyn als nicht jemand rechtlich verurtheilt ist, denn es würde eine Verdammung vor der Untersuchung und vor dem Ausspruche des Richter als Organ's des Gesetzes seyn. Niemand darf seiner Freiheit, außer durch das Gesetz, beraubt werden. Und das Gesetz spricht entweder los oder verdammt, wie kann man es nun verantworten, wenn Angeschuldigte ein oder mehrere Jahre in einem ungesunden und schmählichen Kerker schmachten, ehe das Gesetz sie für schuldig und also alsdann erst ihrer Freiheit für verlustig erklärt? Vor der Fällung der Sentenz ist das Gefängniß bloß ein Verwahrungsort, wo der Angeklagte so lange für unschuldig angesehen werden muß als seine That nicht gerichtlich ausgemacht und er also durch das Gesetz verdammt ist. Es ist ein empörendes Unrecht, wenn die Prozesse lange dauern, wenn die Gefangenen als Verurtheilte behandelt und so wohl ihre Gesundheit als ihre Ehre auf das Spiel gesetzt werden. So lange das Gesetz noch nicht gesprochen hat, ist es Pflicht der Menschheit, dem Gefangenen jede Bequemlichkeit zu gestatten, welche sich mit der Versicherung seiner Person verträgt. Es ist schon ein unersetzliches Unglück, wenn jemand ins Gefängniß geworfen wird, wenn er auch unschuldig wieder daraus weggehen sollte; wer kann den Unschuldigen die Leiden vergüten, die er ausgestanden hat und die kein Sterblicher messen kann? Wer ersetzt ihm die Ehre, die durch seine Gefangenschaft gelitten hat und wer kann das Unrecht wieder gut machen, das einem Staatsbürger ohne Urtheil und Recht ist zugefügt worden? Der Uebers.

eines Verbrechens angeben, welche die Einziehung des Angeschuldigten nothwendig machen und die ihn dieser Art von Strafe und einer Untersuchung unterwerfen. Das öffentliche Gerücht, das ihn anklagt, seine Flucht, sein außergerichtliches Bekenntniß, die Aussage eines Mitschuldigen, Drohungen, eine stete Feindschaft mit dem Beleidigten, der Thatbestand (Corpus delicti) und andere ähnliche Anzeigen sind hinlängliche Beweise, einen Bürger einzukerkern *). Aber diese Beweise müssen durch

*) Das öffentliche Gerücht klagt nur zu oft ohne einen haltbaren Grund an; und woraus ist es denn zusammengesetzt? Ist es nicht ein Gemisch von Meinungen und Urtheilen und ein Wirwarr von Sagen, die kein verständiger Mann gerichtlich zu behaupten wagt? — Die Aussage eines Mitschuldigen verdient um so weniger Glauben, weil, wenn er wirklich schuldig ist, er auch kein Bedenken tragen wird, einen Unschuldigen aus Schadenfreude oder aus dem Wunsche Mitgefährden im Leiden zu haben, oder weil er sich vielleicht von ihm beleidigt hält, um seine Freiheit zu bringen. Ueberhaupt hat hier der Verfasser zu wenig Rücksicht auf den hohen Werth der Unschuld eines Menschen und auf das Recht der Freiheit, das jeder Bürger im Staate so lange genießen muß, als er nicht entweder auf einer That, die ein unveräußerliches Bürger- oder Menschenrecht kränkt, oder den Umsturz des Staates beabsichtigt, ergriffen oder durch Zeugen, die wahrhaftig seyn wollen und können, eines solchen Verbrechens angeschuldigt wird, genommen. Die meisten Anzeigen, welche der Verfasser anführt, berechtigen nicht zum Verhafte, weil sie keine rechtliche Gewißheit der That bei sich führen. Auf gerathewohl jemand einzukerkern und es dem Zufalle zu überlassen, ob sich Zeugen finden, ist das größte Unrecht, und der Umsturz jeder bürgerlichen Gesellschaft. Jede Handlung, die man gegen einen Ange-

durch das Gesetz und nicht von den Richtern festgesetzt und bestimmt werden, deren Beschlüsse immer der politischen Freiheit zu wider sind, wenn sie nicht die Anwendung einer allgemeinen Maxime des öffentlichen Gesetzbuches auf einen besondern Fall enthalten. Wenn die Strafen gelinde seyn werden, wenn man die Unreinlichkeit und den Hunger der Gefängnisse steuern wird, wenn Mitleid und menschliche Gefühle durch die eisernen Thüren der Kerker dringen und die unerbittlichen und verhärteten Diener der Gerechtigkeit beherrschen werden, dann können immer die Gesetze auch noch bei schwächern Anzeigen den Verhaft verordnen. Ein Mensch, der wegen eines Verbrechens angeklagt, eingekerkert und losgesprochen worden ist, sollte nie von einer Schande gebrandmarkt werden. Wie viele Römer, die man der schweresten Verbrechen angeklagt, hernach aber unschuldig befunden hatte, wurden von dem Volke verehrt und zu den höchsten obrigkeitlichen Aemtern erhoben! Woher kommt es nun, daß in unsern Zeiten einen unschuldigerweise Angeklagten ein so verschiedenes Schicksal trift? Liegt der Grund etwan darin, weil es scheint, daß in unserer gegenwärtigen peinlichen Verfassung die Vorstellung von der Stärke und der Uebermacht über die Idee der Gerechtigkeit nach der Meinung der Menschen die Oberhand hat? Weil man den Angeklagten und den Ueberwiesenen in ein und dasselbe schaudernerregende

Angeschuldigten vornimmt, muß nicht allein allgemeines Gesetz seyn können, sondern auch den Beyfall des allgemeinen Willens, der durch das Rechts- und Moralgesetz ausgemittelt wird, haben.

Der Uebers.

gende Gefängniß unter einander wirft *)? Weil das Gefängniß vielmehr eine Strafe als ein Verwahrungsort des Angeklagten ist? Weil die innere Macht, welche die Vollziehung der Gesetze sichern soll, von der äußern welche den Thron und die Nation beschützt, getrennt ist, unterdessen sie doch mit einander vereinigt seyn sollten? Wenn auf solche Weise die Erstere vermittelst des gemeinsamen Beistandes der Gesetze mit der gerichtlichen Gewalt verbunden wäre, ohne doch unmittelbar von der Obrigkeit abzuhängen, so würde der Glanz, welcher den prächtigen und feierlichen Aufzug eines Haufens Soldaten umgiebt, die Schande vernichten, die mehr an den äußern Umständen als an der Sache selbst klebt, wie es mit allen Volksmeinungen der Fall ist. Es ist ausgemacht, daß in der öffentlichen Meinung militärische Gefängnisse nicht so sehr entehren als bürgerliche **).

Es

*) Dies sollte man nie thun, denn schadet nicht immer, in der öffentlichen Meinung, die Gesellschaft mit einem öffentlich Gebrandmarkten? Kann sich wohl jemand immer des Urtheils erwehren, daß Gesellschafter, die oft beisammen sind, gleiche Gesinnungen und einen gleichen Charakter haben?

Der Uebers.

**) Die Zubereitung und die Form thun ohne Zweifel viel dabei, allein im Grunde giebt es doch eine wesentliche Verschiedenheit zwischen beiden. Der militairische Verhaft setzt in der öffentlichen Meinung nur einen Fehler gegen die Disciplin, der bürgerliche aber ein Verbrechen gegen die Staatsgesetze voraus und diese haben einen weit unmittelbareru Einfluß auf die Ordnung und öffentliche Ruhe. Deshalb ist auch mehr Schande damit verknüpft. Der Verfasser sagt bei Gelegenheit des Schleichhandels: Verbrechen, welche die Menschen ihren

Es dauern unter den Völkern in ihren Gebräuchen und Gesetzen, die immer mehr als ein Jahrhundert hinter der gegenwärtigen Aufklärung einer Nation zurück sind, es dauern, sage ich, jene barbarischen Vorstellungen und rohen Begriffe der mitternächtlichen Jäger, unserer Vorfahren, noch fort.

§. 7.

Von den Anzeigen und von der Form der Urtheilssprüche.

Es giebt einen allgemein angenommenen und sehr nützlichen Satz, die Gewißheit einer That zu berechnen, z. B. die Stärke von den Anzeigen einer Schuld. Wenn die Beweise einer That von einander abhängig sind d. h. wenn eine Anzeige die andere unterstützt, so ist, jemehr Beweise angeführt werden, die Wahrscheinlichkeit desto geringer, weil die Fälle, welche die vorausgehenden Beweise entkräften würden, auch die nachfolgenden entkräften. — Wenn die Beweise einer Thatsache insgesammt auf gleiche Weise von einem Einzigen abhängen, so wird die Wahrscheinlichkeit der That durch die Anzahl der Beweise weder vermehrt noch vermindert, weil ihr ganzer Werth auf dem Ansehen jenes einzigen Beweises beruht, von welchem sie abhängen. Wird nun der Erste vernichtet, so fallen auch die Uebrigen. Wenn aber die Beweise von einander unabhängig sind, d. h. wenn die Anzeigen anders woher als durch einander

ren Vortheilen nicht nachtheilig halten, interessiren sie auch nicht so sehr, daß sie den öffentlichen Unwillen erregen sollten.

Diderot.

der selbst bewiesen werden, so nimmt die Wahrscheinlichkeit der That auch um so viel mehr zu, jemehr Beweise beigebracht werden, weil die Nichtigkeit eines Beweises keinen Einfluß auf den Andern hat *).

Ich rede von der Wahrscheinlichkeit in Ansehung der Verbrechen, die, wenn sie eine Strafe verdienen sollen, gewiß seyn müssen; aber dieses Paradoxon wird für denjenigen verschwinden, der einsieht, daß streng genommen, die moralische Gewißheit **) nur eine Wahr-

*) Gegründete Beweise und nicht die Menge derselben setzen eine That außer Zweifel. Was ist aber ein Beweiß? Entweder Vorzeigung der That selbst oder eine Zusammenstellung von Umständen, welche die That gewiß machen, und welche jedermann Glauben abnöthigen.

Der Uebers.

**) Die moralische Gewißheit kann vor Gericht keine Gültigkeit haben; denn daß jemand vor seinem Gewissen überzeugt sey, daß der Andere dieses oder jenes Verbrechen begangen habe, reicht nicht hin, ihn desselben anzuklagen, oder deshalb gar zu verdammen. Die moralische Gewißheit hängt von jedes Einsicht und von der Kenntniß der Umstände und der Personen ab, welche der Beurtheiler mit einer That zusammenstellt. Sie entsteht durch Reflexion und ist in jedem Menschen verschieden. Je mehr oder weniger jemand von einer That weiß, desto größer oder geringer ist seine Ueberzeugung von derselben. Oft mischen sich aber in die Beurtheilung von etwas Geschehenen dunkle Gefühle ein. Man kann sich nicht erwehren, den Andern für schuldig zu erklären, weil man entweder einen Abscheu vor der That oder eine Abneigung gegen den Thäter oder auch eine Zuneigung zu dem Beleidigten fühlt. Diese Ueberzeugung ist ein subjektives Fürwahrhalten, das mich zwar geneigt macht, den Andern einer That zu beschuldigen, das aber niemand außer mir überzeugt, weil ihm

Wahrscheinlichkeit ist, allein eine solche Wahrscheinlichkeit, die Gewißheit genannt wird, weil sie jeden Menschen von gesundem Verstande, ihr seinen Beifall zu geben, durch eine Gewohnheit zwingt, die eine Folge der Nothwendigkeit zu handeln ist und die vor jeder Spekulation vorausgeht. Die Gewißheit, welche erfodert wird, einen Menschen mit Recht für schuldig zu erklären, ist also diejenige, welche jeden Menschen bei den wichtigsten Handlungen seines Lebens bestimmt *).

Man

ihm meine Kenntniß der Umstände und meine Lage abgeht. Sie verändert sich stets; je nachdem man die Sache schärfer untersucht oder einen größern oder geringern Zeitraum zwischen der That und der neuen Untersuchung verstreichen läßt, desto veränderter wird uns ihre Gestalt vorkommen. — Die Wahrscheinlichkeit ist noch ein geringerer Grad von Ueberzeugung. Sie ist ein Werk meiner Einsicht, meines Gefühl, meines Charakters und meiner Lage und hat nur für mich Gültigkeit.

Der Uebers.

*) Was ist zu juridischen Beweisen nöthig? Da sie zur Verurtheilung eines Menschen durch den Staat erfodert werden, so müssen sie allgemein seyn können. Jedermann, der urtheilen und schließen kann, muß den Ausspruch zu thun gezwungen seyn, der Angeschuldigte habe das Verbrechen begangen. Sie müssen sich daher nicht auf die besondere Ueberzeugung eines Menschen gründen, die nicht allgemein kann mitgetheilt werden, sondern sie müssen von der That und von den mit ihr durchaus zusammenhängenden Umständen hergenommen seyn; denn nicht allein der Ankläger und Richter sollen von ihrer Wahrheit überzeugt seyn, sondern das ganze urtheilsfähige Publikum muß über die Schuldigkeit des Angeklagten übereinstimmen können. Alle Beweise müssen daher objektive Gültigkeit haben. Jeder mit gesundem Verstande begabte, muß dem Ausspruche des Richters

seinen

Man kann die Beweise einer Schuld in zwei Arten, in vollkommene und in unvollkommene, eintheilen. Voll-

seinen Beifall geben: diese Erforderniß ist nicht etwan nützlich, sondern sie ist Pflicht, weil der Richter im Namen der Nation durch das Gesetz richtet und entscheidet und also sein Urtheil nicht als gegen den Nationalwillen anstoßend, sondern mit ihm übereinstimmend muß angenommen werden können, Wie vielerlei Arten von Beweisen kann es nun geben? Da alle menschliche Erkenntniß entweder intuitiv (wo der Gegenstand in der Anschauung gegeben ist) oder discursiv (durch Begriffe ausgemittelt) ist, so kann es auch nicht mehr als zwei Arten von Beweisen geben. Die intuitiven erfordern das Daseyn und die Gegenwart der Thatsache; die discursiven entstehen aus Räsonnement und sind Gründe aus Urtheilen oder Schlüßen. Die Thatsache ist entweder der Thatbestand selbst, oder Instrumente, Schriften, Briefe oder andere Dinge, wodurch das Verbrechen begangen worden seyn kann. Das Zeugniß des Angeklagten ist ein subjecktiver Beweiß, der nur Gültigkeit für eine einzelne Person, aber keine juridische hat, denn Ueberdruß des Lebens oder andere Umstände können den Angeschuldigten zu einem solchen Geständnisse verleiten; und wie kann man vor Gericht jemand nach seiner eignen Aussage verdammen? Wird dieser nicht dadurch Ankläger und Beklagter in einer Person und muß nicht sein Urtheil partheiisch scheinen? Vor Gericht ist jeder Bürger so lange unschuldig, als nicht Thaten oder bewährte Zeugen gegen ihn sprechen, weil das Recht, vermögen dessen er verdammt wird, lauter allgemeingültige Beweise und Urtheile verlangt. — Die discursiven Beweise sind Anzeigen; sie können nie den Werth von den intuitiven haben, weil sie auf Urtheilen und Schlüßen, die man aus einer Menge von Umständen gezogen hat, beruhen und daher als Verstandes- und Vernunftoperationen leicht trüglich seyn können. Ueberhaupt müssen Thatsachen und Gründe einander unterstützen, wenn der Verurtheilung eines Menschen allgemeiner Beifall soll gewonnen werden. —

Vollkommene nenne ich diejenigen, die alle Möglichkeit ausschliessen, daß ein Angeschuldigter kein Verbrecher sey; unvollkommene, wo es möglich ist, daß jemand schuldlos sey. Ein einziger vollkommener Beweiß ist zur Verurtheilung hinreichend. Von den unvollkommenen sind so viele nöthig, als, um einen vollkommenen zu liefern, erfodert werden; das will so viel sagen: ob schon jeder von ihnen einzeln genommen die Möglichkeit der Unschuld eines Angeklagten nicht ausschließt, so muß doch ihre Vereinigung jeden Gedanken unmöglich machen, daß der Angeklagte unschuldig sey. Man muß noch bemerken, daß die unvollkommenen Beweise, wenn sich der Angeschuldigte nicht befriedigend gegen sie rechtfertiget, ob ihm schon seine Unschuld Mittel dazu an die Hand geben muß, vollkommene werden *).

Allein

Die Eintheilung in vollkommene und unvollkommene Beweise hat wegen Mangel an allgemeiner Mittheilbarkeit keinen Grund; denn es muß etwas zur Bestätigung einer Sache hinreichend seyn oder nicht; es muß daher entweder völlige Gewißheit herrschen oder es ist gar keine Gewißheit da, weil sich die Ueberzeugung und der Glaube nicht theilen lassen.

Der Uebers.

*) Sollte auch jemand seine Unschuld nicht völlig befriedigend rechtfertigen können, so muß er dennoch losgesprochen werden, denn der Richter hat entweder hinreichende Beweise seiner angeschuldigten That und ist völlig von seiner Schuld überzeugt oder nicht; im ersten Falle ist die Verurtheilung geboten, und im Andern die Losssprechung. Warum will man dem Richter mehr einräumen als dem Angeschuldigten? Jener hat keinen Grund ihn zu verdammen, und dennoch raubt er diesem seine Freiheit widerrechtlich. Das Gesetz kennt keinen

Mittel-

Allein man kann diese moralische Gewißheit viel leichter fühlen als genau bestimmen und erklären. Daher halte ich es für eine sehr weise Einrichtung, daß man bei einigen Nationen dem vorsitzenden Richter Beisitzer, die durch das Loos gewählt und nicht durch Wahl ausgesucht werden, beigesellt, weil in diesem Falle der Unwissende, der nach seinem Gefühle urtheilt, weniger dem Irrthume unterworfen ist als der Gelehrte, der nach Begriffen entscheidet *). Wenn die Gesetze deut-

 lich

Mittelweg, weil es vor ihm keine Verdächtigen geben kann, da der Begriff von einem Verdachte nie vollkommen und deutlich kann bestimmt werden, weil jedermann in die Definition desselben seine eigene Ueberzeugung und seine Meinung und Furcht hineinträgt. Was daher durch das Gesetz nicht schuldig ist, das ist vor ihm unschuldig. Es sey also auch, daß sich jemand nicht völlig rechtfertigen könne, wer beurtheilt denn dies? das Gesetz oder der Richter? Jenes kann kein solches Urtheil fallen, weil seine Urtheile Allgemeingültigkeit haben müssen und bloß auf etwas Ausgemachtes angewandt werden; dieser folgt seiner eignen Einsicht und erhebt seine besondere Ueberzeugung zu einer Allgemeingültigen. Was berechtigt ihn dazu? Der Uebers.

*) Wenn der Gelehrte nicht von grundlosen Meinungen eingenommen ist, sondern sich blos Geübtheit im Denken und Empfänglichkeit für alle Gegenstände erworben hat, wenn er den Aeusserungen und den Spuren der Natur folgt und nichts annimmt und behauptet als was als Ausspruch des gesunden Menschenverstandes gelten kann, so muß er desto mehr die ganze Sache zu übersehen, und ein Urtheil darüber zu fällen im Stande seyn, weil sein Verstand mehr Stärke hat und die Gegenstände fester halten und in allen Rücksichten betrachten kann. Unsere Gelehrsamkeit ist aber jetzt oft Verirrung vom Pfade der Natur und ein elendes und grundloses Spiel mit leeren Begriffen. Der Uebers.

lich und bestimmt sind, so hat der Richter keine andere Pflicht als die Gewißheit der That auszumitteln. Wenn zur Aufsuchung der Beweise eines Verbrechens Verstand und Geschicklichkeit nöthig sind und wenn die Darstellung des Resultats, welches man durch Nachforschen gefunden hat, Bestimmtheit und Deutlichkeit erfodert, so braucht man, um nach diesem Resultate zu entscheiden, nur gesunden Menschenverstand zu besitzen, der weniger eine Beute des Irrthums ist, als alle Kenntnisse eines Richters, der allenthalben Schuldige finden zu wollen gewohnt ist, und der alles auf ein aus seinem Nachdenken gezogenes System zurückführt. Glücklich sind die Nationen, wo die Gesetze keine Wissenschaft sind *)!

Es ist ein sehr nützliches Gesetz welches verordnet, daß jedermann von seines Gleichen gerichtet werden soll; weil, wenn es auf die Freiheit und auf das Wohl eines Bürgers ankommt, alle die Empfindungen schweigen müssen, welche die Ungleichheit einflößt. Die Verachtung,

*) Ohne Zweifel ist es ein großes Unglück, wenn aus fremden Sitten und Einrichtungen, Begriffen und Sprachen muß ausgemacht werden, was das Gesetz gebietet und in dieser Rücksicht ist es zu wünschen, daß jede Nation einer solchen Kenntniß zum Behufe ihrer Gesetze möge überhoben werden. Aber wenn alle Gesetze sich auf die menschlichen Natur und auf das Recht gründen müssen, so kann es auch kein höheres Glück für eine Nation geben, als wenn in dieser Rücksicht das Gesetzgebungssystem eine Wissenschaft ist. Jeder trägt in seinem Busen, was das Gesetz gebietet und verbietet und jedes Vernunft ist Schöpfer und Ausleger des Gesetzes.

Der Uebers.

tung, mit welcher der Mächtige und Reiche auf den Ohnmächtigen und Armen herabsieht und der Unwille, mit welchem der Niedrige den Höhern betrachtet, können bei dieser Art zu entscheiden nicht ins Spiel kommen.

Wenn aber das Verbrechen eine Beleidigung eines Dritten ist, dann muß die Eine Hälfte der Richter von gleichem Stande mit dem Angeklagten und die andere Hälfte von gleichem Stande mit dem Beleidigten seyn. Auf solche Art hält man jedes Privatinteresse im Gleichgewicht, das sonst auch unwillkührlich den Gegenständen eine andere Gestalt leiht und man läßt nur die Gesetze und die Wahrheit sprechen.

Es stimmt auch noch mit der Gerechtigkeit überein, daß der Angeklagte eine bestimmte Anzahl von seinen Richtern, die ihm verdächtig sind, verwerfen kann; und wenn man ihm dieses Recht eine Zeitlang ohne Schwierigkeit gestattet, so gewinnt es das Ansehen, als ob sich der Schuldige selbst das Urtheil spreche *).

Die

*) Das Geschwornengericht ist der Hüter der Gerechtigkeit und der Schutz der Freiheit jeder Nation. Kein Land, wo dieses Gericht noch nicht eingeführt ist, kann auf eine vollkommene und unpartheiische Gerechtigkeitspflege und auf eine durchgängige Handhabung des Rechtes Anspruch machen. Wenn mehrere Menschen, die mit dem Angeklagten von gleichem Stande sind, die ihn kennen, die von seinem vorigen Leben und von seinem Thun und Lassen unterrichtet sind, die Wirklichkeit der That untersuchen und außer Zweifel zu setzen bemüht sind und über ihn den Ausspruch schuldig oder unschuldig thun, so kann man annehmen, daß ihm recht geschieht und daß sie die Meinung des Publikums treffen,

Die Urtheilssprüche müssen öffentlich bekannt gemacht werden, so wie die Beweise der Schuld, damit die öffentliche Meinung, welche vielleicht der einzige Probierstein von der Festigkeit der Gesellschaft ist, der Gewalt und den Leidenschaften einen Zügel anlege und damit das Volk sagen könne: wir sind keine Sklaven, wir werden durch das Gesetz geschützt und vertheidigt; ein Gefühl, das Muth einflößt und für den Regenten, der seinen wahren Vortheil versteht, so gut als ein Tribut ist *).

Ich

treffen, weil die Publizität sie genau nach Kenntniß der Sachen und nach ihrem Gewissen zu sprechen zwingt. Sie werden sich in Rücksicht auf Partheilichkeit nichts zu schulden kommen lassen, weil dabei ihre Ehre und ihr guter Name auf dem Spiele steht. Es wäre daher sehr zu wünschen, daß jeder von seines Gleichen, wo die Leidenschaften schweigen und wahrscheinlich weniger Partheilichkeit statt finden kann, weil der Angeklagte seine Richter selbst wählt, aber doch eine zu große Anzahl aussuchen muß, als daß man auf den Verdacht gerathen könne, daß sie ihn gegen das Recht begünstigen sollten, gerichtet würde. Vor dem Recht kann diese Richtart allein bestehn, weil die Möglichkeit der Unpartheilichkeit schon in die Form des Gerichts muß eingeführt und der Gerichtshof so organisirt seyn, daß Recht und Wahrheit triumphiren.

Der Uebers.

*) Da jeder Urtheilsspruch muß allgemeinen Beifall erhalten können, weil er keine privat- sondern eine öffentliche Sache betrifft, und weil er keine Meinung des Richters sondern ein Ausspruch des Gesetzes seyn muß, so ist die Publizität der Urtheile mit Anführung der Gründe und des Gesetzes eine unumgängliche Pflicht des Staats. Wie wäre es auch sonst möglich zu erfahren, ob recht gerichtet und ob der Zweck des Staats erreicht

sey,

Ich will mich nicht auf andere genauere Zergliederungen einlassen und nicht alle Vorsichtsmaaßregeln angeben, die ähnliche Einrichtungen erfodern; für die, welche wähnen, man müsse alles sagen, würde ich nichts gesagt haben.

§. 8.

Von den Zeugen.

Es ist eine wichtige Sache in jeder guten Gesetzgebung, die Gründe bestimmt anzugeben, wovon die Glaubwürdigkeit der Zeugen und die Stärke der Beweise, daß jemand schuldig sey, abhängen. Jeder vernünftige Mensch, d. h. jeder, dessen Gedanken einen gewissen Zusammenhang unter einander haben und dessen Empfindungen und Vorstellungen mit dem Empfindungen und Vorstellungen anderer Menschen übereinstimmen, kann Zeuge seyn. Der wahre Maaßstab aber der Glaubwürdigkeit, die er verdient, ist allein der Vortheil, den er hat, wenn er die Wahrheit sagt, oder wenn er sie verschweigt *).

Aus

sey, wenn nicht jedermann in Stand gesetzt würde, die Wahrheit und Gerechtigkeit des richterlichen Urtheils zu untersuchen? Wie will man das Zutrauen erhalten, das öffentliche Beamte und Diener der Gerechtigkeit nöthig haben? Und wie will man den Bürgern den Gedanken, daß der Gerichtshof keine Opferbank sey, benehmen und wie kann man Gehorsam gegen die Gesetze erwarten; da niemand weiß, wenn er ein Gesetz übertreten hat, weil ihm der Ausspruch des Richters über Andere unbekannt bleibt? Der Uebers.

*) Wer kann und darf Zeuge seyn? Das Erste was man von einem Zeugen verlangt, ist, daß er nicht allein Wahr-

Aus diesem Grundsatze sieht man, wie nichtig der Grund, den man in Rücksicht eines Zeugnisses von der Schwäche

Wahrheit sagen **will**, sondern auch sagen **kann**. Sein Wille muß Achtung gegen das Gut und gegen das Recht haben und er muß seine Pflichten als Mensch und Bürger thun. Der Zeuge muß daher nicht in dem Rufe eines lügenhaften Mannes stehen und sein bürgerliches Leben muß unbefleckt und ohne Brandmark seyn, wenn man annehmen soll, daß er wahrhaftig seyn will. Er muß aber auch die Wahrheit sagen können. Seine Sinne müssen gesund und sein Verstand geübt seyn. Er muß Beweise gegeben haben, daß er über Erfahrungen zu urtheilen und einen vernunftmäßigen Ausspruch über Thatsachen zu thun im Stande sey. — Es kann nun jemand eine Sache gesehen oder gehört haben, er kann also Augen- oder Ohrenzeuge seyn. Das Zeugniß, das aus Hörensagen geschöpft ist, kann vor Gericht keine Gültigkeit haben, weil die Sache und die Umstände, die dabei statt gehabt haben, durch jedes Erzählung und Ausbreitung eine andere Gestalt erhalten. Man muß daher entweder die erste Quelle einer Sage ausfindig machen, also auf den Augenzeugen zurückgehen oder den Ungrund des ganzen Gerüchts erfahren, oder das ganze Zeugniß ist ohne gerichtlichen Werth, weil man mit Recht annehmen muß, daß die Menschen zum Bösen geneigt und einen starken Hang Andere zu verläumden und ihre Ehre zu kränken haben. Jeder Mensch findet ein geheimes Vergnügen, wenn er dem stets leichtgläubigen Publikum etwas zum Nachtheile des Andern aufbürden kann. Vorzüglich ist dieser Hang unter dem großen Haufen sehr geschäftig, der immer leichter Böses als Gutes von dem Andern glaubt und den Menschen alle Schandthaten und Nichtswürdigkeit zutraut. Augenzeugen müssen das Verbrechen mit allen Umständen, welche dabei vorgefallen sind, mit Zeit und Ort, wenn und wo es begangen worden ist, entdecken können, wenn ihr Zeugniß gelten soll; denn sie geben sich vor Augenzeugen aus, also müssen sie auch umständliche Nachricht von einer That geben können. Da es aber leichter möglich

Schwäche der Frauen hernimmt; und wie kindisch die Anwendung von den Wirkungen des leiblichen Todes auf

möglich ist, daß Ein Augenzeuge irren kann als zwei, weil zwei Menschen nie in gleicher Lage, Gemüthsstimmung, mit gleichen Geisteskräften und mit gleich geübten Sinnen eine Sache sehen und beobachten, so ist es Schuldigkeit des Richters, nicht leichtsinnig sein Urtheil nach der Aussage eines Zeugen zu bilden und den Ausspruch über die Angeschuldigten zu thun.

Wer darf nun als gerichtlicher Zeuge nicht angenommen werden? Blutsfreunde, Verwandte, vertraute Freunde, oder die, welche mit dem Angeklagten im Verhältnisse der Dankbarkeit und Wohlthätigkeit stehen; Feinde, oder die, welche einen geheimen Groll gegen den Beleidiger hegen oder die, welche seinen vorigen Zustand offenbar beneideten; alle diese dürfen nicht zum Zeugnisse zugelassen werden: denn die Freunde werden die Wahrheit nicht sagen wollen, wenn sie gegen den Beschuldigten zeugen sollen und die Feinde werden sie nicht zu sagen geneigt seyn, wenn sie zu ihres Gegners Vortheile ausfällt. Und wenn das Zeugniß der Erstern zum Vortheile des Angeklagten ist, so muß man doch immer Bedenken tragen, ihre Aussage für wahr zu halten, weil sie ein Interesse an der Unwahrheit haben. Blödsinnige, Verstandesberaubte, Kinder und junge Leute, die noch nicht die durch die Staatsgesetze bestimmten Jahre der Mündigkeit erreicht haben, können nicht als Zeugen auftreten, weil alle diese Personen nicht als ihres Verstandes mächtig vor dem Gesetze angesehen werden und also ihre Aussagen und ihre Urtheile keinen gesetzlichen Werth haben können. Dürfen die, welche sich entweder durch ihren Lebenswandel schänden oder durch eine öffentliche Strafe gebrandmarkt worden sind, als Zeugen zugelassen werden? Da sie ihre moralische und bürgerliche Ehre verloren haben, und da sie kein Zutrauen verdienen, weil sie Thaten gethan haben, die entweder die Moral oder das bürgerliche Gesetz verdammt, so darf kein in der öffentlichen Meinung Gebrand-

auf die Verurtheilten, die man für bürgerlich tod erklärt und wie ungereimt es sey, ein Zeugniß derjenigen zu verwerfen, die für ehrlos erklärt worden sind, wenn sie auch keinen Vortheil zu lügen haben *).

Unter andern Mißbräuchen der Sprachlehre, welche nicht wenig Einfluß auf die menschlichen Angelegenheiten haben, ist vorzüglich derjenige merkwürdig, der die Aussage eines schon verurtheilten Verbrechers für nichtig und ungültig erklärt. Er ist bürgerlich tod, sagen

brandmarkter ein Zeugniß ablegen, weil ihm niemand glaubt und weil es leicht möglich ist, daß ihn die öffentliche Schande, welche ihn stets verfolgt und welche kein nachheriger guter Lebenswandel wieder austilgen kann, gleichgültig gegen die Menschen — seine Feinde — und gegen Wahrheit und Rechte macht.

Der Uebers.

*) Der Verf. sagt im §. 18. Ehrlose Strafen rauben einem Bürger die Achtung und das Zutrauen, das die Gesellschaft zu ihm hatte. Der Verdammte ist wenigstens in eben demselben Falle mit dem mit Ehrlosigkeit Gebrandmarkten. Beide haben das öffentliche Zutrauen verloren, ihr Zeugniß darf also nur als Anzeige und nicht als Beweiß gelten. Zeugen gebürt nur Glauben, wenn sie keinen Vortheil an der Lüge haben. Wer aber kann sich jemals überzeugen, daß Bösewichter und Ehrlose keine Feindschaft, keinen persönlichen Haß und keinen verborgenen Bewegs grund haben sollten, die Richter zu täuschen? Wenn man ähnlichen Zeugen glauben soll, wer wird sich noch auf seine Unschuld zu verlassen wagen? Sie haben das öffentliche Zutrauen verloren und das Gesetz sollte ihnen noch Glauben beimessen? Das Leben und die Ehre der Bürger sollte von ihrem Zeugnisse abhängen?

Diderot.

gen ernsthaft die sophistischen Gesetzgelehrten und ein Todter ist keiner Handlung mehr fähig. Der Behauptung dieser leeren Metapher hat man viele Schlachtopfer gebracht und sehr oft hat man sich ernsthaft darüber gestritten, ob die Wahrheit gerichtlichen Formeln nachstehen müsse.

Wenn die Aussagen eines schon verurtheilten Verbrechers nur so beschaffen sind, daß sie den Lauf der Gerechtigkeit nicht aufhalten, warum sollte man nicht auch nach der Verurtheilung, sowohl dem äußersten Elende des Schuldigen als dem Interesse der Wahrheit einen angemessenen Zeitraum gestatten, der hinreicht, neue Beweise, welche die Beschaffenheit der That verändern, herbei zu schaffen, damit er sich oder Andere bei einer neuen Untersuchung rechtfertigen könne?

Formalitäten und Ceremonien sind bei der Verwaltung der Gerechtigkeit nothwendig, um sowohl der Willkühr der Richter keinen Spielraum einzuräumen, als auch dem Volke den Gedanken einzuprägen, daß vor Gerichte nicht tumultuarisch und aus Eigennutz, sondern nach festbestimmten Regeln und Formen verfahren werde; wie auch nicht weniger, weil das, was in die Sinne fällt, auf das Volk, das sclavisch an Gewohnheiten und äußern Formen hängt, einen weit lebhaftern Eindruck macht als Vernunftschlüsse; aber diese Formen können nie ohne eine große Gefahr für die Wahrheit von den Gesetzen bestimmt werden. — Die Wahrheit aber, die entweder zu einfach oder allzu sehr zusammengesetzt ist, hat einigen äußern Prunk nöthig, um um einem unwissenden Haufen Ehrfurcht gegen sich einzuflößen *).

Die Glaubwürdigkeit eines Zeugen muß sich also nach dem Verhältnisse des Hasses, oder der Freundschaft oder anderer genauer Verbindungen, worin er mit dem Angeschuldigten steht, verringern. Es ist mehr als ein Zeuge nöthig, weil, so lange der Eine das leugnet, was der Andere bejahet, es keine Gewißheit giebt, weil das Recht, das jeder hat, für unschuldig gehalten zu werden, gilt.

Die Glaubwürdigkeit eines Zeugen wird um so viel merklich geringer, jemehr die Unmenschlichkeit eines Verbrechens **) oder die Unwahrscheinlichkeit der Umstände

*) Es sind nicht gerade Ceremonien bei der Untersuchung einer Sache und bei dem Ausspruche eines richterlichen Urtheils nöthig, sondern es müssen nur gewisse Formen eingeführt seyn, die den Richter bei seinem Verfahren leiten und binden, ihm Mittel und Zeit zur Ausmittelung der Wahrheit und des Rechts an die Hand geben und dem Publikum die Ueberzeugung gewähren, daß in allen Stücken nach Recht und Gerechtigkeit verfahren worden sey. Diese eingeführten Formen müssen aber weder lästig noch zwecklos, sondern unumgänglich nothwendig zur Herrschaft des Rechts seyn, denn sonst würde ihre Beobachtung unnütze Zeit und Mühe kosten, die Prozesse verlängern, die Strafe von der That zu weit trennen und das Recht der Gefahr der Verkennung aussetzen.

Der Uebers.

**) Bei den Criminalrechtslehrern wird die Glaubwürdigkeit eines Zeugen desto größer, je unmenschlicher das Verbrechen ist. Folgenden eisernen Grundsatz hat der grausamste Blödsinn ersonnen: in atrocissimis, levio-

stände zunimmt. Dergleichen sind z. B. Zauberei und grausame Handlungen ohne Ursache. Es ist bei der ersten Anklage wahrscheinlicher, daß eine große Anzahl von Menschen lüge, weil es leichter ist, daß sich bei Vielen eine von Unwissenheit herrührende Verblendung oder ein Verfolgungshaß vereinige, als daß ein Mensch eine

res coniecturae sufficiunt et licet iudici iura transgredi. Wir wollen ihn in die gemeine Sprache übersetzen, damit die Europäer nur einen von den sehr vielen und gleich unvernünftigen Aussprüchen derselben kennen lernen, welchen sie, ohne es zu wissen, unterworfen sind. Bei den unmenschlichsten Verbrechen, d. h. bei solchen, die die wenigste Wahrscheinlichkeit haben, sind die geringsten Muhmaßungen hinreichend und dem Richter ist es erlaubt, die Grenzen des Rechts zu überschreiten.

Die unsinnigen praktischen Sätze in den Gesetzgebung rühren oft von der Furcht, der Hauptquelle menschlicher Widersprüche her. Die Gesetzgeber (dergleichen sind die Gesetzgelehrten, deren Ansehen nach ihrem Tode entscheidend wird und die aus feilen und eigennützigen Schriftstellern, unumschränkte Schiedsrichter über das Schicksal der Menschen werden) erschraken über die Verdammung eines Unschuldigen, und überhäuften daher die Gesetzgebung mit überflüßigen Formalitäten und Ausnahmen deren genaue Beobachtung die Anarchie ungestraft auf den Thron der Gerechtigkeit erheben würde. Ein andermal, als sie einige unmenschliche und schwer zu erweisende Verbrechen in Schrecken setzten, hielten sie es für nothwendig, die von ihnen selbst eingeführten Formen bei Seite zu setzen und verwandelten so, entweder aus einem ungeduldigen Despotismus oder aus kindischer Furcht, die ehrwürdigen Gerichte in eine Art von Spiel, worin Zufall und Ränke die vornehmste Rolle spielten.

Beccaria.

eine Macht ausübe, die Gott entweder keinem endlichen Wesen gegeben, oder die er jedem entzogen hat. So verhält es sich auch mit der zweiten Auflage, weil der Mensch nur in dem Maaße grausam ist, als er Vortheil davon hat oder ihn Haß oder Furcht dazu antreibt. In dem Menschen giebt es keine überflüßige Empfindung; alle die, welche ihn in Bewegung setzen, sind immer den Wirkungen der Eindrücke angemessen, welche äußere Gegenstände auf seine Sinne machen. So kann auf gleiche Weise die Glaubwürdigkeit eines Zeugen manchmal vermindert werden, wenn er Mitglied einer geheimen Gesellschaft ist, deren Gebräuche und Maximen entweder nicht recht bekannt oder von den öffentlichen Gebräuchen und Maximen verschieden sind. Ein solcher Mensch ist nicht allein ein Spiel seiner eignen, sondern auch fremder Leidenschaften *).

Endlich

*) Wer ein Mitglied einer geheimen Gesellschaft ist, muß zum Zeugen zugelassen werden und sein Zeugniß muß eben so viel gelten, als das Zeugniß jedes andern Menschen, wenn es nur Glaubwürdigkeit an sich verdient, weil man durch eine solche Ausschließung oder Verweigerung des Zutrauens ihm unrecht thun würde, indem keine solche Gemeinschaft in der öffentlichen Meinung brandmarkt und vor dem Gesetze verdammt. Weichen auch die Gesinnungen, Denkungsart und Gefühle der Mitglieder von dem Unsrigen ab, so ist dies doch kein Rechtsgrund, ihrem Zeugnisse den Glauben zu versagen oder es gänzlich zu verwerfen. Stimmen denn die übrigen Menschen in ihren Gesinnungen und Meinungen mit einander überein? Gilt nicht durchgängig das Sprichwort: so viel Köpfe, so viel Sinne; so viel Personen, so viel Gemüths- und Empfindungsarten?

Der Uebers.

Endlich verdient ein Zeuge fast gar keinen Glauben, wenn man Worte zu Verbrechen macht *), weil der Ton, die Geberde, und alles das, was vorhergeht und was auf die verschiedne Begriffe folgt, welche die Menschen mit den Worten verbinden, die Reden eines Menschen so verändern und einschränken, daß es fast unmöglich ist, sie gerade so zu wiederholen, wie sie sind ausgesprochen worden. Ueberdies lassen gewaltthätige und ungewöhnliche Handlungen, dergleichen wirkliche Verbrechen sind, an der Menge der Umstände und an den Folgen, welche daraus entstehen, Spuren von sich zurück.

*) Reden und Worte sind so lange keine Verbrechen, als sie nicht jemand unverdienter Weiße einer bestimmten widerrechtlichen That beschuldigen. Allein mit welchen Schwierigkeiten hat man zu kämpfen, ein solch Verbrechen zu beweisen, da die Worte, wodurch es begangen worden seyn soll, oft in verschiedenerlei Sinne gebraucht werden und da sie in einer Verbindung gesagt worden seyn können, wodurch sie ganz unschuldig werden! Und wie schwer ist es für den Andern, sie im Gedächtnisse zu behalten und treu wieder zu erzählen! Ist er nicht stets in Gefahr, seine vorgefaßten Meinungen und seine Vourtheile in die Worte des Andern hinein zu tragen? Der Mensch muß alles sagen können, was er verantworten kann und wovon er überzeugt ist, weil die Mittheilung der Gedanken ein vortrefliches Mittel, den Verstand auszubilden, ist, indem man durch Einwürfe und Bestreiten der Meinungen des Andern, die Aufmerksamkeit anspannt und den Geist zum Nachdenken zwingt. Und kein rechtliches Mittel zur Ausbildung des menschlichen Geistes darf verboten werden, weil Kultur eine vollkommene Gewissenspflicht ist, die kein Mensch, der seines Deseyns werth seyn will, vernachlässigen oder gar aufgeben darf.

Der Uebers.

zurück. Je größer daher die Anzahl der Umstände ist, die man zum Beweise anführt, desto mehr Mittel erhält der Angeschuldigte sich zu rechtfertigen. Worte aber werden in den meist ungetreuem und oft getäuschtem Gedächtnisse aufbehalten. Es ist daher unendlich leichter, eine Beschuldigung auf die Worte eines Menschen als auf seine Handlungen zu gründen.

§. 9.

Von geheimen Anklagen.

Offenbare, aber geheiligte und bei vielen Nationen wegen ihrer schlechten Verfassung nothwendig gewordene Uebel sind die geheimen Anklagen. Eine solche Sitte macht die Menschen zu Lügnern und heimtückischen Schurken. Wer an dem Andern einen Angeber zu vermuthen Ursache hat, erblickt in ihm einen Feind; die Menschen gewöhnen sich dann daran, ihre eigentlichen Gesinnungen zu verbergen; anfänglich verheimlichen sie dieselben Andern, bald aber geht dies in die Gewohnheit über, sie sich selbst zu verbergen.

Unglücklich sind die Menschen, wenn es mit ihnen so weit gekommen ist! Ohne deutliche und unwandelbare Grundsätze, die sie leiten könnten, verirrten sie sich und wurden auf dem ungeheuern Ozeane der Meinungen herumgeworfen. Immer beschäftigt, sich vor den Ungeheuern zu retten, die sie bedrohen, verbittert ihnen die ungewisse Zukunft, den gegenwärtigen Augenblick; und der dauerhaften Vergnügungen, welche die Ruhe und die Sicherheit gewähren, beraubt, trösten sie kaum einige hier und da auf den Pfad ihres elenden Lebens

gestreute

gestreute und in Eile und Unruhe verschlungene Freuden dafür, daß sie gelebt haben. Und aus solchen Menschen sollen wir unerschrockene Krieger, die das Vaterland und den Thron vertheidigen, bilden? Unter diesen sollen wir unbestechliche Obrigkeiten finden, die mit Freimüthigkeit und Vaterlandsliebe die wahren Vortheile des Souverains zu behaupten und aus einander zu setzen wissen, die dem Throne nebst den Abgaben noch die Liebe und die Segenswünsche aller Stände des Volks gewinnen, und von dorther den Pallasten und den Hütten Frieden und Sicherheit, und dem Fleiße die Hoffnung sein Schicksal zu verbessen — den mächtigen Hebel und die Lebenskraft der Staaten — bringen?

Wer vermag sich gegen Verläumdungen zu schützen, wenn sie mit dem undurchdringlichen Schilde — dem Geheimnisse — bewafnet sind? Was ist dies für eine schändliche Regierungsform, wo der Regent in jedem seiner Unterthanen einen Feind vermuthet und sich, um die öffentliche Ruhe zu erhalten, gezwungen glaubt, die Ruhe jedes einzelnen Bürgers zu stören?

Mit welchen Gründen will man nun die geheimen Anklagen *) und Strafen rechtfertigen? Das allgemeine Beste,

*) Jede Anklage muß rechtlich seyn, was gehört nun dazu? Sie muß 1) öffentlich vorgebracht und auch so vertheidigt werden, wie alle Rechtssachen. Der Ankläger muß also dem Angeklagten vorgestellt werden, damit dieser seinen Gegner kennen lerne und damit er sich über seine Wahrhaftigkeit und über sein Verhaltniß mit ihm erklären könne; und 2) niemand darf festgesetzt werden, wenn kein Ankläger da ist. Macht die Obrigkeit den Ankläger, so ist sie Parthei und ihr ganzes Verfahren wider-

Beste, die Sicherheit und die Aufrechthaltung der Regierungsform? Was ist aber dies für eine sonderbare Ver-

widerrechtlich, weil zu jeder verschiedenen Rechtshandlung wegen des Verdachtes der Partheilichkeit verschiedene Personen nothwendig sind, indem der Eigennutz der Menschen mächtiger ist als die Liebe zum Rechte und sie jenen auf Kosten dieses zu befriedigen leicht geneigt sind. Wer will sein Recht Menschen anvertrauen, die alle Gerechtigkeit mit Füßen treten und die das Leben und die Freiheit Anderer verkaufen, wenn sich nur ein Käufer dazu findet, der ihnen einen Preis giebt, von welchem sie glauben, er halte sie für die Schande und die etwannigen Gewissensbissen, welche sie oft durch Sophistereien zu ersticken suchen, schadlos? Die Obrigkeit kann und darf niemandes Ankläger seyn, weil sie dann nicht mehr als Richter auftreten darf; es ist also eine Rechtspflicht, daß der Ankläger eine von der Obrigkeit verschiedene Persen seyn muß.

Wodurch will man nun die geheimen Anklagen vertheidigen? Anklagen ohne Ankläger? Geheimniß und Recht? Jede rechtliche Handlung muß öffentlich seyn können, wenn sie nicht ihren Charakter verlieren und zum größten Unrechte werden soll. Und welchen Einfluß haben solche Anklagen auf den Charakter und auf die Gesinnungen der Menschen? Alles was den Menschen adelt, wird mit Füßen getreten, wenn man diese schreckliche Sitte einführt. Selbst der Keim zur Tugend wird ausgerottet, wenn es unsichtbare und heimliche, hinterlistige und gewaltige Feinde giebt. Furcht ist dann das einzige Prinzip, das die Menscheu beherrscht. Heuchelei, Groll, Zwietracht, Unmuth über die menschlichen Schicksale und Verzweiflung sind die Folgen geheimer Anklagen, wovon unser Zeitalter schreckliche und empörende Beispeile aufzuweisen hat. Der Mensch wird an Körper und Geist verdorben, so bald dies Ungeheuer wüthet, weil niemand seines Lebens sicher ist. Jeder Staat, der zu diesem Mittel seine Zuflucht nimmt, ist ohne Rettung verloren, weil an die Stelle des Zutrauens

Verfassung, wo derjenige, der die Gewalt und die Meinung für sich hat, die noch weit mächtiger ist, sich vor jedem Bürger fürchtet? — Sicherstellung des Anklägers? Die Gesetze können ihn also nicht hinlänglich schützen? Es giebt also Unterthanen, die mächtiger als der Regent sind? — Die Nothwendigkeit, den Ankläger gegen Ehrlosigkeit zu retten? So erklärt man also die geheimen Anklagen für gültig und die öffentlichen bestraft man! — Die Beschaffenheit des Verbrechens? Wenn gleichgültige, ja so gar dem allgemeinen Besten zuträgliche Handlungen Verbrechen genannt werden, so können die Anklagen und die richterlichen Aussprüche niemals heimlich genug seyn. Kann es aber Verbrechen d. h. Verletzungen der Rechte der Gesellschaft geben, woran nicht jedem einzelnen zugleich gelegen sey, daß sie vor Gericht gezogen und öffentlich bestraft werden?

Ich ehre jede Regierung und ich spreche von keiner insbesondere: die Umstände sind manchmal so beschaffen, daß man den gänzlichen Umsturz des Staates besorgen muß, wenn man einen Mißbrauch vernichtet, der tief in die Staatsverfassung einer Nation eingewurzelt ist. Sollte ich aber in einem abgesonderten Winkel der Erde Gesetz geben, so würden mir, ehe ich eine solche Gewohnheit einführte, die Hände zittern und der Fluch der Nachwelt würde meinem Geiste stets vorschweben.

trauens der Bürger zu dem Regenten Mißtrauen und Argwohn getreten ist und weil der Regent die öffentliche Meinung, ohne welche kein öffentliches Institut bestehen kann, gegen sich hat.

Der Uebers.

Schon Montesquieu sagte, daß geheime Anklagen Republiken *), wo das allgemeine Beste, die Haupt-

*) Keine Regierungsform verträgt sich weniger mit geheimen Anklagen, als die republikanische, weil das Volk alle Aemter besetzt, und weil sie sich gänzlich auf die öffentliche Meinung stützt, welche alle Gewalten regiert und welche alle öffentlichen Verhandlungen leitet. Es ist zwar ausgemacht, daß sich aristokratische Republiken — die ungerechteste und unzweckmäßigste Regierungsform, weil alle Gewalten nur in wenigen Familien erblich sind, also die Menschen als Sachen behandelt werden, welche man so vortheilhaft als möglich benutzen darf und wo also der allgemeine Volkswille gänzlich unterdrückt und bei keiner Angelegenheit zu Rathe gezogen wird — lange Zeit erhalten haben, aber was haben sie für Früchte getragen? Was haben sie für Einfluß auf den Volkscharakter gehabt? Und was hatten sie überhaupt für ein Recht zu existiren? In demokratischen Republiken, welche eine rechtliche organisirte Verfassung haben (wovon die Erde nur noch wenige Beispiele gesehen hat) und wo alle Gewalten von einander getrennt sind und alle Wirkungen doch nur ein Resultat — allgemeine Gerechtigkeit — geben, können heimliche Anklagen gar nicht statt finden, weil alles öffentlich verhandelt werden, und jeder Bürger seinen Ankläger kennen muß. Nicht Menschen herrschen in solchen Staaten, sondern das allgewaltige Gesetz, vor welchem jeder sein Knie beugen muß. — Das allgemeine Beste kann nie zur Leidenschaft werden, weil diese nur ein Objekt auf einmal begehren, jenes aber, aus vielen und mancherleiartigen Gegenständen zusammengesetzt ist. Das Sinnliche reizt die Menschen am meisten und entflammt ihre Leidenschaften, der vornehmste Bestandtheil des allgemeinen Besten aber ist das Recht. In vernünftigen Staaten ist der Mensch nicht Maschiene des Staats sondern freier und unabhängiger Bürger, dem der Staat nichts vorschreibt und der in allen Dingen sein eigener Herr ist. Die Herrschaft einer durchgängigen Gerechtigkeit, welches der Zweck einer rechtlichen Staatsverfassung

Hauptleidenschaft seyn müsse, angemessener wären, als Monarchien, wo diese Gesinnung vermöge der Natur der Regierung nur sehr schwach und wo es die weiseste Einrichtung sey, gewisse Bevollmächtigte zu bestellen, die im Namen des Volks die Uibertreter der Gesetze anklagen. Jede Regierung aber, sie mag republikanisch oder monarchisch seyn, muß den Verläumder mit der Strafe züchtigen, welche den Angeschuldigten treffen würde, wenn er schuldig wäre.

§. 11.

Von verfänglichen Fragen und von Aussagen.

Unsere Gesetze verbieten bei einem Prozesse die verfänglichen Fragen, d. h. diejenigen Fragen, die, wie die Rechtslehrer sagen, nach der Gattung (species) fragen, anstatt daß sie unter den Umständen eines Verbrechens nach der Art (Genus) fragen sollten. Dergleichen Fragen d. h. solche, die mit dem Verbrechen in einem unmittelbaren Zusammenhange stehen, legen dem Angeklagten eine unmittelbare Antwort in den Mund. Die Fragen müssen, wie die Lehrer des peinlichen Rechts behaupten, nur schneckenartig die That einhüllen, niemals

fassung ist, verwirft daher jedes Mittel, das Menschen bloß zu einem Wesen für den Staat machen wollte, wie ist es also möglich, das allgemeine Beste zur Leidenschaft aller Staatsbürger zu machen, da der Mensch weit höhere Interessen hat, welche seine Aufmerksamkeit weit mehr auf sich ziehen und vor allen Andern seine Thätigkeit erfodern? Der Staat ist ein widernatürliches Geschöpf, der den Menschen bloß für eine Maschine ansieht.

Der Uebers.

mals aber gerade darauf gerichtet seyn. Die Gründe, warum man diese Regel eingeführt hat, sind, entweder man will dem Angeschuldigten keine Antwort eingeben, die ihm die Anklage vor Augen lege oder vielleicht, weil es wider die Natur ist, daß sich ein Verbrecher unmittelbar selbst für schuldig erkläre. Welches auch der Grund von diesen beiden seyn mag, so ist doch der Widerspruch der Gesetze auffallend, daß sie zugleich neben dieser Gewohnheit die Tortur zu gebrauchen berechtigen. Kann es aber eine verfänglichere Frage geben als den Schmerz? Die Tortur bewährt die Richtigkeit des erstern Grundes, denn der Schmerz wird denjenigen, der eine starke Körperkonstitution hat, zu einem hartnäckigen Stillschweigen verleiten, wodurch er eine größere Strafe mit einer geringern vertauscht; und sie wird den Schwachen zum Geständniß zwingen, das ihn von der gegenwärtigen Marter befreien wird, die ihm jetzt weit empfindlicher als jeder zukünftige Schmerz ist.

Der zweite Grund ist offenbar mit dem erstern von einerlei Beschaffenheit, denn wenn eine Specialfrage gegen das Recht und die Gesetze der Natur einen Angeklagten, sich selbst für schuldig zu erklären, verleitet, so werden dies die Folterquaalen noch weit leichter bewirken. Die Menschen aber lassen sich mehr durch die Verschiedenheit der Namen als der Sachen regieren *)!

Endlich

*) Werden wir uns wohl gegen Menschen, die wir achten, solcher Fragen bedienen, die uns in ihren Augen verächtlich machen und die sie entweder beschämen oder in Unglück stürzen? Und warum wollen wir nun vor Gericht die

Endlich verdient derjenige, der bei der Untersuchung hartnäckig dabei bleibt, auf keine ihm vorgelegte Frage zu antworten, eine durch die Gesetze bestimmte Strafe und zwar eine von den härtesten, welche sie damit verhängen, damit die Verbrecher nicht entwischen, ohne dem Publikum ein Beispiel gegeben zu haben, das sie ihm schuldig sind *).

Diese

die Achtung verleugnen, die wir der menschlichen Natur schuldig sind und die wir nie vergessen dürfen, ohne uns als Nichtswürdige zu zeigen? Der Verbrecher, habe er auch Schandthaten auf Schandthaten, Frevel auf Frevel gehäuft, ist und bleibt Mensch und kein Sterblicher darf ihm die Achtung, welche allem, was menschliches Antliz trägt, gebürt, versagen, wenn er nicht selbst vor seinem Gewissen strafbar erscheinen und vor dem äußern Gerichte für einen bösen Bürger gehalten werden will. — Verfängliche Fragen sind Fußangeln, worein der Unvorsichtige stürzt und welchen der Listige entgeht. Vor Gericht ist Achtung gegen den Menschen und Ehrlichkeit die erste Pflicht, weil es auf sein Unglück abgesehen ist. Keine Frage darf daher geschehen, welche den Angeschuldigten entweder schon als einen überführten Verbrecher behandelt, oder in die Alternative setzt, sich entweder selbst als schuldig zu bekennen oder zu lügen. Jede Frage, welche der Richter thut, muß sowohl rechtlich seyn, d. h. den Beifall aller Denkenden verdienen, als Achtung gegen die Menschheit des Angeklagten verrathen.

Der Uebers.

*) Wenn es ausgemacht ist, daß jemand das angeschuldigte Verbrechen begangen habe, ob er es gleich hartnäckig leugnet und nie seine Schuld eingesteht, darf er demohngeachtet eine Strafe leiden? Da er des angeschuldigten Verbrechens noch nicht überführt ist, wozu das Selbstgeständniß der That gehört, so darf er nicht zu der im Gesetze auf das ihm angeschuldigte Verbrechen

gesetzten

Diese Strafe hingegen ist nicht nöthig, wenn es außer Zweifel ist, daß der Angeklagte das ihm angeschuldigte Verbrechen begangen hat, weil das Verhör alsdann eben so unnütz seyn würde, als das Geständnisses ist, indem andere Beweise die Beschuldigung rechtfertigen. Dieser letztere Fall ist der gewöhnliche, weil die Erfahrung lehrt, daß in den meisten peinlichen Prozessen die Verbrecher sich auf das Leugnen legen.

§. 11.

gesetzten Strafe verurtheilt werden, weil er ohne Anerkennung seiner That vor Gericht immer als unschuldig angesehen werden muß. Wollte man die Maxime des Gegentheils einführen, so würde kein Mensch so rein seyn, der nicht der größten Verbrechen beschuldigt und wegen ihnen verdammt werden könnte. — Soll denn aber ein offenbarer Verbrecher gar nicht gestraft werden? Seine Freiheit kann er nicht wieder erhalten, weil die gegen ihn aufgetretenen Zeugen allen Glauben verdienen und weil alle Umstände die Wahrheit der Anklage bezeugen. Was darf also mit ihm angefangen werden? Jedes Eingeständniß muß freiwillig seyn, wenn nicht ein Verdacht der Falschheit desselben unter dem Publikum erregen werden soll, also darf keine Gewalt gegen ihn gebraucht werden. Wie kann man ihn aber zum Geständniß bringen? Da entweder Boßheit oder Unwissenheit schuld an seinem Leugnen sind, so muß er Männern übergeben werden, die ihn zur Einsicht seines widerrechtlichen und schändlichen Leugnens bringen und zur Reue über seine That bewegen. Zeit und Unterricht sind also die einzigen Mittel, zu welchen rechtlicherweise der Richter gegen einen hartnäckigen Leugner seine Zuflucht nehmen kann; denn wäre seine Schuld auch sonnenklar, so ist doch die Maxime, ohne selbst eigene Anerkennung seiner That verurtheilt zu werdrn, eben so widerrechtlich als gefährlich.

Der Uebers.

§. 11.

Von den Eiden.

Ein Widerspruch zwischen den Gesetzen und natürlichen Gefühlen des Menschen entspringt aus dem Gebrauche der Eide, die man von einem Angeschuldigten fodert, damit er die Wahrheit sage, wenn er den größten Vortheil hat, ein Lügner zu seyn. Gleich als wenn es der Mensch für seine Schuldigkeit halten könne, seinen eigenen Untergang zu befördern, und gleich als wenn die Religion nicht in dem größten Theile der Menschen schwiege, wenn der Eigennuz seine Stimme gegen sie erhebt! Die Erfahrung aller Zeiten hat gelehrt, daß die Menschen mit nichts einen größern Mißbrauch getrieben haben als mit diesem köstlichen Geschenke des Himmels.

Aus welchem Grunde sollen nun Bösewichter Ehrfurcht gegen sie haben, wenn dieselbe oft Menschen, die man für die Weisesten hielt, schänden? Allzuohnmächtig sind für den größten Theil der Menschen die Bewegungsgründe, welche die Religion dem Getümmel der Furcht und der Liebe zum Leben entgegensezt, weil sie allzuweit außer dem Kreiße der Sinne liegen *).

Die

*) Die Religion hat deshalb noch so wenig Gewalt über die Menschen, weil ihre Lehren sich nicht auf die menschliche Natur gründen und weil ihre Vorschriften keine Aussprüche der Vernunft sind, sondern weil sie unbegreifliche Geheimnisse und unverständliche Lehren enthält. Die Triebfeder, wodurch sie auf den Menschen wirkt, sind daher bloß Furcht und Hoffnung und wie will man den Menschen dadurch Liebe zum Guten und Wahren einflößen, da sie dieselben doch zu bloß eigennützigen

Die Angelegenheiten des Himmels werden nach ganz andern Gesetzen gelenkt als die Angelegenheiten dieser Erde. Warum will man die Einen durch die Andern in Gefahr setzen? Und warum will man den Menschen zu der schrecklichen Nothwendigkeit zwingen, entweder sich an Gott zu versündigen, oder seinen eigenen Untergang zu befördern? Das Gesetz, das in einem solchen Falle einen Eid gebietet, läßt dem Angeklagten nur die Wahl zwischen einem schlechten Christen und zwischen einem Märtyrer. Der Eid wird nach und nach eine bloße Förmlichkeit, weil man auf diese Art die Stärke der religiösen Gefühle, welche noch der einzige Beweggrund zu einem rechtlichen Leben unter dem großen Haufen der Menschen sind, vernichtet. Wie unnütz also die Eide sind, das hat die Erfahrung gelehrt: denn es kann mir jeder Richter bezeugen, daß niemals ein Eid einen Schuldigen bewogen hat, aufrichtig und wahrhaftig zu seyn; und auch die Vernunft, welche alle Gesetze, die den natürlichen Gefühlen des Menschen entgegen

nützigen Geschöpfen bildet, anstatt daß sie ihnen die Pflichten und Gebote um ihrer selbstwillen liebenswürdig machen und die Menschen aus bloßer Achtung gegen die Vernunft zum Handeln antreiben sollte. Alle Glaubensarten haben und können nichts als sinnliche Beweggründe enthalten, weil ihre Auffoderung zum Guten anders woher als aus der Vernunft genommen sind und weil also äußere Antriebe allein den Menschen in Bewegung setzen. — Gott kann, nach menschlichen Begriffen gedacht, nicht beleidigt werden, weil er als ein unendliches und heiliges Wesen gänzlich von allen den Bedingungen frei vorgestellt wird, wodurch jemand gereizt und erzürnt werden kann.

Der Uebers.

entgegen sind, für unnütz und schädlich erklärt, zeigt, daß es so kommen mußte. Es geht dergleichen Gesetzen gerade so, wie den Dämmen, die man dem Strome eines Flußes entgegenstemmt; sie werden entweder unmittelbar niedergerissen und überschwemmt oder ein aus ihnen selbst entstandener Wirbel untergräbt und hölt sie allmälig aus *).

§. 12.

*) Ein Eid ist die Aufrufung der Gottheit zum Zeugen, daß man wahrhaftig sey und entweder seine That bekennen oder sein Versprechen halten will. Ist nun ein solcher Eid moralisch? Ein Mensch, der schwört, scheint sich selbst keine Wahrhaftigkeit zu zutrauen, und er erklärt sich also für einen Nichtswürdigen, weil er durch seine Handlung zeigt, daß sein Gewissen entweder schlaft oder gänzlich betäubt und verwirrt ist. Wie kann er aber noch Glauben von Andern fodern, da er sich selbst nicht zu trauen scheint? — Alle Eide sollen ein Faktum oder eine Lehre bekräftigen; wer ist aber ihrer Wirklichkeit und ihrer Wahrheit so gewiß, daß er den Heiligen und Allwissenden, unter Auffoderungen zum Strafen, zum Zeugen anzurufen wagt? Und was haben die Menschen für Beweggründe, daß sie schwören? Furcht und Hoffnung sind die Triebfeder der Eide, denn man will entweder der Strafe, womit die Gottheit jede unmoralische Handlung bedroht, entgehen, oder man will sich in ihre Gunst einschmeicheln; beides ist sträflich, und jede Handlung die aus einer solchen Absicht gethan wird, ist von der Vernunft verboten. Man will wohl manchmal die Wahrheit sagen, aber nicht aus Pflicht, sondern aus einem eigennützigen Beweggrunde. Da also die Triebfeder, warum man schwört, der Eigennutz ist, so sind alle Eide unmoralisch und daher verboten. Sie sind das Grab der Sittlichkeit und das Verderben der ganzen menschlichen Natur. Ueberhaupt sollte der Gedanke an Gott und die Beschäftigung mit ihm nur ein Arzneimittel seyn, das uns in Leiden kräftig stärkte und das uns auf den Flügeln der Anbetung zum Throne des Allerheiligen empor trüge.

Ein

§. 12.

Von der Tortur.

Eine durch den Gebrauch unter dem größten Theile der Nationen geheiligte Grausamkeit ist die Tortur, womit

Ein Gedanke an Gott und das Bewußtseyn unserer Pflichterfüllung, können Wunder an dem Geiste und Körper des Menschen thun.

Eide sind nicht allein unmoralisch sondern auch nachtheilig: es ist äußerst gefährlich für den Menschen, sich auf ein anderes Gericht als auf sein Gewissen zu berufen, weil man sich gewöhnt, daß Letztere nicht mehr als höchsten Schiedsrichter alles unsers Thun und Lassens anzuerkennen, wodurch man dem Aberglaube und der Gleichgültigkeit in moralischen und religiösen Dingen Thor und Thüre öffnet. Niemand soll daher schwören, weil es ihm seine Freiheit und Selbstständigkeit kostet.

Sind Eide rechtlich? Eide beziehen sich auf die Gottheit und nicht auf Menschen und können also ganz und gar nicht in das Rechtsgebiet gezogen werden, sondern sie sind dem Gerichtshofe des Gewissens allein unterworfen. Darf nun der Staat einen Eid von jemand fodern? Da das Schwören gänzlich außer dem Rechtsgebiete liegt, weil durch die Unterlassung desselben niemandes Recht beeinträchtigt wird, so darf der Staat niemand zum Eid zwingen. Es ist daher widerrechtlich wenn der Staat jemand, ehe er sein Zeugniß hören will, einen Eid abfodert. Der Staat handelt aber auch zugleich unmoralisch, weil er in die Regalien der Gottheit eingreift. Niemand darf vom Staate zu etwas genöthigt werden, was im Unterlassungsfalle niemandes Rechten Abbruch thut. Niemand hat daher die Verbindlichkeit einen Eid abzulegen.

Der Eid ist auch fruchtlos, weil die meisten Menschen die Gottheit als ein Wesen ansehen, daß sich durch Bitten und Opfer bewegen lasse, alle Sünden zu vergeben und das mit menschlicher Schwäche Mitleid habe.

Man

mit man den Angeschuldigten während des Laufes der Untersuchung in der Absicht peinigt, ihn entweder zum Geständ-

Man trägt daher kein Bedenken zu schwören, wenn ein Schwur nur Gewinn bringt oder vom Verluste rettet. — Und warum soll ich mein Recht auf den Schwur eines Menschen ankommen lassen? Warum soll ich seinem Eide glauben, da seine Worte mich nicht überzeugen? Und weshalb ist also der Eid vor Gerichte eingeführt, da selbst der Richter Gefahr läuft, das größte Unrecht zu begehen, wenn er sein Urtheil nach dem Eidschwure eines gewissenlosen Menschen, (welches zum Unglück nur allzu viele sind, wenn es auf Vortheil oder Ehre ankommt) fällt? Die Eide sind also auch unzweckmäßig, weil sie den absichtigten Zweck nicht erfüllen. Und wenn nun der Schwörende ganz und gar von dem Daseyn der Gottheit (als einem Gegenstande des moralischen Glaubens, aber nicht des Wissens, welcher jedermann in der Anschauung dargestellt werden könnte) überzeugt ist, warum verweißt man ihn an ein Tribunal, das für ihn nicht existirt? Und warum will man ihn in diesem Falle entweder zum Heuchler machen oder der Verfolgungswuth des Pöbels Preiß geben? Zeitalter, wo man mit Eiden spielte, sind gewöhnlich die sittenlosesten und verdorbensten gewesen. Treu und Glauben geht durch den öftern Gebrauch der Eide verloren; keiner glaubt dem Andern und keiner hält sein Wort, weil ihm ein bloßes Versprechen ein Spielwerk worden ist, das man nach Belieben zerbrechen kann. Wo schwört man mehr gerichtliche Eide als in England und in Frankreich? Und wo giebt es mehrere falsche Zeugen als in dem Erstern und mehrere treulose Beamte als in dem Letztern? Was fruchten also Eide? Wenn man das Heiligste mit Füßen tritt, sich selbst belügt und die Gottheit dabei zum Zeugen aufruft, so ist man aller Schandthaten fähig. Menschen, welche Eide schwören, sind Frevler, und Staaten, welche dergleichen zur Bestätigung der Aussagen fodern, handeln vermessen, weil sie Eingriffe in das Gebiet des Alleinheiligen thun.

Der Uebers.

Man

Geständnisse des Verbrechens zu zwingen, oder die Widersprüche, worein er gefallen ist, aufzuklären oder seine

Man kann keinen andern Grund angeben, sagt Kant, der rechtlich Menschen verbinden könnte, zu glauben und zu bekennen, daß es Götter gebe, als den, damit sie einen Eid schwören, und durch die Furcht von einer allsehenden obersten Macht, deren Rache sie feierlich gegen sich aufrufen mußten, im Falle, daß ihre Aussage falsch wäre, genöthigt werden könnten, wahrhaft im Aussagen und treu im Versprechen zu seyn: denn daß man hierbei nicht auf die Moralität dieser beiden Stücke, sondern bloß auf einen blinden Aberglauben derselben rechnete, ist daraus zu ersehen, daß von einem Menschen, dem man nicht zutrauet, er werde in einer feierlichen Aussage, auf deren Wahrheit die Entscheidung des Rechts der Menschen (des Heiligen, was in der Welt ist) beruht, die Wahrheit sagen, doch geglaubt wird, er werde durch eine Formel dazu bewogen werden, die über jene Aussage nichts weiter enthält, als daß er die göttlichen Strafen, (deren er ohnedem wegen einer solchen Lüge nicht entgehen kann) über sich aufruft, gleich als ob es auf ihn ankomme, vor diesem höchsten Gericht Rechenschaft zu geben oder nicht. — In der Schrift (Matth. 5, 34—37) wird diese Art der Betheuerung als eine ungereimte Vermessenheit vorgestellt, Dinge gleichsam durch Zauberworte wirklich zu machen, die doch nicht in unserer Gewalt sind. — Aber man sieht wohl, daß der weise Lehrer, der da sagt: daß das, was über das Ja, Ja! Nein, Nein! als Betheuerung der Wahrheit geht, vom Uebel sey, die bösen Folgen vor Augen gehabt habe, welche die Eide nach sich ziehen: daß nämlich die ihnen beigelegte größere Wichtigkeit die gemeine Lüge beinahe erlaubt macht. — In Beziehung auf einen Gerichtshof, also im bürgerlichen Zustande, wenn man annimmt, daß es kein anderes Mittel giebt, in gewissen Fällen hinter die Wahrheit zu kommen als den Eid, muß von der Religion

seine Mitschuldigen an den Tag zu bringen, oder ich weiß nicht, von welchem Hirngespinst einer unbegreiflichen Unehrlichkeit sich zu reinigen, oder endlich anderer Verbrechen wegen, deren er sich schuldig gemacht haben könnte, wegen welcher er aber nicht angeklagt ist.

Die grausame Ungerechtigkeit, welche hier herrscht und das Unzulängliche der Gründe, womit man diesen schändlichen Gebrauch rechtfertigen will, läßt sich aus folgenden Betrachtungen erweisen.

Vor dem Ausspruche des Richters kann niemand für schuldig angesehen werden und die Gesellschaft darf niemand eher den öffentlichen Schutz entziehen, bis es ausgemacht ist, daß er die Verträge verletzt habe, vermöge welchen man ihm Schutz und Sicherheit angedeihen ließ. Was ist also das für ein anderes Recht als das Recht des Stärkern *), das den Richter berechtigt, einen

gion vorausgesetzt werden, daß sie jeder habe, um sie als Nothmittel, zum Behuf des rechtlichen Verfahrens vor einem Gerichtshofe zu gebrauchen, welcher diesen Geisteszwang für ein behenderes und dem abergläubischen Hange der Menschen angemesseneres Mittel der Ausdeckung des Verbrochenen zu gebrauchen, sich für berechtigt hält. — Die gesetzgebende Gewalt handelt aber im Grunde unrecht, diese Befugniß der richterlichen zu ertheilen, weil selbst im bürgerlichen Zustande ein Zwang zu Eidesleistungen der unverliehrbaren menschlichen Freiheit zu wider ist.

*) Recht und ein verschiedenes Maaß von Kräften sind ganz disparate Begriffe und es ist eben so viel als Ungeheuer paaren zu wollen, wenn die Stärke das Recht ausmachen soll.

Der Uebers.

einen Bürger zu strafen, während man noch zweifelhaft ist, ob er schuldig oder unschuldig sey. Es ist ein bekanntes Dilemma: das Verbrechen ist entweder gewiß oder ungewiß. Ist es gewiß, so darf den Angeklagten keine andere als die durch das Gesetz bestimmte Strafe treffen, und die Folter ist unnütz, weil das Geständniß des Angeklagten ohne Nutzen ist; ist es aber ungewiß, so darf man einen Unschuldigen nicht martern, dergleichen jeder Mensch nach den Gesetzen, dessen Verbrechen nicht bewiesen sind, ist.

Welches ist denn der politische Zweck der Strafen? Abschreckung andrer Menschen *). Sie müssen also öffent-

*) Man will durch Strafen Andere von Verbrechen abschrecken! Furcht und Abscheu sollen also unter den Menschen erregt werden, damit sie etwas Widerrechtliches unterlassen! Kann man dies nicht durch ein Mittel bewirken, das keine Menschen mißhandelt und martert oder gar mordet? Und wie lange bleiben denn die Eindrücke lebendig, welche äußere Gegenstände auf das Begehrungsvermögen machen? Sind nicht alle Empfindungen, weil sie in der Form der Zeit vorgestellt werden müssen, auf einer stetem Flucht? Verschwinden sie nicht noch geschwinder als sie entstehen? Stärkere Eindrücke vertilgen schwächere, die Entfernung des Ort und die Zeit vertilgt alle. — Menschen dürfen aber nie als bloßes Mittel zur Erreichung eines auch noch so wichtigen Zweckes gebraucht werden, was hat also der Staat für ein Recht, gegen das Sittengesetz zu verstoßen und diesen höchsten Gerichtshof auf Erden zu verleugnen? Wie hangt dieser Zweck der Strafe mit dem Staatszwecke zusammen? Jede Strafe soll erst rechtlich seyn, ehe man auf ihren Nutzen sieht, wie ist aber dies anders möglich, als daß der Uebertreter eines Gesetzes um seiner That willen, ohne Rücksicht auf etwas Anderes, mit einem Schmerze belegt werde? Wie will

öffentlich vollzogen werden. Aber was soll man von geheimen und im Dunkel der Gefängnisse ausgeübten Martern denken, womit man nach einer tyrannischen Gewohnheit den Schuldigen und Unschuldigen quält?

Es ist viel daran gelegen, daß kein bekanntgewordenes Verbrechen ungestraft bleibe, aber es ist unnütz, den Urheber eines Verbrechens zu entdecken, das in Finsterniß begraben liegt. Eine böse schon vollbrachte That, wofür es kein Mittel mehr giebt, kann von der bürgerlichen Gesellschaft nur insofern bestraft werden,

will man einen richtigen Maasstab des Uebels, das er mit Recht leiden soll, ausfindig machen, wenn Abschreckung Anderer der Zweck der Strafe seyn soll? Ein rohes und gefühlloses Zeitalter erfordert also grausamere und blutigere Strafen als ein gebildetes und empfindsames, wie will man aber diese Verschiedenheit der Strafen mit dem Rechte vereinigen, das ewig dasselbe ist und das nicht auf den äußern Erfolg, den die Strafen haben mögen, sondern auf das gerechte Maaß von verdienten Leiden sieht? Und wenn nun die Strafen des Staats gänzlich fruchtlos sind, da man wenigstens nicht das Gegentheil beweisen kann, warum will man denn die Menschen einem Zwecke aufopfern, den man nicht erreicht und was hat man für ein Recht darzu? — Die Abschreckung kann also nicht Zweck der Strafe seyn, weil daraus folgen würde, daß je grausamer die Strafen sind, desto besser ihr Zweck erreicht werden wird und je weniger sie mit dem Rechte übereinstimmen, desto nützlicher sie sind. Es ist aber ausgemacht, daß nichts unwirksamer ist als Beweggründe der Furcht und des Schreckens und daß nichts kürzere Zeit dauert als dazu beabsichtigte Eindrücke, und daß nur Gründe, die von dem Rechte hergenommen sind und die Ueberzeugung bewirken, den gehoften Nutzen haben.

Der Uebers.

werden, als man Andere dadurch verhindert, ähnliche Verbrechen, in der Hoffnung ungestraft zu bleiben, zu begehen *). Wenn es wahr ist, daß die Anzahl der Menschen, welche entweder aus Furcht oder aus Liebe zur Tugend die Gesetze befolgen, größer ist, als die Anzahl derjenigen, welche die Gesetze übertreten, so ist die Gefahr, jemand unschuldig zu martern, desto größer, je größer die Wahrscheinlichkeit ist, daß ein Mensch unter übrigens gleichen Umständen sie viel mehr beobachtet als übertreten habe.

Hierzu füge ich aber noch dieses, daß man alle Verhältnisse mit einander vermengt, wenn man verlangt, ein Mensch solle zu gleicher Zeit Kläger und Beklagter seyn und der Schmerz solle der Schmelztiegel der Wahrheit werden, gleich als wenn das Kenntzeichen derselben in den Muskeln und Fiebern eines Unglücklichen seinen Sitz hätte. Das Gesetz, das die Tortur befiehlt, ist ein Gesetz, das sagt: „Menschen, „widerstehet dem Schmerz; und wenn euch auch die „Natur

*) Wenn der Verf. gesagt hätte: ein Verbrechen kann nur in der Absicht bestraft werden, Andre zu verhindern, daß sie nicht ähnliche Verbrechen begehen oder daß derselbe Mensch nicht neue Verbrechen begehe, so würde er selbst seinen Fehlschluß eingesehen haben. So lange der Urheber eines Verbrechens nicht entdeckt ist, bleibt er ungestraft, er kann also von seiner Freiheit wieder denselben Gebrauch machen, den er vorher davon gemacht hat. Es ist also sehr vortheilhaft, daß er entdeckt und außer Stand gesetzt werde, nicht mehr zu schaden.

Diderot.

„Natur eine unauslöschliche Liebe zu euch selbst eingepflanzt und wenn sie euch auch ein unveräußerliches „Recht zu eurer Vertheidigung gegeben hätte; so errege ich doch in euch ein ganz entgegen gesetztes Gefühl *) d. h. einen heldenmüthigen Haß gegen euch „selbst, und befehl euch, daß ihr euch selbst anklagen „und sogar unter der Zerreißung eurer Muskeln und „der Verrenkung eurer Knochen, die Wahrheit sagen sollt."

Dieses schändliche Mittel die Wahrheit heraus zu pressen, ist ein noch fortdauerndes Denkmal jener alten und barbarischen Gesetzgebung, die die Feuer- und Wasserprobe und den ungewissen Ausgang des gerichtlichen Zweikampfs Gottesurtheile nannte, gleich als wenn die Ringe in der ewigen Kette, welche ihren Ursprung in der ersten Ursache hat, sich thörigter menschlicher Einrichtungen halber alle Augenblicke verrücken und trennen sollten. Der einzige Unterschied, den man zwischen der Tortur und der Feuer- und Wasserprobe angeben kann, besteht darin, daß der Ausgang der Ersten von dem Willen des Beklagten, der Ausgang aber der letztern von einer rein physischen und äußerlichen Thatsache abhängt. Allein dieser Unterschied ist nur scheinbar und nicht wirklich; der Gefolterte hat unter den Verzuckungen und Quaalen eben so wenig Freiheit die Wahrheit zu sagen, als er ein andermal

J 2 im

*) Man hätte, wie mir scheint, sagen sollen: ich fodere von euch ein rc. das wäre deutlicher und richtiger gewesen.

Diderot.

im Stande war, ohne Betrug die Wirkungen des Feuers und des kochenden Wassers zu hemmen.

Jede Handlung unsers Willens ist immer der Stärke des fühlbaren Eindrucks, welcher die Ursache von jener ist, angemessen, und das Vermögen jedes Menschen zu empfinden und zu leiden, hat seine gewissen Grenzen. Es kann also der Eindruck des Schmerzes zu einem solchen Grade anwachsen, daß er dasselbe ganz und gar einnimmt und dem Gefolterten keine andere Freiheit übrig läßt als in dem gegenwärtigen Augenblicke den kürzesten Weg zu ergreifen, wodurch er sich von den Martern befreien kann. Und so ist alsdann die Antwort des Angeklagten so nothwendig, als die Eindrücke, welche Feuer oder kochendes Wasser erregen. Der Unschuldige, der zarte Nerven hat, wird sich dann für schuldig bekennen, um von seinen Martern erlößt zu werden. Jeder Unterschied zwischen denselben verschwindet also durch eben dasselbe Mittel, wodurch man den Schuldigen von dem Unschuldigen zu unterscheiden vorgab.

Die Tortur ist ein sicheres Mittel, starknervigte Bösewichter loszusprechen und schwächliche Unschuldige zu verdammen. Hieraus sieht man also die schrecklichen Folgen dieses vorgeblichen Kenntzeichens der Wahrheit, eines Mittels, das eines Kannibalen würdig ist und das die Römer, in mehr als einer Rücksicht grausame Henkersknechte, nur für die Sklaven die Opfer einer wilden und allzu gepriesenen Tapferkeit, aufsparten. Von zwei Menschen, die entweder gleich unschuldig oder gleich schuldig sind, wird der Starke und Herzhafte

losge-

losgesprochen, der Schwache und Furchtsame aber nach folgender schönen Schlußart verurtheilt werden: „Ich „Richter, sollte euch dieses oder jenes Verbrechens „schuldig finden; du, Starker, du hast dem Schmerze „zu widerstehen gewußt, ich spreche dich deshalb los; „du Schwacher aber bist dem Schmerze unterlegen, „daher verdamme ich dich. Ich weiß wohl, daß das „Geständniß, das dir die Martern entrissen haben, „kein Gewicht hat, allein ich werde dich von neuem „foltern lassen, wenn du nicht das bestätigst, was du „gestanden hast."

Der Ausgang der Folter ist also eine Sache des Temperaments und der Berechnung, die bei jedem Menschen nach den Verhältnissen seiner Stärke und seiner Empfindlichkeit verschieden ausfällt. Nach dieser Methode würde also ein Mathematiker weit besser diese Aufgabe lösen können, als ein Richter, welche man folgender Gestalt ausdrücken könnte: Es wird die Stärke der Muskeln und die Empfindlichkeit der Fibern eines Unschuldigen gegeben, man mache den Grad von Schmerz ausfindig, welcher darzu nöthig ist, ihm das Geständniß eines nicht begangenen Verbrechens abzudringen.

Die peinliche Frage soll zur Entdeckung der Wahrheit dienen. Wenn nun aber die Wahrheit, aus den Geberden, aus dem äußerlichen Ansehen und aus der Physiognomie eines ruhigen Menschen schwer zu entdecken ist, so wird man sie noch weniger aus einem Menschen herausbringen, bei welchem die Zuckungen des Schmer-

Schmerzes alle Gesichtszüge verändern, wodurch bei den Menschen sich manchmal die Wahrheit wider ihren Willen verräth. Jede gewaltsame Handlung verwirrt und verwischt die kleinen Unterschiede der Gegenstände, wodurch man bisweilen das Wahre von dem Falschen unterscheidet.

Eine sonderbare Folge, welche nothwendig mit dem Gebrauche der Folter verbunden ist, kann man nicht genug bemerken, nämlich: daß der Unschuldige in einen elendern Zustand versetzt wird, als der Schuldige. Wenn man beide auf die Folter legt, so vereinigt sich alles zum Nachtheile des Erstern, denn gesteht er das Verbrechen ein, ob er es gleich nicht begangen hat, so wird er verurtheilt, und wird er für unschuldig erklärt, so hat er eine unverdiente Strafe erlitten: Der Schuldige hingegen hat einen günstigern Fall für sich, d. h. widersteht er mit Standhaftigkeit den Martern, so muß er als unschuldig losgesprochen werden und hat also eine geringere Strafe mit einer größern vertauscht. So kann also nur der Unschuldige verlieren und der Schuldige gewinnen.

Diese Wahrheit fühlen endlich, obgleich nur dunkel, selbst diejenigen, die sich am weitesten von ihr entfernen. Das Bekenntniß, das während dem Foltern gethan wird, ist ungültig, wenn es nicht nach Endigung der Tortur mit einem Eide bekräftigt wird; ist aber der Angeklagte seiner Aussage nicht geständig, so wird er von neuem gefoltert. Einige Rechtsgelehrte und einige Nationen erlauben diese schändliche Erschleichung eines Grundsatzes nur dreimal; andere Nationen

nen und andere Rechtsgelehrte überlassen sie dem Gutbefinden des Richters.

Es wäre überflüßig, dieses durch Anführung zahlloser Beispiele von Unschuldigen, die sich, durch die Martern der Folter gezwungen, für schuldig bekannt haben, in ein helleres Licht zu setzen. Es giebt keine Nation und kein Zeitalter, welche nicht Beispiele davon aufzuweisen hätten. Allein die Menschen ändern sich nicht und ziehen weder aus den Thatsachen, die sie kennen, noch aus den Grundsätzen, die sie annehmen, nützliche Folgen. Es giebt keinen Menschen, der seine Begriffe bis über die ersten Bedürfnisse des Lebens erhoben hätte, der nicht bisweilen die Stimme der Natur hören sollte, welche ihm heimlicher Weise zuruft, zu ihr zurück zu kehren; allein die eingeführte Gewohnheit — der Tyrann der menschlichen Gemüther — stößt und schreckt ihn zurück *).

Der

*) Kein Mensch, er mag schuldig oder unschuldig seyn, darf gemartert werden, weil er eine Person und Subjekt des Sittengesetzes, also heilig ist und weil sein Körper als Bedingung der Wirksamkeit der moralischen Natur unverletzlich gehalten werden soll. Wenn man auch die wichtigsten Wahrheiten durch Martern entdecken könnte, so darf man doch nicht zu diesem schändlichen Mittel seine Zuflucht nehmen. Es ist besser, daß ein Schuldiger vor menschlichen Gerichten nicht gestraft werde, als daß man sich der Gefahr, einen Unschuldigen zu quälen, aussetze. Es ist zwar Pflicht der Obrigkeit, alle rechtmäßigen Mittel anzuwenden, einen Verbrecher zu entdecken und zur gebührenden Strafe zu ziehen, aber nie darf sie ein Mittel ergreifen, wodurch sie den Menschen entweder als bloße Sache behandelte, welches der Fall bei allen Martern

Der zweite Grund zum Gebrauche der Folter, womit man die vermeintlichen Schuldigen martert, ist, wenn sie bei ihrem Verhöre in Widersprüche fallen. Gleich als wenn die Furcht vor der Strafe, der ungewisse Ausgang des Prozesses, die Zubereitung zu demselben, die Majestät des Richters und die fast allen Bösewichtern und Unschuldigen gemeine Unwissenheit, nicht wahrscheinlicherweise eben sowohl den Unschuldigen, der erschrocken ist, als den Schuldigen, der sich zu retten sucht, verleiten sollte, in Widersprüche zu fallen: da nun diese nichts ungewöhnliches bei ruhigen Menschen sind, wie viel mehr müssen sie sich bei einem beunruhigten Gemüthe, das ganz in den Gedanken, sich aus der nahen Gefahr zu retten, versunken ist, häufen?

Drittens braucht man auch die Tortur, um zu entdecken, ob der Schuldige noch andere Verbrechen außer demjenigen, dessen er überführt worden ist, begangen habe. Das ist aber gerade so, als wenn man folgenden Schluß machte: „Da du eines Verbrechens schuldig bist, so ist es wohl möglich, daß du noch hundert Andere begangen

tern ist, oder wodurch sie gegen einen Angeschuldigten als gegen einen Schuldigen verführe. Der Gebrauch der Tortur ist eben so widerrechtlich als grausam, weil er den Unterschied zwischen Schuld und Unschuld aufhebt und weil er alle Achtung gegen die Menschheit mit Füßen tritt. Böse Thaten, die schon geschehen sind, sind nicht so gefährlich, als grausame und widernatürliche Martern, die die menschliche Natur empören und wider Willen zur Rache auffodern, weil man da das Unrecht mit Besonnenheit begehen sieht.

Der Uebers.

gen hast. Dieser Zweifel beunruhigt und verfolgt mich. Ich will mir hierüber durch meinen Probierstein der Wahrheit Gewißheit verschaffen. Die Gesetze befehlen mir, dich nicht allein zu foltern, weil du schuldig bist, sondern auch weil du schuldig seyn kannst und weil ich will, daß du ein Verbrecher seyn sollst.

Viertens spannt man einen Angeschuldigten auf die Folter, um seine Mitschuldigen zu entdecken *). Wenn nun aber erwiesen ist, daß die Folter kein zweckmäßiges

*) Der Verf. darf es sich nicht verhehlen, daß hier der Hauptknoten der Schwierigkeit und der schwächste Theil seiner Antwort liegt.

Die Kenntniß der Mitschuldigen ist eine von den Wahrheiten, die man sucht und es ist ausgemacht, daß man sie tagtäglich durch dieses grausame Mittel erlangt. Jedermann verabscheuet vor der Ueberführung des Verbrechens die Folter; bei einem Verbrecher aber ist eine solche Quaal desto nothwendiger, um ihm außer dem Eingeständniß seiner Mitschuldigen und dem Mittel, sich ihrer zu bemächtigen, die Anzeige von den nothwendigen Beweisen zu entreißen, um ihn zu überführen. Die Strafe, welche auf das Verbrechen gesetzt ist, wird durch die Nothwendigkeit, ähnliche Verbrechen dadurch zu verhüten, gerechtfertigt; wenn also das Verbrechen so beschaffen ist, daß man auf Mitgehülfen schließen kann, z. B. bei Diebstählen und Meuchelmorden, die bei Zusammenrottirungen begangen werden und wenn weder die Zeugen noch die Beweise hinreichen, den Faden des Complots zu verfolgen und zu entwickeln, so wird die Folter eben so gerecht seyn, als jede andere Strafe und aus eben dem Grunde verfügt werden können.

Diderot.

mäßiges Mittel ist, die Wahrheit zu entdecken, wie soll sie denn dazu dienen können, die Mitschuldigen an den Tag zu bringen? Und ist diese Entdeckung nicht eine Wahrheit, die man ausmitteln will? Wird der Mensch, der sich selbst anklagt, nicht weit leichter Andere anklagen *)? Ist es überdies gerecht, jemanden um der Verbrechen Anderer willen zu martern? Kann man die Mitschuldigen nicht durch die Zeugenaussagen, noch durch das Verhör des Verbrechers, noch durch die Beweise und durch den Thatbestand, kurz durch alle die Mittel entdecken, welche dazu dienen mußten, das Verbrechen des Angeklagten außer Zweifel zu setzen? Gewöhnlicherweise fliehen die Mitschuldigen gleich nach der Einziehung ihres Gefährden. Die Ungewißheit ihres Schicksals allein verdammt sie zur Verweisung und befreiet die Nation von der Gefahr, aufs neue von ihnen angegriffen zu werden, während die Strafe des Schuldigen, den sie in ihrer Gewalt hat, schon den beabsichtigten Zweck erreicht und dazu dient, Andere von einem ähnlichen Verbrechen abzuschrecken **).

Fünf-

*) Wenn er aber seines Lebens überdrüßig ist, wozu er entweder durch körperliche Krankheiten, oder durch Gewissensbisse oder durch religiöse Schwärmerei gebracht werden kann, so wird er die Anklage seiner selbst für das einzige Mittel halten, das Leben, das für ihn eine Bürde ist, los zu werden, und es wird ihn kein anderer Gedanke als dieser beschäftigen.

Der Uebers.

**) Dies ist ein sehr schwacher Grund! Sie fliehen aus einem Walde in den Andern, sie gehen aus einer Stadt in die Andere, aber verbannen sie sich selbst aus einem Staate? Und wenn sie sich auch selbst verbannen, darf denn

Fünftens besteht ein anderer lächerlicher Beweggrund zum Foltern darin, daß man den Angeschuldigten dadurch von der Ehrlosigkeit reinigen will, d. h. ein Mensch, den die Gesetze für ehrlos erklärt haben, soll das Bekenntniß seiner Unschuld durch eine Ausrenkung seiner Knochen bekräftigen. Einen solchen Mißbrauch sollte man doch im 18ten Jahrhunderte nicht mehr dulten! Man glaubt, der Schmerz, der ein physisches Gefühl ist, reinige den Menschen von der Ehrlosigkeit, die ein bloß moralisches Verhältniß ausdrückt! Ist die Folter etwan ein Schmelztiegel? Und die Ehrlosigkeit ein unreines Erz, das man von dem Körper, mit welchem es vermischt ist, abscheiden will?

Die Ehrlosigkeit ist ein Urtheil, welches weder durch die Gesetze noch durch die Vernunft, sondern durch die öffentliche Meinung bestimmt wird. Die Marter selbst macht denjenigen ehrlos, der ihr Schlachtopfer wird *). Wie will man nun durch dieses Mittel die Ehrlo-

denn die Gelindigkeit im Strafen und die Menschenliebe gegen einen Verbrecher über die Sorgfalt, die Völker von Räubern und Meuchelmördern zu befreien, die man ihnen aus einem übelverstandenen Mitleiden zuschickt, den Sieg davon tragen? Man bedenke, daß wenige Minuten Folterschmerzen, einem Bösewicht zugefügt, 100 Unschuldigen das Leben retten, die seine Mitschuldigen erwürgen können, dann wird man die Folter für eine Handlung der Menschenliebe ansehen.

Diderot.

*) Da die Ehrlosigkeit in der öffentlichen Meinung besteht, und da man denjenigen, welchen man ins Gefängniß wirft, wenn er auch unschuldig daraus hervorgehen sollte, brandmarkt, weil der Verdacht eines Verbrechens

Ehrlosigkeit vernichten, da seine Anwendung selbst brandmarkt?

Es kostet keine Schwierigkeit, bis zum Ursprunge dieses lächerlichen Gesetzes zurück zu gehen, weil selbst die Ungereimmtheiten, die eine ganze Nation angenommen hat, immer mit andern unter der Nation herrschenden und sogar von ihr für ehrwürdig gehaltenen Ideen in einiger Verbindung stehen. Diese Sitte scheint ihren Ursprung in geistlichen Lehren der Religion zu haben, die einen sehr großen Einfluß auf die Gedanken der Menschen und auf ihre Handlungen in allen Zeitaltern äußern. Eine für untrüglich gehaltene Lehre versichert

brechens, den man gegen ihn, obgleich ungerechterweise, erregt hat, nicht leicht wieder verlöscht, wie viel Ursache haben also Obrigkeiten, vorsichtig bei der Nachforschung nach Verbrechen zu verfahren und wie vieler Gefahr des Unrechts kann sie entweder Unbesonnenheit oder Voreiligkeit aussetzen? Die Obrigkeit kann niemand die Ehre wiedergeben, die sie ihm in der öffentlichen Meinung geraubt hat. Aber nicht allein das Gefängniß brandmarkt, sondern auch jedes gewaltthätige Mittel das die Obrigkeit gegen irgend einen Bürger anwendet. Es folgt daher schon daraus, daß, weil der Staat zum Schutze aller äußern Rechte bestimmt ist, worunter auch die bürgerliche Ehre gehört, die Folter, welche durch Schmerzen wohl ein Bekenntniß erpressen, aber keine unverdächtige Aussage erzwingen und die Wahrheit an das Licht bringen kann, als ein ehrloses Mittel nicht darf gebraucht werden. Vor dem Gesetze muß jedes Mittel, das entweder einen Unschuldigen (und dies ist jeder, so lange er noch nicht sein Verbrechen eingestanden hat und deshalb verurtheilt ist) beschimpft oder ihm körperliche Schmerzen zufügt, als verboten betrachtet werden.

Der Uebers.

sichert uns, daß die durch menschliche Schwäche zugezogenen Flecken und die den ewigen Zorn des höchsten Wesens verdient haben, in einem andern Leben durch ein unbegreifliches Feuer gereinigt würden; nun ist die Ehrlosigkeit ein bürgerlicher Schandfleck; und da der Schmerz und das Feuer die geistigen und unkörperlichen Flecken wegnehmen, warum sollten nicht Folterschmerzen den bürgerlichen Schandfleck — die Ehrlosigkeit — vertilgen?

Das Geständniß des Schuldigen, das einige Richterstühle als wesentlich zur Verurtheilung erfodern, scheint einen ähnlichen Ursprung zu haben, weil vor dem geheimnißvollen Richterstuhle der Buße das Sündenbekenntniß auch ein wesentliches Stück des Sakraments ist. So mißbrauchen also die Menschen das helle Licht der Offenbarung! Und wie diese sich allein in Zeiten der Unwissenheit behauptet, so nimmt der lehrbegierige Haufen bei allen Gelegenheiten seine Zuflucht zu ihr und macht die ungereimmtesten und entferntliegensten Anwendung von ihr *)!

Diese

*) Welche Mittel darf nun die Obrigkeit gebrauchen, die Mitschuldigen zu entdecken? Kein Mensch soll den Andern zur bloßen Sache machen, welche man nach Willkühr brauchen kann, sondern er soll ihn als moralische Person, und also als Subjekt des Sittengesetzes heilig achten. Jede Mißhandlung des Menschen und jedes listige Fangen durch Fragen ist daher verboten. Und wie will der Richter sein Verfahren mit seiner Menschenpflicht der Wahrhaftigkeit vereinigen, wenn er entweder Versprechungen thut oder Vorspiegelungen macht, die er nicht zu halten im willens ist und die er als Richter nicht halten darf, weil er durch Pflicht an die genaueste Vollziehung der auf ein Verbrechen gesetzten Strafe gebunden

Diese Wahrheiten waren den Gesetzgebern der Römer nicht unbekannt, bei welchen die Folter in keinem Falle, außer bei Sclaven, statt fand, denen jede bürgerliche Selbstständigkeit geraubt war. Dergleichen Gesetze beherrschen auch die Engländer, eine Nation, welche die Güte ihrer Gesetze *) durch ihren Ruhm in den

bunden ist? Erklärt er sich durch dergleichen Handlungen nicht für ehrlos und seines hohen Amtes unwürdig? Können die Mitschuldigen nicht durch ein freiwilliges Geständniß des Schuldigen entdeckt werden, so muß ihre Bekanntwerdung der Zeit überlassen werden und gehen sie auch endlich ungestraft aus dieser Welt, sind denn die übrigen Menschen so rein, daß sie wähnen, Verbrechen, die im Dunkel der Mitternacht verborgen sind, nicht einmal ohne Strafe lassen zu müssen? Sind sie denn Weltrichter? Einschärfung der Pflicht der Wahrhaftigkeit, Belehrung über das, was Zweck des Staates ist und was jeder Mensch thun soll, Aufregung von Gewissensbissen und Zusammenstellung von Thatsachen, welche bei den Verbrechen vorgefallen sind, um den Angeklagten zum Bekenntniß seiner Helfershelfer zu bringen, sind vor dem Rechte allein erlaubt.

Der Uebers.

*) Die engländschen peinlichen Gesetze tragen weder das Gepräge der Gerechtigkeit noch Zweckmäßigkeit an sich. Kinder und eingefleischte Bösewichter werden in eine Klasse von Verbrechern geworfen. Den Diebstahl aus Noth von wenigen Thalern und den Menschenmord aus Rachsucht erwartet eine und dieselbe Strafe. Und womit will man folgenden Grundsatz rechtfertigen: mit je geringern Schwierigkeiten ein Verbrechen begangen werden kann, desto härter muß es bestraft werden? Sieht man bei einer solchen Maxime auch noch auf das Recht und was nutzen die Strafen, wenn geringe und schwere Verbrechen gleich hart bestraft werden?

Der Uebers.

den Wissenschaften; durch ihren grossen Reichthum und ihren ausgebreiteten Handel, und folglich durch ihre überlegene Macht und durch ihre glänzenden Beispiele von Tugend und Tapferkeit rechtfertigt.

Auch in Schweden ist die Folter abgeschaft. Einer der weisesten Monarchen Europens der die Philosophie auf den Thron erhoben und der als Freund seiner Unterthanen Gesetze gegeben hat, vor welchem alle gleich und frei und von welchen alle gleich abhängig sind, hat sie auch in seinen Staaten aufgehoben. Er hat die einzige Freiheit und Gleichheit eingeführt, die vernünftige Menschen unter den gegenwärtigen Umständen verlangen können.

Nicht einmal die Kriegsgesetze haben die Folter für nöthig erachtet, obgleich die Armeen größtentheils aus dem Auswurfe der Nationen bestehen, wo sie also doch nothwendiger als irgendwo scheinen sollte. Eine sonderbare Erscheinung für denjenigen, der nicht überlegt, wie mächtig die Tyrannei der Gewohnheit ist!! Menschen, deren Gemüther zum Mord und zu Blutvergießen abgehärtet sind, müssen den Gesetzgebern der Völker in Friedenszeiten erst milde Gesetze und eine menschliche Art zu richten lehren!

§. 13.

Von den Prozessen und von der Verjährung.

Hat man die Beweise eines Verbrechens kennen gelernt und ist seine Gewißheit ausgemacht, so muß man dem Schuldigen nothwendigerweise Zeit und Mittel

tel gestatten, welche zu seiner Vertheidigung hinreichen. Allein der Zeitpunkt, den man ihm dazu einräumt, muß so kurz seyn, daß er nicht der schnellen Vollziehung der Strafe, die, wie wir gesehen haben, einer der mächtigsten Zügel ist, den Verbrechen Einhalt zu thun, nachtheilig sey. Man wird vielleicht aus einer übelverstandenen Menschenliebe diese kurze Zeitfrist tadeln, allein jede Bedenklichkeit wird verschwinden, wenn man bedenkt, daß die Gefahren, welche der Unschuld drohen, mit den Mängeln der Gesetzgebung zunehmen.

Die Gesetze müssen sowohl zur Vertheidigung des Angeschuldigten als zur Untersuchung der Beweise seines Verbrechens einen gewissen Zeitraum festsetzen *). Wollte

*) In großen Staaten, die eine rechtliche Verfassung haben, kann diese Einrichtung sehr nützlich seyn, weil sie nichts der Willkühr des Richters überläßt, sondern dem Gesetze über Alles die höchste Entscheidung einräumt; allein in kleinen Staaten, wo ein Verbrecher in wenigen Stunden aus dem Gebiete, wo er seine Schandthat begangen hat, entfliehen kann, und wo man bei andern Staaten um seine Auslieferung anhalten muß, welches oft einen weitläuftigen Briefwechsel und große Kosten verursacht und wo die Vernachläßigung der geringsten Formalität die Sache verzögert, würde ein solches Gesetz entweder viele Unschuldige verdammen oder viele Schuldige lossprechen müssen, weil der Richter oft von der durch das Gesetz bestimmten Zeit zur Untersuchung und der Angeschuldigte zu seiner Vertheidigung übereilt werden würde. Es ist nicht zu leugnen, daß es mit dem Amte des Richters nicht bestehen kann, wenn er selbst willkührlich die Zeit zur Untersuchung und zur Vertheidigung verkürzt oder verlängert, indem er sich durch ein solches Verfahren eigenmächtig zum Gesetzgeber erhebt. Das Recht verlangt daher, daß das Gesetz allein

Wollte der Richter über den Zeitpunkt, der zum Beweise eines Verbrechens nothwendig ist, entscheiden, so würde er sich zum Gesetzgeber aufwerfen. Auf gleiche Weise verdienen grausame Verbrechen, welche lange in dem Andenken der Menschen fortleben, wenn sie einmal erwiesen sind, keine Verjährung zu Gunsten des Schuldigen, der sich durch die Flucht gerettet hat; geringere Verbrechen hingegen, die weniger Aufsehen machen, müssen durch Verjährung die Ungewißheit des Schicksals, worin sich ein Bürger befindet, vernichten, weil die Dunkelheit, worin die Verbrechen lange Zeit gehüllt gewesen sind, das Beispiel der Ungestraftheit vernichtet und weil der Schuldige Zeit gehabt hat, sich unterdessen zu bessern.

Ich begnüge mich, nur hier die allgemeinen Grundsätze anzugeben, weil man nicht anders eine genau bestimmte Zeit festsetzen kann, als wenn man auf eine besondere Gesetzgebung und auf die besondern Umstände einer Gesellschaft Rücksicht nimmt. Ich will bloß noch hinzufügen, daß wenn man den Nutzen gelinder Strafen bei einer Nation kennen lernen will, die Gesetze, welche die Zeit der Verjährung und der Beweise nach der Größe der Verbrechen vermindern oder verlängern und die also das Gefängniß oder die freiwillige Verbannung selbst als einen Theil der Strafe an-

rechnen,

allein den Zeitraum, welcher auf die Untersuchung und Vertheidigung gewandt werden soll, festsetze, damit nicht die Eigenmacht des Richters, anstatt des Rechtes das Unrecht auf den Thron erhebe.

Der Uebers.

rechnen, eine leicht zu treffende Eintheilung einer kleinen Anzahl gelinder Strafen für eine große Menge von Verbrechen an die Hand geben werden. —

Aber diese Zeiträume, welche man zur Verjährung und zur Untersuchung festgesetzt hat, brauchen sich nicht im genauen Verhältnisse mit der Grausamkeit und der Größe der Verbrechen zu verlängern, weil die Wahrscheinlichkeit, daß ein Verbrechen begangen worden sey, immer desto geringer wird, je grausamer und widernatürlicher die That selbst ist. Man muß also hier die zur Untersuchung bestimmte Zeit abkürzen; diejenige aber, welche man zur Verjährung verlangt, verlängern; dies scheint aber mit den oben angeführten Behauptungen im Widerspruche zu stehen, nämlich, daß man gleiche Strafe auf ungleiche Verbrechen setzen könne, wenn man die Zeit des Gefängnisses und der Verjährung, die vor dem Urtheile vorhergehen, zugleich mit als Strafe anrechnet. Um dem Leser meine Gedanken verständlich zu machen, will ich die Verbrechen in zwei Classen eintheilen. In die Erstere rechne ich die schweren Verbrechen; sie fangen von dem Morde an und begreifen alle noch schrecklicheren Schandthaten und Ruchlosigkeiten in sich. In die zweite Classe gehören die geringern Verbrechen. Dieser Unterschied gründet sich auf die menschliche Natur *). Die Sicherheit des eigenen Lebens

*) Auf welche Natur des Menschen? Auf seine physische oder auf seine moralische? Vermöge jener hat der Mensch gar keine Rechte und er verliert sich unter andern Naturwesen, weil er in dieser Rücksicht keine Würde, sondern einen Preiß hat. So lange noch nicht ausgemacht ist, welche Rechte dem Menschen als einem moralischen Wesen

-bens gehört unter die unveräußerlichen Rechte des Menschen; die Sicherheit der Güter ist ein Recht, welches in der bürgerlichen Gesellschaft seinen Grund hat. Es giebt weit weniger Beweggründe, welche die Menschen antreiben sollten, das natürliche Gefühl des Mitleids zu verleugnen, um schreckliche Verbrechen zu begehen als es Antriebe giebt, die sie wegen des natürlichen Wun-

Wesen von Natur zukommen, wird man auch keinen richtigen Unterscheidungsgrund zwischen schweren und geringen Verbrechen ausfindig machen können. Die That des Menschen allein, welche eine Wirkung seiner Willkühr ist und welcher eine Maxime, die sich nicht zu einem allgemeinen äußern Rechtsgesetze qualifizirt, zum Grunde liegt, kann und darf bestraft werden, und nicht der größere oder geringere Einfluß den sie auf die Schicksale der Menschen, unabhängig von dem Willen des Thäters, haben könnte. Der Bösewicht soll nicht die Folgen, die er nicht beabsichtigt hat, sondern bloß die unmittelbare Wirkung, welche die Aeußerung seiner Freiheit hervorbrachte, verantworten. Welches ist nun der Maaßstab, womit man die Größe eines Verbrechens messen kann? *Je näher das Gut, das dem Andern geraubt, oder das Recht, das an dem Andern verletzt wird, mit den unveräusserlichen Bürgerrechten zusammenhängt, desto härter muß eine solche That bestraft werden: zerstört aber der Thäter den Gebrauch eines solchen unveräußerlichen Rechtes selbst, oder vernichtet er selbst das Snbjekt, dem dieses Recht zukommt, oder macht er selbst allem Leben der Menschen in einem rechtlichen Zustande ein Ende, so wird im letztern Falle seiue That am härtesten bestraft, weil alles Menschenleben ohne die Möglichkeit der Beobachtung der Rechtsgesetze keinen Werth hat.*

Der Uebers.

sches glücklich zu seyn anreizen sollten, ein Recht zu verletzen, das nicht in ihr Herz gegraben ist, sondern das sich auf die Gesellschaftsverträge gründet. Die große Verschiedenheit, welche zwischen den beiden Classen statt findet, erfodert nun auch ganz verschiedene Anordnungen. Bei schweren Verbrechen, weil sie seltener sind, muß die zur Untersuchung bestimmte Zeit, weil es eine große Wahrscheinlichkeit hat, daß der Angeklagte unschuldig sey, abgekürzt und die Zeit der Verjährung verlängert werden; weil von dem Endurtheile über die Schuld oder Unschuld eines Menschen, die Vernichtung des Gedankens, sich mit der Ungestraftheit zu schmeicheln, abhängt, welcher einen desto größern Nachtheil verursacht, je abscheulicher das Verbrechen ist. Bei geringern Verbrechen hingegen, wo sich die Wahrscheinlichkeit, daß der Angeklagte unschuldig sey, vermindert, muß man mehr Zeit auf die Untersuchung verwenden und die Zeit der Verjährung abkürzen, weil hier die Ungestraftheit weniger gefährlich ist. Man würde eine solche Eintheilung der Verbrechen in zwei Classen nicht annehmen dürfen, wenn der Nachtheil, welcher aus der Ungestraftheit entspringt, sich in dem Maaße verminderte, in welchem die Wahrscheinlichkeit des Verbrechens zunimmt.

Man bemerke, daß ein Angeklagter, dessen Schuld oder Unschuld nicht ausgemacht ist, ob er gleich aus Mangel an Beweisen frei gelassen worden ist, von neuem wegen eben desselben Verbrechens kann zum Verhafte gebracht und zu einer neuen Untersuchung gezogen werden, wenn neue durch die Gesetze bestimmte Anzeigen

gen zum Vorschein kommen, so lange die für das Verbrechen bestimmte Zeit der Verjährung noch nicht vorbei ist. Dieser Mittelweg scheint mir wenigstens geschickt, sowohl die Freiheit als die Sicherheit der Unterthanen zu schützen, da es sonst gar zu leicht möglich ist, daß Eines von diesen beiden Rechten auf Kosten des Andern begünstigt werde. Vor dieser Klippe aber muß man sich hüten, damit diese beiden Güter, welche ein unveräußerliches und gleiches Erbgut aller Bürger sind nicht ein Raub, das Eine eines offenbaren oder verdeckten Despotismus, das Andere, eine Beute einer stürmischen Pöbelanarchie werde.

Es giebt einige Verbrechen, welche in der Gesellschaft eben so häufig vorfallen als sie schwer zu beweisen sind. Bei diesen vertritt vor dem Gesetze, die Schwierigkeit sie zu beweisen, die Stelle der Wahrscheinlichkeit der Unschuld des Angeschuldigten: da aber der Schaden, welcher aus ihrer Ungestraftheit entsteht, desto weniger geschätzt werden kann, je mehr die Menge dieser Verbrechen von verschiedenen Grundsätzen abhängt, so muß nach Verhältniß der Gefahr, welche die Ungestraftheit verursacht, die Zeit der Untersuchung und der Verjährung auf gleiche Weise abgekürzt werden *).

Ob

*) Ein Verbrechen ist eine Uebertretung eines Rechtsgesetzes; das Recht hängt ganz und gar nicht von der Zeit ab, sondern ist ein reiner vor aller Erfahrung vorausgehender Begriff, kann nun die Strafe die auf ein Verbrechen, das entweder nicht gleich bekannt worden ist, oder dessen Thäter sich geflüchtet hat, gesetzt ist, verjähren? Der Staat ist verbunden eine allgemeine Gesetzlichkeit der Handlungen aller Bürger zu handhaben, ein Verbre-

Ob nun gleich Ehebruch und Knabenschänderei unter die schwer zu beweisenden Verbrechen gehören, so lassen

Verbrecher hebt dieses Gesetz auf und es kann nur durch die gewaltsame Einschränkung seiner Willkühr auf diese Allgemeinheit der Maximen und durch ein Uibel, das er für diese Verletzung leidet, wieder hergestellt werden. Da dies also eine Staatspflicht ist, und diese so lange als die Staats-Existenz dauert, so kann und darf kein Verbrechen als verjährt angesehen werden. Alle Verbrechen müssen an ihren Thätern bestraft werden und wenn der Zeitraum, welcher zwischen der Uebertretung und der Bestrafung verflossen ist, auch noch so groß seyn sollte: auf das Recht hat die Zeit ganz und gar keinen Einfluß, was heute unrecht ist, soll es auch noch nach Jahrtauseuden seyn und das Unrecht soll bestraft werden, es geschehe heute oder nach mehrern Jahren. Der bisher angenommene Strafzweck hat die Idee der Verjährung der Strafe erzeugt. Durch das Strafen sollen nicht etwan Andere vor ähnlichen Thaten abgeschreckt, sondern dem Verbrecher bloß ein physischer Schmerz zugefügt werden, weil er widerrechtlich gehandelt und weil er das Erhaltungsgesetz der Menschheit — das Gesetz der allgemeinen Gleichheit — verletzt hat. Rechte können daher nicht verjähren und Verbrechen nicht aufhören strafbar zu seyn, weil eine widerrechtliche Handlung als ein Produkt der Freiheit muß angesehen werden und also gänzlich außer allen Zeitbedingungen liegt. Jeder Verbrecher muß leiden, nicht des Beispiels wegen, denn dies würde unmoralisch seyn, sondern um seiner That willen, deren Maxime allem Rechtszustande und jedem bürgerlichen Vereine ein Ende macht. Hat sich daher auch der Verbrecher gebessert, so ist er doch wegen ehemaligen Unrechts zur Strafe zu ziehen, weil er der Gesellschaft, mit welcher er zusammenlebte als er die That begieng, Genugthuung schuldig ist.

Wollte man die Maxime der Verjährung als rechtlich ansehen, so fragt es sich, wie viel Jahre sind erforderlich, ehe Menschenmord oder Diebstahl verjährt und welchen

lassen doch nach den gangbaren Grundsätzen tyrannische Muthmaßungen, Scheinbeweise und Halbbeweise ihre Wirklichkeit zu, gleich als wenn ein Mensch halb unschuldig

welchen Grund hat man, 10 oder 20 oder noch mehrere Jahre deshalb zu bestimmen? Und welches Recht hat der Staat zu vergeben, wo er strafen sollte und in welchem Verhältnisse steht das Unrecht mit der Zeit und wie kann jenes durch diese vertilgt werden? Auf die Besserung kann der Staat nicht sehen, weil sie eine Handlung der selbst eigenen Willkühr eines Jeden ist und weil jeder Mensch sich alle Augenblicke, mag er Mörder oder Beleidiger aus Zorn oder Rachsucht seyn, bessern kann, wenn er nur Muth und Entschlossenheit hat und keine Mühe und Aufopferung scheut. Die Verjährung ist nicht allein widerrechtlich, sondern auch schädlich? Wird nicht jeder Missethäter, so bald er seine That begangen hat und ihre Bekanntwerdung fürchtet, auf seine Flucht denken und sobald er sich gerettet hat, sein Vergehen für geringer halten, als wenn er gleich augenblicklich seiner Freiheit beraubt wird, oder wird er sie nicht gar durch Sophistereien zu entschuldigen suchen? Wird er nicht den Schluß machen, daß im Staate nur das ein Verbrechen sey, das bestraft wird? Und wird er nicht kühner und dreuster in seinen Schandthaten fortfahren? Wird er nicht die Zeit erwarten, wo die Gesetze selbst sein Verbrechen als nicht geschehen ansehen? Muß er nicht seine widerrechtliche That für ein durch den Staat willkührlicherweise gehaltenes Verbrechen betrachten? Die Strafe muß jeden Verbrecher unaufhörlich bis an seinen Tod verfolgen. Niemand muß auf den Wahn gerathen können, daß die Zeit irgend eine widerrechtliche Handlung ohne erlittene Strafe wieder gut mache und das Unrecht in Recht verwandle. Die Zeit und eine widerrechtliche That können nicht mit einander in Vergleichung gestellt und mit einander ausgeglichen werden, weil es ganz verschiedenartige Begriffe sind.

Der Uebers.

schuldig und halb schuldig, d. h. halb strafwürdig und halb loszusprechen sey. Sogar die Folter darf ihre grausame Gewalt an der Person des Angeschuldigten, an den Zeugen und sogar an der ganzen Familie ausüben, wie solches einige Gesetzgelehrte, die ihre Meinungen den Richtern als Regel und Gesetz aufdringen, mit gefühlloser Grausamkeit lehren.

Nach diesen Grundsätzen muß es jedem befremdend vorkommen, der nicht bedenkt, daß die Vernunft beinahe niemals die Gesetzgeberin der Nationen gewesen ist, daß man gerade bei den schrecklichsten, verborgensten und eingebildesten Verbrechen, d. h. bei solchen, wo sehr viel Unwahrscheinlichkeit herrscht, ob sie begangen worden sind, mit Muthmaßungen und mit den schwächsten und zweideutigsten Beweisen zufrieden ist, gleich als wenn es den Gesetzen und dem Richter nicht darum zu thun sey, die Wahrheit aussindig zu machen, sondern nur ein Verbrechen zu beweisen; und gleich als wenn die Gefahr, einen Unschuldigen zu verurtheilen nicht um so viel größer sey, jemehr die Wahrscheinlichkeit der Unschuld die Wahrscheinlichkeit der Schuld überwiegt.

Dem größten Theile der Menschen fehlt die Geistesstärke, die eben sowohl zu großen Verbrechen als zu großen Tugenden nothwendig ist. Hieraus erhellet, daß beide immer zugleich unter den Nationen im Schwange gehen, die sich mehr durch die Stärke der Regierung und der Leidenschaften, welche auf das allgemeine Beste hinwirken, als durch ihre Größe oder durch die fortdauernde Güte ihrer Gesetze aufrecht erhalten. Unter

den

den Nationen hingegen, die gute Gesetze haben oder die mächtig sind, scheinen die schwachen Leidenschaften geschickter zu seyn, die eingeführte Regierungsform in ihrem Zustande zu erhalten als dieselbe zu verbessern. Hieraus ergiebt sich, daß große Verbrechen unter einer Nation nicht immer ein Beweis von ihrem Verfalle und von ihrer Verschlimmerung sind.

§. 14.

Von den Anschlägen auf jemandes Leben oder Güter, von den Mitschuldigen und von der Erlassung der Strafe.

Obgleich die Gesetze die bloße Absicht, ein Verbrechen zu begehen, nicht strafen, so darf man dies doch nicht so verstehen, als wenn ein Verbrechen, das schon mit einer Handlung begonnen hat, woraus man deutlich den Willen, es auszuführen gewahr wird, keine Strafe verdiene, ob diese aber gleich geringer seyn muß, als diejenige, welche die Ausführung des Verbrechens selbst trift. Man ist deshalb zu strafen berechtigt, weil viel daran gelegen ist, selbst die ersten Versuche zu einem Verbrechen zu verhindern. Da aber zwischen einem Anschlage und zwischen der Ausführung desselben ein Zwischenraum statt finden kann, so ist es vortheilhaft, dem vollzogenen Verbrechen eine härtere Strafe aufzubewahren, um denjenigen, der einen bösen Anschlag entworfen hat, einige Beweggründe zu lassen, welche ihn von seiner Ausführung abwendig machen können *).

So

*) Warum ist aber die Absicht, ein Verbrechen zu begehen nicht strafbar? Da der Staat bloß auf die äußern Wirkungen der Willkühr zu sehen hat, die allein das Gesetz der allgemeinen Gleichheit aufheben und also ein Staatsgesetz

So muß auch die Mitschnldigen, welche die That nicht unmittelbar ausführen, eine weniger harte Strafe treffen

gesetz verletzen, so kann und darf er die bloße Absicht weder richten noch bestrafen. Wollte man den bloßen Willen schon vor das Forum des Staats ziehen, in welche tyrannische Bedrückungen würde das Entscheiden über Recht und Unrecht ausarten? Kann jemand Anders als der Thäter selbst seine Absichten wissen? Und wie will der menschliche Richter die Strafbarkeit desselben bestimmen, da das Gericht über Gedanken gänzlich alle menschlichen Kräfte und Einsichten übersteigt? Wird daher auch jemand von Andern einer widerrechtlichen Absicht beschuldigt und gesteht er diese auch ein, so darf er dennoch nicht, so lange man noch keine äußern Anstalten und Unternehmungen, welche die That vorbereiteten, oder auf ihre Ausführung abzielten, sieht, zur Strafe gezogen werden, denn hat er denn durch seinen bloßen Willen jemandes Recht beeinträchtigt, worauf sich alle Wirksamkeit des Staats beim Richten einschränkt? Wenn aber die Absicht des Thäters sich durch Zurüstungen zur That oder selbst durch einen Theil der Ausführung derselben offenbart, ist sie dann auch noch straffrei? Da alles, was der Angeschuldigte that, darauf abzielte, das Verbrechen, dessen man ihn anklagt, auszuführen, wenn man ihm nicht zuvorgekommen oder keine Hindernisse in den Weg gelegt hätte, so hat er sich durch seine Vorbereitungen und Anstalten einer widerrechtlichen That schuldig gemacht. Wodurch kann man aber einen Anschlag auf irgend jemandes Leben oder Vermögen erkennen? Sind Werkzeuge, welche man bei dem Angeschuldigten findet, schon hinreichend, ihn einer besondern That anzuklagen? Kann er nicht selbst Instrumente, welche sonst verdächtig machen, in einer ganz unschuldigen Absicht bei sich führen? — So lange man nicht beweißt, daß die vorgefundenen Sachen, zur Begehung eines Verbrechens bestimmt waren, darf er auch nicht gestraft werden. Allein wie schwer ist die Entscheidung hierüber! Wie will man die Absicht des Andern, wozu er sich diese Werkzeuge angeschaft hat,

erra-

treffen als die, welche das Verbrechen selbst begangen haben. Vereinigen sich mehrere Menschen zur Ausfüh-
rung

errathen? Und welches Recht hat der Staat, Verdacht gegen einen bisher als guten Bürger bekannten Menschen zu erregen? — Wird aber jemand ergriffen, indem er willens ist, seine beabsichtigte That auszuführen und kann diese außer Zweifel gesetzt werden, so verdient er Strafe. „Sind denn aber Vorbereitungen zu einem Verbrechen eben so strafbar als die vollbrachte That selbst? Der Thäter hat ja nicht selbst seinen bösen Vorsatz aufgegeben, sondern bloß ein Zufall oder äußere Gewalt hat ihn davon abgehalten? Er würde ohne Barmherzigkeit den Andern ermordet haben, wenn man ihm das tödtliche Instrument nicht aus der Hand gerissen hätte.“ Hierauf läßt sich erwiedern, daß da der bloße Wille nicht vor einem menschliche Gerichte strafbar ist, nur der Schade, den der Thäter verursacht hat, beurtheilt werden kann; je größer daher der Nachtheil ist, den seine That beabsichtigte und je näher das Recht, das er in dem Andern beeinträchtigen wollte, mit den unveräußerlichen Menschheitsrechten zusammenhängt, desto strafbarer ist er. „Allein seine That ist ja noch nicht vollendet und er hat noch keinen Schaden verursacht? Ist auch sein Wille die That zu begehen offenbar, so gehört doch dieser allein vor den Richterstuhl der Gottheit; er hat noch niemandes Rechte gekränkt, nie kann also ein bürgerliches Gericht wagen, ihm ein Uebel zuzufügen, das er doch nicht verdient hat?“ Hat man wirklich Anzeigen, die seine Absicht, dem Andern Unrecht zu thun, außer Zweifel setzen, oder hat man ihn gleich im Beginnen seiner That ergriffen, so ist er strafwürdig, weil er sich Dinge zu Schulden kommen ließ, die auf ein Verbrechen abzielten, oder sich an Orten befand, wo er nicht seyn sollte oder Bewegungen machte, die seinen bösen Vorsatz anzeigten. Die Strafe aber, die einen Menschen trifft, der zwar ein Verbrechen begangen, aber nicht vollbracht hat, muß so gering als möglich seyn, weil es sonst beim Strafen keinen Unterschied zwischen der That und dem Vorsatze gäbe. Je größer

rung eines gemeinschaftlichen und gefährlichen Unternehmens, so werden sie stets desto mehr darauf bedacht seyn, die Gefahr unter Alle gleich zu vertheilen, je größer diese seyn wird.

Gesetze, welche die Thäter härter bestrafen, als die Mitschuldigen, verhindern eine gleiche Theilnahme an den Gefahren und desto schwieriger wird jemand seine Hand zur Ausführung eines Anschlags bieten, weil er sich dadurch, wegen der Verschiedenheit der Strafen, einer größern Gefahr aussetzt, als seine übrigen Mitschuldigen. Nur in einem einzigen Falle leidet diese Regel eine Ausnahme, wenn nämlich der Thäter eine besondere Belohnung von seinen Mithelfern empfängt. Da aber alsdann derjenige, welcher die größte Gefahr läuft, eine Belohnung erhält, so sollte die Strafe auch gleich seyn *). Dergleichen Betrachtungen werden vielleicht demjenigen allzuspitzfindig vorkommen, der nicht bedenkt, wie wichtig es ist, daß die Gesetze den Theilnehmern an einem Verbrechen so wenig als möglich Veranlassung geben, sich mit einander zu verständigen.

Einige

größer aber das Verbrechen ist, das jemand beabsichtigte, desto härter muß auch der Vorsatz bestraft werden.

Der Uebers.

*) In welchem Verhältnisse steht aber eine solche Strafweise mit dem Rechte? Das Recht muß bei jeder öffentlichen Handlung beobachtet worden seyn, ehe man auf den Vortheil sieht. Werden sich aber die Mitschuldigen, ohngeachtet der Gleichheit ihrer Strafe mit dem Thäter, von ihrem Unternehmen abschrecken lassen, da der Vortheil gewiß, das Uebel aber, das ihre That erwartet, ungewiß ist?

Der Uebers.

Einige Gerichtshöfe bieten manchmal Einem von den Theilnehmern an einem schweren Verbrechen Erlassung der Strafe an, wenn er seine Mitgehülfen verrathen will *). Ein dergleichen Mittel hat nun seine Vortheile und seine Nachtheile.

Die

*) Handelt aber ein Gerichtshof dabei rechtlich, daß er einen Mitschuldigen Verzeihung verspricht, wenn er seine Kameraden entdeckt? Jedes Mittel, wodurch sich der Richter Aufschluß über ein begangenes Verbrechen verschaffen will, muß sowohl moralisch als rechtlich seyn. Es muß keinem der Angeklagten eine Marter zufügen, noch weniger ihn zu einer Uebertretung des Sittengesetzes verleiten. Nun fodert der Richter einen Mitschuldigen auf, sein Versprechen zu brechen, was berechtigt ihn zu dieser Verletzung eines Pflichtgebotes? Etwan der Vortheil oder der Wahnglaube, daß man Ketzern und Mördern sein Versprechen nicht halten dürfe? Woher entspränge aber diese Ausnahme von einem Sittengebote? Hat der Bösewicht auch unmoralisch gehandelt, daß er ein Versprechen, etwas unrechtes zu thun, gab, so handelt doch der Richter, der ihn zur Treulosigkeit verleiten will, noch weit schlechter, weil er nicht allein bei diesem Verfahren als Mensch erscheint, sondern zugleich durch sein Beispiel als Richter den Verrath heiligt. Er soll recht richten und dies will er auf Kosten des Sittengesetzes bewirken? „Der Richter aber ist verbunden die That auszumitteln, wie soll er nun bei dem hartnäckigen Leugnen Aller, seine Pflicht anders erfüllen, als daß er einen Angeschuldigten zur Bundsbrüchigkeit verführt?" Kann man aber einem Menschen glauben, der die Wahrheit auf Kosten seiner Ehrlichkeit und seiner Pflichttreue sagt? Ein solches Verfahren verträgt sich auch nicht mit dem Rechte: da vor Gericht alles ehrlich zugehen soll, die Verführung aber zur Treulosigkeit unter die ehrlosen Mittel eine Sache an den Tag zu bringen gehört, weil ein Versprechen zu halten unbedingte Pflicht ist, so muß dasselbe aus jedem Gerichtshofe verbannt werden. — Und wie kann sich irgend

Die Nachtheile bestehen darin, daß eine Nation den Verrath gesetzmäßig und Verbrechen herrschend macht,

gend ein Richter anmaßen Gesetzübertretungen zu verzeihen, und die darauf gesetzte Strafe zu erlassen? Wie stimmt eine solche Maxime mit der Staatspflicht: das Recht Aller zu schützen und keine bekannte widerrechtliche Handlung ungestraft zu lassen, überein? Wo soll dies hinführen, wenn dem Richter willkührlich Ausnahmen von dem Gesetze zu machen erlaubt werden, da dieses gerade hierdurch seinen Charakter — Allgemeingültigkeit — verliert? Kein Richter darf Erlassung der Strafe versprechen, weil sonst aller Rechtspflege ein Ende gemacht wird. Das Gesetz leidet keine Ausnahmen, entweder es verdammt oder spricht los und verbietet zugleich jedes unrechtmäßige Mittel beim Urtheilfällen.

„Wenn nun aber der Staat selbst ein Gesetz gäbe, das in gewissen Fällen den Entdecker seiner Helfershelfer für straflos erklärte?“ Mit welchem Rechte aber kann eine Gesetzgebung ein Gesetz einführen, das sowohl unmoralisch, weil es den Verrath gesetzmäßig macht, als widerrechtlich ist, weil es von der Art ist, daß dadurch andere Gesetze ungültig gemacht werden, da die letztern zu vollziehen, doch eine Schuldigkeit der Beamten ist. Wie will man ein solches Gesetz mit dem Zwecke des Staats übereinstimmend machen? Und welche Folgen würde ein solches Gesetz für die Sittlichkeit des Volks haben? Verrätherei und Treulosigkeit würden überhand nehmen und sowohl alle Tugend mit der Wurzel ausrotten als den Staat selbst umstürzen. Nichts ist für diese beiden Gegenstände gefährlicher als Beispiele von Immoralität, die ein öffentlicher Gerichtshof giebt. Jeder wird sich alles für erlaubt halten, was ihm Gewinn verspricht, so bald er sieht, daß der Staat selbst eine Schule der Unsittlichkeit ist. Jeder wird die Heiligkeit der Versprechen nicht achten, weil die Richter ohne Bedenken zu ihrer Verletzung auffordern. Jede Immoralität, welche von irgend einem Rechtsinstitute geduldet

macht, die ihren Grund in der Niederträchtigkeit und in der Feigheit haben, die ihm weit nachtheiliger als diejenigen sind, wo Muth und Herzhaftigkeit zum Grunde liegen, weil der Muth nicht so gemein ist, als die Verzagtheit und weil er nur eine leitende, wohlthätige Kraft erwartet, die ihn auf die Beförderung des allgemeinen Besten hinlenkt; die Feigheit hingegen steckt an, ist allgemeiner verbreitet und gewinnt täglich mehr Boden. Ueberdieß verräth ein Gerichtshof, der seine Zuflucht zu den Gesetzübertretern selbst nimmt, seine eigene Ungewißheit und die Schwäche der Gesetze *).

Die

geduldet, oder von ihm ausgeübt wird, ist das Grab der Sittlichkeit und des Staates.

Der Uebers.

*) Die Ungewißheit der Richterstühle und die Schwäche der Gesetze in Rücksicht auf ein unbekanntes Verbrechen sind allgemein bekannt. Vergeblich würde man sich bemühen, sie zu verheimlichen; aber nichts kommt den Vortheilen gleich, Mißtrauen unter Bösewichtern zu verbreiten, sie einander verdächtig und furchtbar zu machen, und in der steten Furcht zu erhalten, in ihren Mitgehülfen eben so viele Ankläger zu erblicken. Nur Bösewichter verleitet eine solche Einrichtung zur Feigheit und Niederträchtigkeit und alles was diesen den Muth benimmt, ist nützlich. Das Zartgefühl des Verf. rührt von einer edeln und großmüthigen Seele her; die menschliche Moral aber, deren Grundsäulen die Gesetze sind, hat die öffentliche Ordnung zum Zwecke und kann die Treue von Bösewichtern gegen einander, um die Ordnung zu stören und die Gesetze desto sicherer zu übertreten, nicht in die Reihe ihrer Tugend zählen. In einem offenen Kriege nimmt man Ueberläufer auf, wie vielmehr muß man sie in Kriegen, die im Geheimen und im Finstern geführt werden, aufnehmen.

Diderot.

Die Vortheile, welche die Erlassung der Strafe gewährt, bestehen darin, daß man großen Verbrechen vorbeugt und daß man dem Volke, das die Wirkungen der Verbrechen gewahr wird, aber ihre Urheber nicht kennt, dadurch die Furcht benimmt. Ueberdieß trägt eine solche Gewohnheit zum Beweise bei, daß derjenige, welcher die Gesetze übertritt, das heißt, gegen das Publikum treulos ist, wahrscheinlicherweise einzelnen Bürgern auch eben so wenig Treu und Glauben halten wird.

Mir scheint ein allgemeingültiges Gesetz, das jedem Mitschuldigen, der ein Verbrechen entdeckt, Verzeihung, verspricht, der Vorzug vor einem besondern Versprechen des Richters in einem einzelnen Falle zu verdienen, weil ein solches Gesetz Bösewichter verhindert, sich eng mit einander zu verbinden, indem es jeden Mitschuldigen in die Furcht setzt, sich der Gefahr der Bestrafung allein preiß zu geben und weil der Gerichtshof nicht Bösewichter, welche sehen, daß es Fälle giebt, wo man ihren Beistand nöthig hat, zur Verwegenheit verleitet. Uebrigens aber sollte ein solches Gesetz mit der Befreiung von der Strafe die Verbannung des Verräthers verbinden.

Vergeblich aber quäle ich mich, die Gewissensbisse zu ersticken, die ich fühle, daß ich den geheiligten Gesetze, dem Denkmale des öffentlichen Zutrauens und der Grundsäule der menschlichen Moral, ein Recht zur Verrätherei und zur Heuchelei gebe. Was würde das hernach für ein Beispiel für die Nation seyn, wenn sie erführe, daß man das Versprechen, die Strafe zu erlassen,

erlassen, nicht hielte, sondern zu arglistigen Verdrehungen seine Zuflucht nähme, um denjenigen, zur Schande der öffentlichen Treue, zum Tode schleppen zu lassen, welcher der Aufforderung der Gesetze Gehör gegeben hat? Dergleichen Beispiele sind unter den Nationen nicht selten! Es giebt daher nicht Wenige, welche eine Nation für nichts weiter als für eine zusammengesetzte Maschiene ansehen, deren Triebwerke die Mächtigsten und Geschicktesten nach ihrer Willkühr lenken. Kalt und gefühllos gegen alles, was das Vergnügen zarter und erhabener Seelen ausmacht, regen sie mit grausamer Verschlagenheit die theuersten Gefühle und die ungestümsten Leidenschaften im Herzen der Menschen auf, so bald sie dieselben ihren Absichten zuträglich halten und betasten die Gemüther der Menschen, wie Musiker ihre Instrumente.

§. 15.

Von der Gelindigkeit der Strafen.

Aus der bloßen Betrachtung der bisher vorgetragenen Wahrheiten leuchtet ein, daß der Zweck der Strafe nicht darin besteht, ein fühlendes Wesen zu quälen und zu foltern, noch ein schon begangenes Verbrechen ungeschehen zu machen. Wie kann in einem politischen Körper, welcher weit entfernt aus Leidenschaft zu handeln, und der ein ruhiger Lenker der Leidenschaften der einzelnen Bürger ist, eine solche zwecklose Grausamkeit, die ein Werkzeug der Wuth und des Fanatismus oder ohnmächtiger Tyrannen ist, haußen? Kann vielleicht das Wehklagen eines Unglücklichen schon begangene Verbrechen aus der Zeit zurückrufen, die nie wie-

verkehrt? Der Zweck der Strafen kann kein anderer seyn, als den Missethäter außer Stand zu setzen, seinen Mitbürgern aufs neue zu schaden und Andere von ähnlichen Verbrechen abzuschrecken. Man muß also solche Strafen und eine solche Strafart wählen, die den Verbrechen angemessen ist und den wirksamsten und dauerhaftesten Eindruck auf die Gemüther der Menschen macht uud die dem Körper des Schuldigen die am wenigsten grausamen Schmerzen verursacht.

Wer fährt nicht vor Schrecken zusammen, wenn er die Geschichte der barbarischen und zwecklosen Martern liest, die mit kaltem Blute, Menschen, die man Weise nannte, ersunden und Andere damit gepeinigt haben? Wessen Innerstes wird nicht auf das Empfindlichste erschüttert, wenn er Tausende von Unglücklichen erblickt, welche bald das Elend, das die Gesetze, welche immer die kleine Anzahl begünstigten und den großen Haufen mißhandelten, entweder selbst verursacht oder doch geduldet haben, in den wilden und grausamen Naturzustand zurückstößt und welche man bald solcher Verbrechen angeklagt hat, die unmöglich sind und die furchtsame Unwissenheit und Aberglaube ersonnen hat, oder die sich endlich keines andern Vergehens schuldig gemacht haben, als daß sie ihren Grundsätzen getreu gewesen sind, wer kann, sage ich, solche Unglückliche von Menschen, denen die Natur dieselben Sinne gab und die folglich von eben denselben Leidenschaften hin und hergeworfen werden, nach eingeführtem gerichtlichem Gebrauche und durch langsame Martern zerfleischen sehen? Eine herrliche Augenweide für den fanatischen Pöbel!

Grau-

Grausame Strafen sind die Ursache, daß man desto mehr wagt, um ihnen zu entkommen, weil das Unglück, in das man sich durch sie stürzt, desto größer ist, und sie sind die Veranlassung zu einer desto größern Anzahl von Verbrechen, um der Strafe, die ein einziges Verbrechen nach sich zieht, zu entfliehen. Immer wurden in den Ländern und in den Zeitaltern, wo die grausamsten Strafen gewöhnlich waren, die schrecklichsten und unmenschlichsten Handlungen verübt, weil derselbe Geist der Wildheit und Grausamkeit, der die Hand des Vatermörders und des Meuchelmörders leitete, sclavischen und blutbegierigen Seelen, die nur zu gehorchen wußten, auf dem Throne Gesetze gab. Dieser Geist der Grausamkeit spornte die elenden Sclaven an, im Dunkel der Nacht ihre Tyrannen zu morden, um Andere an ihre Stellen zu setzen.

Je grausamer die Strafen werden, desto mehr verhärten sich die Gemüther der Menschen, die sich gleich flüßigen Materien mit den sie umgebenden Gegenständen, mit der Grausamkeit der Gesetze ins Gleichgewicht setzen und endlich bringt es die stets lebendige Kraft der Leidenschaften dahin, daß das Rad nach einer Zeit von hundert Jahren von grausamen Strafen nicht mehr Schrecken verursacht, als anfänglich das Gefängniß *).

*) Ich glaube dieses nicht. Oefteres Leiden verhärtet ohne Zweifel das Gemüth, woran die Härte der Regierung schuld ist; allein wenn das Bewußtseyn der Unschuld einen süßen und ruhigen Zustand gewährt, so werden die auf die Verbrechen gesetzten Strafen zwar erschrecken, ohne das menschliche Gemüth zu verhärten und man

Damit eine Strafe ihren Zweck erreiche, ist es hinreichend, daß das Strafübel größer sey als der Vortheil, den das Verbrechen gewährt. In dieses Uebergewicht des Uebels über das Gute muß man aber zugleich die Unfehlbarkeit der Strafe *) und den Verlust der Vortheile, welche der Genuß des Verbrechens verschaffen würde, mit einrechnen. Jede Strenge, die diese Grenzen überschreitet, ist überflüßig und daher tyrannisch **).

Die

wird sich nicht mit dem Gedanken, zerbrochene Knochen zu haben und an dieser Strafe zu sterben, vertraut machen.

Doch ich bin nicht desto weniger über die unnütze Grausamkeit der Strafen der Meinung des Verf. Ich bestreite seine Gründe, aber nicht seine Grundsätze.

Diderot.

*) Nicht die Gewißheit sondern die Ungewißheit der Strafen muß mit eingerechnet werden, und man muß die Strafe desto abschreckender machen, je größer die Möglichkeit, ihr zu entgehen ist, wie bei der Mordbrennerei und bei Vergiftungen, wo der Verbrecher sich leicht verbergen kann und wo er mit Wahrscheinlichkeit der Strafe entwischen zu können hoft.

Diderot.

**) Der Genuß und der Verlust der Vortheile würde ein sehr schwankendes Prinzip der Härte und der Gelindigkeit der Strafen abgeben, denn man würde also den Diebstahl härter bestrafen müssen als den Menschenmord, ohngeachtet durch diesen ein unveräußerliches Recht, durch jenen aber nur ein veräußerliches gekränkt wird. Warum soll aber die Gewißheit der Strafen bei Zufügung derselben mit in Anschlag gebracht werden? Giebt es etwan Verbrechen, die nicht gestraft werden dürfen? Entweder der Richter kennt ein Verbrechen oder erkennt es nicht; im erstern Falle würde er pflichtwidrig handeln,

Die Menschen richten sich bei ihren Handlungen nach den wiederholten Wirkungen der Uebel, die sie kennen, nicht aber nach dem Eindrucke derjenigen, welche ihnen unbekannt sind. Man stelle sich zwei Nationen vor; bei der Einem sey, nachdem man die Größe der Strafe mit dem Verbrechen in ein genaues Verhältniß gebracht hat, die größte Strafe ewige Knechtschaft, bei der Andern das Rad. Ich behaupte, die Erstere wird sich vor ihrer größtem Strafe eben so sehr fürchten als die Andere vor der Ihrigen; und wenn es einen Grund gäbe, bei der Erstern die schwerste Strafe, die bei der Andern im Gebrauch ist, einzuführen, so würde derselbe Grund auch dazu dienen, die Strafe bei dieser letztern zu schärfen, so daß man allmählig von dem Rade zu langsamern und ausgesuchtern Martern bis zu der höchsten Verfeinerung in der Kunst zu quälen, welche Tyrannen nur allzu gut verstehen, fortgienge.

Die Grausamkeit der Strafen begleiten noch zwei andere unselige Folgen, die selbst dem Strafzwecke, Verbrechen vorzubeugen, zuwider sind. Die Erste besteht darin, daß man alsdann nicht leicht das wesentliche Verhältniß zwischen dem Verbrechen und der Strafe bestim-

deln, wenn er es nicht nach dem Gesetze bestrafte und im zweiten existirte überall keine Handlung, die vor sein Forum gehört: denn ist auch ein Verbrechen begangen worden, dessen Thäter er aber nicht ausfindig machen kann, so ist er doch schuldlos, wenn er nur alle Mühe, die in menschlichen Kräften stand, auf seine Entdeckung verwandt hat. Entgeht also auch alsdann der Verbrecher seinem Richterstuhle, so ist er doch deshalb nicht verantwortlich.

Der Uebers.

bestimmen kann:, denn hat gleich eine erfinderische Grausamkeit die Arten der Martern bis ins Unendliche vervielfältigt, so kann doch keine Strafe die äußerste Kraft und Anstrengung, worauf die menschliche Organisation und Empfindungsfähigkeit eingeschränkt ist, überschreiten. Hätte man also einmal diesen äußersten Grenzpunkt erreicht, so würde man keine größere Strafe, die schädlichern und grausamern Verbrechen angemessen wäre, ausfindig zu machen im Stande seyn, die doch nothwendig wäre, um noch ungeheuerern Verbrechen vorzubeugen.

Die andere Folge besteht darin, daß grausame Strafen selbst die Veranlassung zur Straflosigkeit geben. Die Menschen sind in Rücksicht ihrer Kräfte sowohl im Guten als im Bösen in gewisse Grenzen eingeschlossen; ein Schauspiel also, das für die Menschheit gar zu entsetzlich ist, kann nur eine vorübergehende Wuth, aber niemals beständiges System und fortdauernde Regel seyn, dergleichen die Gesetze seyn sollen. Sind diese wirklich grausam, so werden sie entweder abgeschaft oder sie sind selbst die Veranlassung zu jener unseligen Ungestraftheit der Verbrechen *).

Ich

*) Kein Gesetz, sey es auch noch so grausam, darf im Uebertretungsfalle unvollzogen bleiben, denn wenn der Richter über die Grausamkeit eines Gesetzes, worüber jeder nach seinen Empfindungen und nach seiner Einsicht in das Recht urtheilt, entscheidet, wo soll dies hinführen? Wird nicht endlich jedes Gesetz unausgeführt bleiben, weil sein Ausspruch einen empfindelnden Richter empört? So lange die gesetzgebende Gewalt einer Nation eine Strafe noch nicht aufgehoben hat, ist ihre Vollziehung für den Richter Schuldigkeit und jede Auswei-

Ich schließe meine Untersuchung mit der Bemerkung, daß die Größe der Strafe mit dem Zustande der Nation selbst im Verhältniß stehen muß. Die Härte und Gefühllosigkeit eines Volks, das kaum aus dem Stand der Wildheit hervorgegangen ist, erfodern stärkere und empfindlichere Eindrücke. Ein wüthender Löwe, den ein Flintenschuß noch mehr aufbringt, muß durch einen Donnerschlag zu Boden geworfen werden. Je weichlicher daher die Gemüther im gesellschaftlichen Zustande werden, desto mehr nimmt auch die Empfindlichkeit zu und da nun diese größer wird, so muß auch die Härte der Strafen gemildert werden, wenn man ein stetes Gleichgewicht zwischen den Gegenständen und dem Gefühlsvermögen erhalten will *).

§. 16.

Ausweichung, welche Sophisterei ersinnt oder Mitleid macht, verboten. Die Nation und ihre gesetzgebende Gewalt aber handeln unrecht, daß sie ein Gesetz dulten, das eine Strafe verfügt, die den Menschen — eine heilige Natur — mißhandelt, oder ein Verbrechen härter bestraft als es sich mit dem Rechte verträgt. Beiden liegt daher die Pflicht ob, jedes Gesetz, das unverhältnißmäßige oder grausame Strafen verfügt förmlich aufzuheben und nicht etwan dasselbe nach der Willkühr des Richters in Vergessenheit gerathen zu lassen.

Der Uebers.

*) „Der Gesetzgeber soll also bei Bestimmung der Strafe auf die Empfindlichkeit und Weichlichkeit der Nation Rücksicht nehmen, wenn nun aber die Empfindsamkeit in Empfindelei und unnatürliche Reizbarkeit ausgeartet ist? Das Recht bleibt ja immer dasselbe? Es müssen also in allen Zeitaltern und bei allen Nationen gleiche Strafe auf gleiche Verbrechen folgen, wenn man gerecht seyn will! Der Mord darf also unter den Russen nicht härter bestraft werden als unter dem gebildetsten Volke?" —

Die

§. 16.

Von der Todesstrafe.

Diese unnütze Verschwendung von Strafen, die niemals die Menschen gebessert, hat mich zu der Untersuchung veranlaßt: ob die Todesstrafe bei einer weißlich organisirten Regierung in der That nützlich und gerecht sey.

Woher kann das Recht entspringen, das sich die Menschen anmaßen, ihres Gleichen zu ermorden? Gewiß rührt es nicht von dem Rechte her, auf welches sich die Souverainität und die Gesetze gründen.

Die

Die Aufklärung einer Nation hat eben sowohl Einfluß auf den Verstand als auf das Gefühl, das also zarter, feiner und lebendiger wird, je mehr sie in der Kultur fortschreitet. Da nun erst durch die Ausbildung aller Anlagen des Menschen ein richtiger und bestimmter Begriff von dem Rechte errungen wird und da die Menschen stets in ihren Kenntnissen in Rücksicht des Inhalts derselben fortschreiten, so muß auch in diesem Verhältnisse die Härte der Strafe abnehmen, weil man durch größere Einsichten in die moralische Natur des Menschen einen richtigern Maasstab zwischen dem Verbrechen und der Strafe auffindet. Jedes Volk mißt die Härte der Strafe nach der Empfänglichkeit, deren es fähig ist und nach der Kenntniß, die es besitzt, ab. Je roher und ungebildeter daher ein Volk ist, desto barbarischer sind seine Strafen. Es ist also Pflicht der Gesetzgeber, die Strafen mit den Fortschritten in den Einsichten und mit der Verfeinerung der Gefühle gleichen Schritt halten zu lassen, weil durch einen richtigern Begriff von dem Rechte ein andrer Maasstab zwischen Verbrechen und Strafen herrschend werden muß.

Der Uebers.

Die Gesetze können nur den kleinsten Theil von der Freiheit, den jeder aufzuopfern verbunden ist, in Anspruch nehmen. Sie bestehen aus der Einschränkung der Willkühr eines Jeden auf die Bedingung einer allgemeinen Gesetzlichkeit. Sie vertreten die Stelle des allgemeinen Willens, der ein Ganzes ausmacht, das aus allen einzelnen Willen zusammengesetzt ist.

Wer hat nun jemals dem Andern das Recht einräumen wollen, ihn umzubringen? Wie kann unter dem kleinsten Opfer, welches jeder von seiner Freiheit macht, die Aufopferung des Höchsten und Wichtigsten aller Güter, das Leben, begriffen seyn *). Gesetzt nun aber

*) Eben weil das Leben das Wichtigste unter allen Gütern ist, hat jeder der Gesellschaft das Recht zugestanden, es demjenigen zu nehmen, der es dem Andern rauben würde. Ohne Zweifel wollte niemand der Gesellschaft das Recht zugestehen, ihm das Leben nach Willkühr zu nehmen: da aber jeder das Seinige zu erhalten bemüht ist, und da niemand im Stande ist, den Willen, den er damals noch nicht hatte, Angriffe auf das Leben des Andern zu thun, voraus zu sehen, so hatten Alle nur den Vortheil im Auge, den die Todesstrafe, für die öffentliche Sicherheit, für die Vertheidigung und Ruhe haben würde. Man begreift leicht, daß der Mensch, der erklärt: ich willige ein, daß man mir das Leben raube, wenn ich Angriffe auf das Leben des Andern thue, zu sich selbst sagt: ich werde mir nie ein solches Verbrechen zu schulden kommen lassen; das Gesetz wird also zu meinem Vortheile und nicht zu meinem Verderben gereichen. Eine solche Verabredung ist so tief in der Natur der Sachen gegründet, daß man sie oft bei besondern Verbindungen eingeht, wie z. B. bei Verschwörungen, wo jeder schwört, den zu ermorden, der das Geheimniß verrathen werde. Was

aber auch, daß dies der Fall wäre, wie stimmt denn dieser Grundsatz mit einem Andern überein: daß der Mensch kein Recht habe, sich selbst zu ermorden? Und dies müßte er doch haben, wenn er es an Andere oder an die ganze Gesellschaft abtreten wollte *).

Die

Was nun die Rechtmäßigkeit dieser Strafe anbelangt, so gründet sie sich auf den ursprünglichen Vertrag und auf das allgemeine Beste. Ist die Todesstrafe nothwendig, so ist sie auch gerecht. Man muß daher vor Allem ihre Nothwendigkeit untersuchen.

Diderot.

*) Hat der Mensch ein Recht über sein Leben? Der Mensch ist an das Sittengesetz gebunden, welchem er gehorchen soll? Dieses umfaßt nun durch seine Gebote und Verbote den ganzen Kreiß seiner Wirksamkeit. Nichts ist seiner Willkühr überlassen. Ueber Alles ist er seinem Gewissen — dem furchtbaren Richter, der ihn überallhin begleitet und welchem er von Allem Rede und Antwort schuldig ist — verantwortlich. Nun ist das Leben eine nothwendige Bedingung der Pflichtausübung, über dessen Grenzen hinaus den Menschen Dunkel und Räthsel umhüllen. Es darf daher nur dazu gebraucht werden, der Pflicht eine Genüge zu thun. Giebt es nun eine Pflicht sich tödten zu lassen? Wo ist der Sterbliche, der den Andern als ein bloßes Mittel gebrauchen und als Opferthier abschlachten lassen darf? Wodurch will man ein solch barbarisches Verfahren rechtfertigen? Und warum sollte es auch eine solche Pflicht geben und worauf sollte sie sich gründen? Das Leben kann wohl im Dienste der Pflicht verloren gehen, aber nie darf es eine Beute des Todes werden, wenn sich keine Stimme der Verpflichtung hören läßt. Aber in diesem Falle legt der Mensch nicht Hand an sich selbst, sondern der Zufall vernichtet sein irrdisches Daseyn. — Das Leben steht auch unter keinem äußern, sondern bloß unter einem innern Gerichtshofe. Ueber den Gebrauch

dessel-

Die Todesstrafe ist also kein Recht und kann es auch, wie ich gezeigt habe, nicht seyn, sondern sie ist ein Krieg einer ganzen Nation gegen einen einzelnen Bürger, dessen Vernichtung sie zu ihrer Erhaltung für nothwendig oder für nützlich hält. Wenn ich nun aber beweisen werde, daß der Tod eines Verbrechers weder nützlich noch nothwendig ist, so werde ich die Sache der Menschheit gewonnen haben.

Die

desselben in Beziehung auf sich allein, ist daher der Mensch nicht dem Staate, sondern seinem Gewissen und der Gottheit allein Verantwortung schuldig. Wie kann also der Staat sich anmaßen, den Menschen zu tödten, da doch das Leben als Bedingung aller Pflichtausübung auf dieser Erde gänzlich außer dem Kreiße seiner Herrschaft liegt. Es giebt also gar kein Recht über Menschenleben, sondern jeder Sterbliche ist durch Pflicht gebunden, es so lange zu erhalten, als seine Naturkräfte zureichen und als es nicht in der Pflichtausübung verloren geht. Wie kann nun jemand dem Andern ein Recht übertragen, das er selbst nicht hat? Und in welchem rechtlichen Verhältnisse steht das bloße Leben zur Freiheit Anderer? — Beeinträchtigt der Mensch jemandes Recht durch seine Handlung, so kann nicht das Leben als intelligibiles Substrat in Anspruch genommen und der Körper als Instrument desselben vernichtet werden, sondern das Beeinträchtigende — die äußere Willkühr — muß büßen. Da sich also alles Strafen bloß auf das Aeußere der Freiheit bezieht, so kann der Staat nur entweder den Gebrauch der unveräußerlichen oder der veräußerlichen Bürgerrechte entreißen: Der Mensch kann entweder mit seinem Vermögen oder mit seiner Freiheit, Gleichheit und Selbstständigkeit sein Verbrechen bezahlen. — Will man also dennoch Lebensstrafen rechtfertigen, so muß man die Vernunft in einem und demselben Falle und in einem und demselben Gebiete als sich selbst widersprechend annehmen.

Der Uebers.

Die Hinrichtung eines Bürgers kann man nur in zwei Fällen für nothwendig halten; der erste Fall findet statt: wenn er, troz des Verlustes seiner Freiheit, noch solche Verbindungen und so viel Gewalt hat, daß er die Sicherheit der Nation gefährdet und wenn sein längeres Daseyn auf dieser Erde eine gefährliche Revolution in der eingeführten Regierungsform hervorbringen kann. Die Nothwendigkeit erfodert daher den Tod eines Bürgers, wenn eine Nation ihre Freiheit entweder wieder erobert oder sie verliert oder in Zeiten der Gesetzlosigkeit, wo Unordnungen allein die Stelle der Gesetze einnehmen. Während einer ruhigen Gesetzherrschaft aber und unter einer Regierungsform, die den vereinigten Wünschen der Nation entspricht; in einem Staate, der seinen äußern Feinden furchtbar und im Innern durch die Macht der Meinung, die vielleicht noch mächtiger als die Gewalt selbst ist, geschützt wird; wo der rechtmäßige Souverain die oberste Gewalt ausübt, wo man sich durch Reichthümer zwar Vergnügen, aber kein Ansehen und keine Macht erkaufen kann; in einem solchen Staate werde ich keine Nothwendigkeit gewahr, warum man einen Bürger ermorden sollte; sein Tod müßte denn das wirksamste und einzige Mittel seyn, Andere von Verbrechen abzuhalten und hier tritt der zweite Fall ein, in welchem man die Todesstrafe für gerecht und nothwendig halten kann *).

Wenn

*) Der Verf. giebt anfänglich zu, die Todesstrafe sey widerrechtlich und gleichwohl behauptet er wieder, es gäbe zwei Fälle, wo sie nothwendig und also auch rechtmäßig seyn könne: 1) Wenn das längere Daseyn eines Menschen für die Existenz des Staates gefährlich, oder

2) wenn

Wenn aber die Erfahrung aller Jahrhunderte gelehrt hat, daß die Todesstrafe niemals entschlossene Männer

a) wenn sein Tod das wirksamste Mittel sey, Andere von Verbrechen abzuhalten. Hierauf läßt sich nun erwiedern, daß daß Recht über den Nutzen und Schaden die Oberherrschaft führen und daß dasjenige, was unrecht ist, unterlassen werden soll. Der Mensch ist verbunden, bei allen seinen Unternehmungen jederzeit zuerst zu fragen, ob sie rechtlich und dann erst ob sie nützlich oder schädlich seyn. Wie will man nun den Staat, der über Menschen herrscht und aus menschlichen Willen zusammengesetzt ist, von diesem Gesetze entbinden? Ist er etwan keine moralische Person? Und wenn er nun eine dergleichen Person ist, so hat er dieselben Verbindlichkeiten, die dem einzelnen Menschen als einem moralischen Wesen zukommen. Auf den Trümmern der Gerechtigkeit will er seine Zwecke erreichen, hat er aber nicht bedacht, daß, einmal die Schranken des Rechts durchbrochen, Mord und Räubereien zur Tagesordnung gehören und heilige Dinge werden? Wo will er stehen bleiben? Ihn hält kein nothwendiges und allgemeingültiges Gesetz mehr zurück, er schwankt von einer Maasregel zur Andern und fragt nicht mehr was recht und unrecht, sondern was ausführbar sey. Nie darf das Recht das Primat, das ihm die Vernunft zuerkennt, einbüßen und wenn auch die Welt in Trümmern fallen sollte. Ist etwas widerrechtlich, so darf keine Frage mehr davon seyn, ob es die Nothwendigkeit oder der Nutzen erfordere. — Sind aber wohl auch widerrechtliche Maasregeln nothwendig? Behauptet der Staat den Charakter, der ihm als einer moralischen Person zukommt, und verfährt er also stets nach allgemeinen Gesetzen, so kann gar nie eine Frage von der Nothwendigkeit des Unrechts seyn. Giebt er aber gerade das auf, was ihn zum Staate macht, dann können wohl Kurzsichtigkeit und Unwissenheit Maasregeln für nothwendig halten, die verboten sind, weil ihr Blick beschränkt ist und nicht das weite Feld der Mittel zu den mannichfaltigsten Zwecken überschauen kann. — Ist

Männer abgehalten hat, die Gesellschaft zu beleidigen und zu beeinträchtigen, wenn das Beispiel der Römer und

nun etwas nützlich, was unrecht ist? Da der Nutzen etwas ist, was nur durch die Erfahrung kann gelernt werden und was oft von einer Menge äußerer Umstände abhängt, das Recht hingegen als Welt- und Menschengebieter immer wieder hervortritt und sein ihm gebührendes Ansehen behaupten will, und alle Anschläge der Menschen, die bloß auf Vortheil abzielen, zu Schanden macht, so kann wohl ein ungerechtes Verfahren einigen Subjekten einen augenblicklichen Vortheil gewähren, wird aber jederzeit dem Ganzen nachtheilig seyn. Und dieser Vortheil kann nie von Dauer seyn, weil er widernatürlich ist. Die Ruhe des Staats kann keines Menschen Tod weder nothwendig noch vortheilhaft machen: denn der Staat gründet sich entweder auf den allgemeinen Willen und also auf die Volksmeinung oder nicht. Im erstern Falle kann ihn keine endliche Macht zu Grunde richten und er wird so lange fortdauern als die Bürger ihren Vortheil dabei haben und daher seine Existenz wünschen; im andern Falle ist er ein widerrechtliches Institut und es ist besser, daß er zusammenstürze, als daß er durch die Todesstrafe Eingriffe in die Regalien der Gottheit thue.

Eigennützige Furcht und Kurzsichtigkeit sind die Bemäntler von Maasregeln, welche vor dem Rechte nicht bestehen können. Wie kann ein Mensch oder auch eine große Anzahl derselben einen Staat in Gefahr setzen, der sich auf Gerechtigkeit gründet und bei dessen Erhaltung die Mehrheit interessirt ist? Ist die Beraubung der Freiheit der Anführer nicht schon hinlänglich, den Sturm zu stillen und die Sicherheit zu schützen? Warum will man den Orkan durch Menschenblut bändigen und warum will man einer Einbildung Menschenopfer schlachten? Alles was man von der Nothwendigkeit und von dem Nutzen der Todesstrafe sagt, sind Ausgeburten der Herrschsucht, des Eigennutzes und der Vorurtheile, die auf Kosten des Rechts schwelgen wollen. Kein Staat sollte

und die zwanzigjährige Regierung der russischen Kaiserin Elisabeth (die den Vätern der Völker ein so glänzendes Beispiel gab, das weit mehr werth ist, als viele mit dem Blute der Vaterlandssöhne erkaufte Eroberungen) wenn, sage ich, alles dies diejenigen Menschen nicht überzeugen sollte, denen die Sprache der Vernunft immer verdächtig ist und die sich mehr durch Beispiele als durch Gründe leiten lassen, so dürfen sie nur die menschliche Natur darüber zu Rathe ziehen, um einsehen zu lernen, daß die Todesstrafe weder nützlich noch nothwendig sey.

Nicht die Härte, sondern die Dauer der Strafen macht den tiefsten Eindruck auf das menschliche Gemüth, weil unsere Sinne leichter und stärker von schwachen aber oft wiederholten Eindrücken gerührt werden, als von einer heftigen aber vorübereilenden Erschütterung. Die Herrschaft der Gewohnheit erstreckt sich allgemein über jedes empfindende Wesen; und so wie der Mensch reden, gehen und dadurch seine verschiedenen Bedürfnisse befriedigen gelernt hat, eben so prägen sich moralische Begriffe nur durch dauerhafte und oft wiederholte Eindrücke in sein Herz ein *). Der mächtigste Zügel, den man

sollte sich auch seines Vortheils wegen keine Ungerechtigkeit erlauben, weil er früh oder spät durch eben solche Mittel gestürzt wird. Einmal mit Glück vom Pfade des Rechts abgewichen, ist der Tod der Gerechtigkeit. Nie wird ein Staat ihn gänzlich wieder verlassen. Immer wird er darauf wieder zurückkehren, wenn die Noth drängt oder wenn er Gefahr fürchtet.

Der Uebers.

*) Die moralischen Begriffe werden wohl durch Uebung unserer Kräfte ins Leben gerufen, aber nicht durch die Gewohn-

man also zur Verhinderung der Verbrechen ergreifen kann, ist nicht das schreckliche aber vorübergehende Schauspiel eines Bösewichtes den man hinrichtet, sondern das fortdauernde und beharrliche Beispiel eines Menschen, der seiner Freiheit beraubt oder ein Lastthier worden ist, um durch mühselige Arbeiten der Gesellschaft den Schaden zu vergüten, den er ihr zugefügt hat.

Was kann wohl wirksamer seyn, als wenn der Zuschauer oft zu sich zu sagen Gelegenheit hat: ich werde eben so lange gequält werden und in einen solchen jämmerlichen Zustand gerathen, wenn ich ein dergleichen Verbrechen begehe. Ein socher Anblick macht einen weit mächtigern Eindruck auf ihn, als die Vorstellung des Todes,

wohnheit in uns gebracht und uns eingeprägt. Hätten die Begriffe von Recht und Unrecht ihren Ursprung in der Erfahrung, so würden sie noch wandelbarer als die Moden und verschiedener als die Menschengestalten seyn. Woher kommt es nun aber, daß jeder Mensch, wenn er auch gleichgültig bei den Ungerechtigkeiten, die man Andern anthut, bleibt, oder sie wohl gar für keine hält, so bald er selbst beleidigt oder sobald ihm etwas geraubt wird, über Unrecht schreit? — Die moralischen Ideen sind in der menschlichen Natur einheimisch und die praktische Vernunft, die ihre Mutter ist, fragt nie nach dem Nutzen, sondern allein nach dem Rechte. Ihre Form und ihr eigenthümlicher Charakter besteht im Billigen und Mißbilligen der Maximen und Handlungen, und im Gesetzgeben für den Willen und dadurch erhalten wir die Begriffe von Recht und Unrecht und die Anforderungen, ihnen zu gehorchen.

Der Uebers.

Todes, den die Menschen immer nur in einer dunkeln Entfernung erblicken *).

Mag

*) Fruchtet die Todesstrafe oder die ewige Knechtschaft mehr? Ganz unwillkührlich fühlen die Menschen bei jener einen Abscheu, fangen den Leidenden zu bemitleiden an und glauben, es geschehe ihm zu viel und daher unrecht, weil sie an den Wunsch des Lebens unmittelbar die Pflicht, es gegen jede menschliche Macht zu behaupten, anknüpfen, und jede Beraubung desselben für unrecht erklären; bei dem Anblicke dieser hingegen bedauern sie nicht den Unglücklichen, sondern urtheilen, daß wenn auch diese Strafe zu groß sey und zu lange dauere, ihm doch nicht eben zu sehr Unrecht geschehe. — Das Beispiel einer ewigen Sclaverei schwebt dem Menschen stets vor Augen und ist eine immer lebendige Warnung, sich vor Verbrechen zu hüten, damit er nicht seiner öffentlichen und fortdauernden Schande zusehen müsse. — Ewige Knechtschaft kann aber eben so wenig vor dem Rechte bestehen als der Tod. Der Mensch darf nie mit einer Strafe belegt werden, die ihm keine Aussicht gewährt, daß er endlich einmal von ihr befreiet werden könne, weil die Strafe sonst sein Gemüth verhärtet, anstatt daß sie ihm den Wunsch einflößen sollte, sich zu bessern. Jeder Verbrecher muß ein Ziel seiner Leiden erblicken, weil die Wirkung, die dadurch an ihm hervorgebracht wird, allein dem Zwecke menschlicher Strafen entspricht.

Eine gerechte und weit zweckmäßigere Strafe ist stille lebenlose Einsamkeit, die den Verbrecher zur Besinnung und zur Reue bringt. Hat man nun dieses bewirkt; so kann man ihn bei öffentlichen Arbeiten anstellen. Mir scheint keine Strafe schrecklicher aber auch zugleich bei dem verwildertsten Gemüthe und bei dem eingefleischtesten Bösewicht wirksamer zu seyn, als Entfernung von aller menschlichen Gesellschaft, Todenruhe und ein ewiges Einerlei, das die Furien des Gewissens aufregt und dem Mörder oder jedem andern Verbrecher stets das Schreckliche seiner That, auch wider Willen, vorhält. Einen solchen Gefangenen verfolgen stets die Schatten,

Mag der Schrecken, welchen der Gedanke an die Todesstrafe verursacht, auch noch so heftig seyn, so kann er doch mit aller seiner Stärke der schnellen Vergessenheit, die den Menschen auch in den wichtigsten Angelegenheiten so natürlich ist, zumal wenn sie durch die Macht der Leidenschaften beflügelt wird, nicht enteilen. Es ist ein allgemeines Naturgesetz, daß heftige Eindrücke und stürmische Leidenschaften zwar den Menschen überraschen, aber eiligen Fluges vorüber eilen. Sie dienen daher nur dazu, solche schnelle Veränderungen zu bewirken, die gemeine Menschen entweder in Weichlinge oder in alle Gefahren und Mühseligkeiten verachtende Helden verwandeln. Allein in einem freien und ruhigem Staate hat man nicht starke, sondern öftere Eindrücke nöthig. —

Für den großen Haufen wird die Todesstrafe ein Schauspiel und für die Uibrigen ein Gegenstand eines mit Unwillen vermischten Mitleides *). Diese beiden Empfin-

ten derer, die er gemordet hat und ewige nagende Reue foltert ihn.

Der Uebers.

*) Nichts ist unzweckmäßiger als die Todesstrafe, weil sie der gedankenlose Haufe nicht als eine Warnung, sondern als ein Schauspiel ansieht, zu welchem er begierig hineilt, um sich zu amüsiren und das auf ihn eben den Eindruck wie jedes andere Specktakel, das neu und ungewöhnlich ist, macht. Allein das Grausame derselben widersteht dem menschlichen Gemüthe zu sehr, als daß das Vergnügen herrschend bleiben sollte. Früh oder spät, sobald der Mensch nur zur Besinnung kommt, schreit er über die Grausamkeit und über das Widerrechtliche dieser Strafe. — Und was fühlt der denkende Mann bei einer Hinrichtung? Unwillen und Mitleid. Jenen erregt

Empfindungen bemächtigen sich der Gemüther der Zuschauer weit mehr als der heilsame Schrecken, welchen das Gesetz ihnen einzuprägen die Absicht hat. Bei denjenigen aber, die Zeuge einer gemäßigten und fortdauernden Strafe sind, ist Furcht die herrschende Empfindung, weil sie die Einzige ist. Die Grenzen, welche der Gesetzgeber der Härte der Strafen setzen sollte, scheinen nur sich bis zur Erweckung der Empfindung des Mitleids erstrecken zu müssen, weil dasselbe im Gemüthe der Zuschauer einer Hinrichtung, die mehr für sie als für den Missethäter veranstaltet ist, über alle andere Gefühle die Oberhand zu behalten anfängt.

Damit nun eine Strafe gerecht sey, so darf sie keinen größern Grad von Härte verfügen, als hinreicht, die Menschen von Verbrechen abzuhalten. Nun giebt es niemanden, der bei einiger Uiberlegung noch im

erregt in ihm das Bewußtseyn der Unrechtmäßigkeit oder die Unzweckmäßigkeit der Lebensstrafe, dieses das Opfer, das Menschen mit Besonnenheit und Feierlichkeiten abschlachten. Nichts gleicht der Erschütterung, welche der empörende Anblick der Hinrichtung eines Menschen in unserer Brust erregt. Nie sollte jemand weder als Gesetzgeber noch als Richter auftreten, der nicht von der Erhabenheit der menschlichen Natur und von der Wichtigkeit des Lebens durchdrungen wäre und der nicht in allen Rücksichten einsähe, wozu der Mensch da sey und welche Bestimmung er auf dieser Erde erreichen solle. Wie kann man erwarten, daß der Gesetzgeber nicht unrecht thue, wenn er die Naturgesetze des menschlichen Geistes und ihren Zweck nicht kennt?

Der Uebers.

Zweifel stehen könne, ob er ein auch noch so einträgliches Verbrechen begehen und auf immer seine persönliche Freiheit gänzlich verlieren wolle; folglich ist eine ewige Knechtschaft, die man an der Stelle der Todesstrafe einführt, eine hinlängliche harte Strafe, auch den entschlossensten Bösewicht von Verbrechen abzuschrecken *). Ja ich behaupte, daß man dadurch den Strafzweck noch weit sicherer erreicht. Sehr viele Menschen sehen dem Tode mit Ruhe und Standhaftigkeit entgegen: Einige aus Schwärmerei, Andere aus Eitelkeit, die den Menschen bis über das Grab hinüber begleitet und noch Andere aus einem letzten und verzweifelten Versuche ihrem Elende abzuhelfen oder ihrem Leben ein Ende zu machen. Allein Fanatismus und Eitelkeit verlassen den Menschen, wenn er in Ketten und Banden, unter den Schlägen, unter einem harten Joche oder in einem eisernen

*) Ich bin derselben Meinung und es ist unmöglich, daß die Gründe des Verf. keinen Eindruck machen sollten, allein ich bemerke zugleich, daß der Verf. und zwar mit Recht seinen Grundsatz von Gelindigkeit und Menschenliebe gegen den Verbrecher aufgiebt. In Ketten, unter Schlägen, in einem eisernen Käfig, endigt die Verzweifelung seine Leiden nicht, sondern fängt sie an: dieses Gemälde ist schrecklicher als das Gemählde des Todes und die Strafe, die es vorstellt, ist wirklich grausamer als der grausamste Tod. Da sie aber öftere und fortdauernde Beispiele aufstellt, so verdient sie, in Rücksicht ihrer Wirksamkeit, den Vorzug vor der Todesstrafe, die nur einen Augenblick währt, vor welchem entschlossene Bösewichter nur zu oft nicht im geringsten zurückbeben. Deshalb räume ich einer langen und schmerzlichen Sclaverei den Vorzug vor dem Menschenmorde ein.

Diderot.

eisernen Käfig seufzt. Der Verzweifelte endigt nicht seine Leiden, sondern fängt sie von neuem an.

Unser Geist leistet der Gewaltthätigkeit und den äußersten, aber vorübergehenden Schmerzen weit leichter Widerstand als der Zeit und dem Ungemache, das stets fortdauert, weil er so zu sagen, sich selbst verdichten und alle seine Kräfte sammeln kann, um den Schmerz zu vernichten, der ihn anfällt, allein alle seine Schnellkraft reicht nicht hin, den Uebeln zu widerstehen, die auf ihn unaufhörlich und immerfort losstürmen.

Bei einer Nation, wo die Todesstrafe eingeführt ist, setzt jedes Beispiel, das man ihr giebt, ein neues Verbrechen voraus, da hingegen bei der Einführung einer ewigen Knechtschaft ein einziges Verbrechen sehr viele und immer fortdauernde Beispiele aufstellt. Wenn es wichtig ist, den Menschen oft die Macht der Gesetze vor die Augen zu halten, so muß man unaufhörlich Verbrechen mit dem Tode bestrafen. Die Todesstrafe erfodert also häufige Verbrechen, d. h. damit die Todesstrafe nützlich sey, so darf sie nicht allen den Eindruck machen, den sie machen sollte, nämlich, daß sie zu gleicher Zeit nützlich und unnütz sey.

Man wird mir vielleicht den Einwurf machen, „ewige Knechtschaft sey eben so schmerzhaft als die Todesstrafe und folglich eben so grausam." Hierauf erwiedere ich, daß wenn man alle unglücklichen Augenblicke zusammenrechnet, sie vielleicht noch schrecklicher sey, aber diese unglücklichen Augenblicke sind durch das ganze Leben zerstreut, anstatt daß die Todesstrafe ihre

ganze

ganze Macht in einem einzigen Augenblicke ausübt. Der Vortheil einer ewigen Knechtschaft besteht also darin, daß sie demjenigen ein größer Schrecken einjagt, der Zeuge davon ist, als demjenigen, der sie leidet, weil der Erstere die ganze Summe der unglücklichen Augenblicke überschaut; den Andern hingegen der Schmerz des gegenwärtigen Augenblickes nicht an die Zukunft denken läßt. Die Einbildungskraft vergrößert alle Uebel: der Leidende aber findet Trostgründe und Linderungsmittel welche die Zuschauer weder kennen noch glauben, weil sie abgehärtete und gefühllose Seelen für eben so reizbar und empfindlich als ihr eigen Gemüth halten.

Ich weiß zwar, daß die Kunst, die Gesinnungen und Gefühle seines eigenen Herzens zu erforschen, schwer ist und daß man sie nur durch Unterricht lernt; wenn aber auch ein Straßenräuber keine Rechenschaft von seinen Grundsätzen geben kann, so leiten sie ihn doch nichts desto weniger bei allen seinen Handlungen. Ein Räuber oder Mörder, den nichts als der Galgen oder das Rad von der Uebertretung der Gesetze abhält, wird ungefähr auf folgende Weise vernünfteln: „Warum soll ich denn die Gesetze ehren, die zwischen mir und dem Reichen eine so große Kluft eröffnen? Er verweigert mir eine geringe Gabe, die ich von ihm verlange, entschuldigt sich und verweißt mich auf eine Arbeit die er selbst nicht kennt. Wer hat diese Gesetze gegeben? Reiche und Gewaltige, die sich stets gescheuet haben, die elende Hütte des Armen zu besuchen und die

die ihn nie unter dem Angstgeschrei seiner verhungerten schuldlosen Kinder und unter den Thränen seiner Gattin ein Stück verschimmelten Brodes haben austheilen sehen. Laßt uns diese Bande zersprengen, die dem größten Theil der Menschen so viel Unglück und Leid zufügen und die nur einigen Wenigen und gefühllosen Tyrannen nützen! laßt uns die Ungerechtigkeiten an der Wurzel abhauen! Ich will wieder in den vorigen unabhängigen Naturzustand zurückkehren. Ich will wieder eine Zeitlang von den Früchten meines Muthes und meines Fleißes frei und glücklich leben. Vielleicht bricht auch ein Tag des Schmerzens und der Reue herein, aber in kurzem ist er wieder entflohen und eine Freiheit und ein Vergnügen von vielen Jahren hält mich für die Leiden eines einzigen Tages schadlos. Als König über einen kleinen Haufen von Menschen will ich die Verirrungen des Glücks wieder gut machen und ich werde jene Tyrannen bei dem Anblicke desjenigen, den sie mit frevelhaftem Uebermuthe und mit Stolze ihren Pferden und Hunden nachsetzten, erbleichen und zittern sehen."

Dann kommt dem Bösewichte, der alles mißbraucht, noch die Religion zu Hülfe, die ihm die Reue leicht macht, ihm eine beinahe völlige Gewißheit der

ewigen

ewigen Seligkeit verspricht und in ihm das Schauderhafte dieses letzten Trauerspiels gänzlich vertilgt.

Wer aber gewahr wird, daß er eine lange Reihe von Jahren oder auch wohl gar seine ganze Lebenszeit in Sclaverei und im Elende, im Angesichte seiner Mitbürger, mit denen er frei und in Gesellschaft lebte, und als ein Sclave derjenigen Gesetze, von welchen er Schutz genoß, zubringen muß, stellt eine heilsame Vergleichung zwischen allen diesen Uebeln und dem Ausgange seines Verbrechens, der kurzen Dauer des Genusses und der Früchte an, die ihm sein Unternehmen gewähren würde. Das immer gegenwärtige Beispiel der Unglücklichen, die er jetzt als Opfer ihrer eigenen Unvorsichtigkeit erblickt, macht einen weit tiefern Eindruck auf ihn, als das seltene Schauspiel einer Strafe, die ihn mehr verhärtet als bessert.

Die Todesstrafe ist ferner schädlich, weil sie den Menschen ein Beispiel von Grausamkeit giebt. Wenn die Leidenschaften und die Nothwendigkeit Menschenblut zu vergießen gelehrt haben, so sollten doch die Gesetze, die den Menschen Milde und Sanftmuth einzuflößen bestimmt sind, nie die Beispiele von Barbarei vermehren, die einen desto unseligern Einfluß haben, mit je mehr Eifer und Gepränge der gesetzmäßige Tod vollzogen wird.

Es scheint mir eine Ungereimtheit zu seyn, daß die Gesetze, die der Ausdruck des allgemeinen Willens sind, der den Menschenmord verabscheuet und straft, selbst Menschenmord begehen und daß sie sogar einen öffentlichen

Todschlag

Todschlag anbefehlen, um die Bürger vom Menschenmorde abzuschrecken.

Welches sind nun wohl rechtmäßige und zugleich nützliche Gesetze: Diejenigen Verträge und Verordnungen, wobei Alle das Stimmrecht haben und die Alle beobachtet zu wissen wünschen, so lange die Stimme des Eigennutzes, der man immer Gehör giebt, entweder schweigt oder mit dem allgemeinen Besten zusammenstimmt. Welche Meinung hegt der Mensch von Natur über die Todesstrafe? Wir können sie aus dem Unwillen und aus der Verachtung abnehmen, womit jedermann den Henker betrachtet, der doch ganz schuldlos als Vollzieher des allgemeinen Willens und als ein guter Bürger, der das Seinige zur Beförderung des allgemeinen Bestens beiträgt, ein eben so nothwendiges Werkzeug zur öffentlichen Sicherheit im Innern ist, als die braven Soldaten, die den Staat gegen äußere Angriffe vertheidigen *).

Woher

*) Das beweißt nicht, daß die Todesstrafe ungerecht sey. Ich habe gesagt, wie der öffentliche Wille darein gewilligt hat und wie es eine natürliche Folge ist, daß die Gesetze den Tod des Mörders befohlen haben. Der Abscheu, den man für den Henker hegt, rührt von dem Mitleid her, das der Mensch für seines Gleichen fühlt und das auch statt haben würde, wenn er ihn in einem solchen Zustande erblickt, der seine Leiden nicht endigt, sondern sie anfängt. Man bewafne den Henker mit Ketten und Peitschen und schränke seine Geschäfte bloß darauf ein, dem Verbrecher das Leben gehäßig zu machen, und dieses schmerzliche Schauspiel, das er aufführt, wird ihn eben so verabscheuungswerth machen. Die Strafe, die er dem Verbrecher zufügt, wird aber nicht destoweniger gerecht seyn. Der Abscheu, den man für

Woher rührt wohl dieser Widerspruch? Und warum sind diese Empfindungen des Abscheues, troß aller Vernunftgründe, unvertilgbar? Weil die Menschen in den verborgensten Falten ihres Herzens, wo sich mehr als anderwärts die ursprünglichen Formen ihrer Natur erhalten, von jeher geglaubt haben, keine menschliche Gewalt habe ein Recht über das leben irgend eines Menschen, außer wenn es die Nothwendigkeit erfodere, die mit eisernem Zepter das Weltall beherrscht.

Was müssen aber die Menschen denken, wenn sie sehen, daß weise Obrigkeiten und bedächtige Priester der Gerechtigkeit mit gleichgültiger Ruhe den Schuldigen in einem feierlich langsamen Aufzuge zum Tode schleppen sehen; und während ein Elender, indem er den Todesstreich erwartet, in Todesängsten liegt und die heftigsten Verzuckungen empfindet, der Richter kalt und gefühllos

für ihn fühlt, ist also nicht ein Widerspruch der Natur gegen die Todesstrafe, sondern eine maschinenmäßige Bewegung, ein physisches Widersträuben, das der Mensch fühlt, wenn er seines Gleichen leiden sieht und woraus ich nichts wider die Güte des Gesetzes folgere.

Eine harte und grausame Sclaverei verdient also allein den Vorzug deshalb vor der Todesstrafe, daß ihr Beispiel wirksamer ist. Zugleich muß man noch bemerken, daß die Sclaverei nur in einem Lande etwas schreckliches hat, wo sich das Volk in einem gemächlichen und guten Zustande befindet. Denn wäre der Zustand der Unschuldigen beinahe eben so peinlich als der Zustand der Schuldigen, so würden die Leiden der Letztern keine Strafe mehr scheinen und die beklagenswerthen Unglücklichen würden nicht mehr dafür erschrecken.

Diderot.

los den Richterstuhl verläßt, um die Vortheile und Annehmlichkeiten des Lebens zu genießen und vielleicht noch mit heimlicher Freude auf seine Macht herabblickt?

„Ach!" werden die Menschen ausrufen, „diese Gesetze sind nur der Deckmantel der Tyrannei; und die ausgesuchten und grausamen Feierlichkeiten der Gerechtigkeit sind eine geheime Verabredung der Gewaltigen, um uns mit desto größerer Sicherheit als dem unersättlichen Götzen des Despotismus geweihete Opferthiere abzuschlachten. Den Menschenmord, den man uns als eine schreckliche Missethat vorstellt, sehen wir doch ohne Widerwillen und ohne Gewissensbisse verüben. Laßt uns dieses Beispiel uns zu Nutze machen! Ein gewaltsamer Tod kam uns bei den Schilderungen, die man uns davon machte, als ein empörender Auftritt vor; allein wir sehen doch, daß Alles in einem Augenblicke vorbei ist. Wie viel weniger muß daher dieser Augenblick demjenigen schrecklich seyn, der ihn nicht erwartet und sich dadurch fast alles erspart, was er schmerzliches hat."

So sind die unseligen Trugschlüsse beschaffen, die sich Menschen, die ein Verbrechen zu begehen bereit sind, machen und wo nicht deutlich, doch dunkel vorstellen und über welche der Mißbrauch der Religion eine größere Gewalt ausübt als die Religion selbst. Wollte man mir

mir das Beispiel beinahe aller Jahrhunderte und fast aller Völker entgegenstellen, die einige Verbrechen mit dem Tode bestraft haben, so erwiedere ich, daß die Wahrheit, gegen welche keine Verjährung gilt, alle diese Beispiele zu Schanden macht. Die Geschichte der Menschen stellt uns ein grenzenloses Meer von Irrthümern vor, zwischen welchen nur wenige und dunkle Wahrheiten in großen Zwischenräumen von einander herumschwimmen. Menschenopfer waren beinahe unter allen Nationen gebräuchlich, aber wer wagt deshalb diese Unmenschlichkeit zu entschuldigen? Daß unter einigen Nationen ob schon nur auf eine kurze Zeit, keine Todesstrafe eingeführt war, kann ich mit besserm Grunde zur Bestätigung meiner Behauptung anwenden, als man daraus das Gegentheil beweisen will: denn es ist das Schicksal großer und wichtiger Wahrheiten, daß ihre Dauer nur ein Blitz in Vergleichung mit der langen und finstern Nacht ist, welche die Menschen einhüllte. Noch ist der glückliche Zeitpunkt nicht erschienen, wo die Wahrheit, wie bisher der Irrthum, ein Erbgut der größten Anzahl der Menschen sey. Diesem allgemeinen Gesetze waren bis jetzt nur solche Wahrheiten nicht unterworfen, welche die göttliche Weisheit durch eine Scheidewand von den andern absonderte, indem sie dieselben den Menschen durch Offenbarung verkündigte.

Die Stimme eines Philosophen ist zu schwach, als daß man sie vor dem Geräusche und vor dem Geschrei so vieler Menschen, welche Sclaven der blinden Gewohnheit sind, vernehmen sollte. Die wenigen Weisen aber, die über die Oberfläche der Erde zerstreut

sind,

sind, verstehen mich und meine Behauptungen hallen in den Tiefen ihres Herzens wieder. Und wenn die Wahrheit unter den zahllosen Hindernissen, die sie von den Alleinherrschern entfernen, selbst wieder ihren Willen bis zu ihren Thronen gelangen sollte, so mögen sie wissen, daß sie die geheimen Wünschen aller vernünftigen Menschen enthält. Möge der Herrscher, der sie aufnimmt und berherbergt, erfahren, daß seine Thaten den blutigen Ruhm der Eroberer verdunkeln und daß eine gerechtere Nachwelt ihm den ersten Platz zwischen den friedlichen Trophäen der Titus, der Antonine und der Trajane anweisen wird!

Glücklich wäre die Menschheit wenn sie sich jetzt erst Gesetze gäbe, wo wir gütige Monarchen, welche die friedlichen Tugenden, die Wissenschaften und Künste lieben und befördern, und welche Väter ihres Volks und gekrönte Bürger sind, auf den Thronen Europens sitzen sehen; Fürsten, die nur dadurch ihre Macht zu vermehren suchen, daß sie ihre Unterthanen glücklich machen, indem sie den Despotismus vernichten, womit ihre Diener die Bürger plagen und darum desto grausamer wüthet, je unsicherer seine Dauer ist und der die aufrichtigen Wünsche des Volks unterdrückt, die immer Erhörung finden, wenn sie bis zum Throne gelangen können. Wenn weise Fürsten die alten ungerechten Gesetze noch fortdauern lassen, so rührt dies von der zahllosen Menge von Schwierigkeiten her, die man zu überwinden hat, wenn man den, viele Jahrhunderte lang verehrten Irrthümern, den Heiligenschein entreissen will. Daher muß jeder aufgeklärte Bürger desto

sehnli-

sehnlicher wünschen, daß die Macht der Fürsten immer mehr zunehme.

§. 17.

Von der Landesverweisung und von der Einziehung der Güter.

Wer die öffentliche Ruhe stört *), wer den Gesetzen nicht gehorcht, d. h. die Bedingungen verletzt, vermöge welcher die Menschen ruhig mit einander zusammenleben und einander vertheidigen, der muß aus der Gesellschaft ausgeschlossen, das heißt, er muß verwiesen werden.

Die Landesverweisung scheint gegen diejenigen ausgesprochen werden zu müssen, die eines schweren Verbre-

*) Der Begriff von öffentlicher Ruhe ist zu zweideutig, als daß man ihn bei irgend einem Gesetze brauchen könnte. Jeder macht sich nach seinem Temperamente, nach seinen Launen, nach seinem Alter, nach seinen Kenntnissen, nach seinem Amte u. s. w. eine andere Vorstellung davon. Der öffentlichen Ruhe hat man schon zahllose Opfer gebracht und ihrentwegen die schrecklichsten Bedrückungen ausgeübt. So lange nicht ein Bürger im Gebrauche seiner Rechte gehindert, oder so lange ihm derselbe nicht gänzlich entzogen wird, entweder durch seinen Tod oder die Umstürzung des Staats, ist auch die öffentliche Ruhe nicht gestört. Der Mensch ist nicht zum Schlafen auf dieser Erde geschaffen, sondern zu einer immer thätigen Wirksamkeit, weil er alle seine Anlagen entwickeln und seine Kräfte ausbilden soll, wie kann nun dieser Zweck anders erreicht werden, als daß sich die menschlichen Kräfte an einander reiben, die Leidenschaften den Zunder zur Selbstthätigkeit anfachen und die Meinungen und Thaten der Menschen alles in steter Regsamkeit erhalten?

Der Uebers.

Verbrechen angeklagt sind und die eine große Wahrscheinlichkeit, aber doch keine völlige Gewißheit gegen sich haben, daß sie das angeschuldigte Verbrechen begangen haben. Soll aber diese Strafe verfügt werden, so ist ein so wenig als möglich willkührliches und ein so viel als möglich genau bestimmtes Gesetz nöthig, daß demjenigen die Verweisung zu erkennt, der die Nation in die unglückliche Nothwendigkeit versetzt hat, entweder ihn zu fürchten oder ihm eine Ungerechtigkeit zuzufügen. Nie darf man aber dem Angeschuldigten das geheiligte Recht, seine Unschuld zu beweisen, verweigern. Will man einen Eingebornen verbannen, so muß man stärkere Gründe gegen ihn aufzuweisen haben, als gegen einen Ausländer. Eben so verhält es sich auch zwischen dem, der zum erstenmal angeschuldigt wird und zwischen dem, der schon mehrmals angeklagt worden ist *).

Darf

*) Niemand darf bestraft werden, als wer ein bestimmtes Gesetz übertreten hat. Alles Ahnen und Muthmaßen, aller Verdacht und alle Gefahr berechtigen zu keinem Verdammungsurtheile. Woher soll nun das Recht rühren, jemand wegen der Wahrscheinlichkeit, daß er das angeschuldigte Verbrechen begangen haben könne, zu verbannen? Hebt man durch eine solche Maxime nicht allen bürgerlichen Verein auf und setzt die Uebermacht an die Stelle des Rechtes? — Ist die Landesverweisung eine rechtliche Strafe? Da jeder Staat eine moralische Person ist, so darf kein Staat dem Andern etwas zufügen, was sich nicht mit der allgemeinen Gleichheit verträgt. Durch die Verweisung eines Verbrechers schickt ein Staat dem andern einen Menschen zu, der gebrandmarkt ist, und man verletzt dadurch die unveräußerlichen Rechte desselben, die Freiheit und Gleichheit. Wenn nun diese Maxime jeder gegen den Andern öffentlich befolgen dürfte (und wenn sie rechtlich wäre, so müßte dies gesche-

Darf denn aber derjenige, der verwiesen und auf immer aus der Gesellschaft, von welcher er ein Mitglied war,

geschehen können) würde man wohl noch ferner einen Verbrecher bestrafen, da dies Geld, Zeit und Mühe kostet? Man kränkt durch ein solches Verfahren aber nicht allein die Rechte des andern Staates als einer Person, sondern man stört auch seine öffentliche Sicherheit, weil man ihm Missethäter zuschickt, welche die Noth zwingt, oder die Geneigtheit zum Bösen verleitet, Verbrechen auf Verbrechen zu häufen. Wie sollen noch Staaten neben einander existiren, wenn sie einander nach Belieben beeinträchtigen und ihre Existenz gefährden können? Können wohl die Nationen in eine solche Maasregel eingewilligt zu haben gedacht werden: — Mag ein Staat einen Menschen für seine Ruhe auch noch so gefährlich halten, so darf er ihn doch nicht strafen, so lange er noch kein *bestimmtes* Staatsgesetz übertreten hat, noch weniger verbannen. Und was fruchten auch Landesverweisungen? Sie übersäen die Länder mit Bösewichtern, die immer dreuster werden, oder zwingen auch solche, die das Böse noch verabscheuen, aus Mangel an Allem, zu öffentlichen Räubereien und andern Schandthaten. — Kann denn aber auch die Landesverweisung als eine Strafe angesehen werden? Jede Strafe muß dem Gesetzübertreter Schmerz verursachen, da es aber nicht immer einleuchtend ist, ob dem Verbannten die Verweisung schmerze, oder ob sie ihm nicht vielmehr gleichgültig sey, so kann sie rechtlicherweise gar nicht als Strafmittel angesehen werden. — Will man aber die Verbannung nicht für die wirklichen Verbrecher, sondern nur für die Verdächtigen und Gefährlichen aufbewahren, so hebt sich der Staat selbst auf, indem er seinen Zweck vernichtet und Menschen etwas zufügt, was sie nicht verdient haben. Jeder Staat, der den Verdacht oder die Gefährlichkeit eines Menschen als Verbrechen bestraft, spricht sich selbst das Urtheil, daß er nicht zu seyn verdiene. — Ausländer dürfen weder härter noch gelinder als Inländer bestraft werden, weil jeder, der in einem Lande sich aufhält, als den Gesetzen

war, ausgestoßen worden ist, seiner Güter beraubt werden? Man kann diese Frage unter verschiedenen Gesichtspunkten betrachten. Der Verlust der Güter ist eine härtere Strafe, als die Strafe der bloßen Verweisung. Es muß also einige Fälle geben, wo in Uebereinstimmung mit dem Verbrechen der Verlust aller Güter oder nur eines Theiles derselben statt findet, oder wo die Güter gänzlich verschont bleiben. Der Verbannte verliert alle seine Güter, wenn das Gesetz, das seine Verweisung ausspricht, alle Bande zwischen der Gesellschaft und einem Verbrecher als vernichtet erklärt. Alsdann stirbt der Bürger und nur der Mensch existirt fort; und in Rücksicht auf den Staat muß der bürgerliche Tod einerlei Wirkung mit dem natürlichen haben. Es scheint zwar, als müßten die Güter, die man dem Schuldigen genommen hat, vielmehr an die gesetzmäßigen Erben als an den Fürsten fallen, weil der Tod und die Verweisung, in Beziehung auf den Staat, einen und denselben Erfolg äußern. Allein ich wage um dieser Spitzfündigkeit willen, die Einziehung der Güter nicht für ungerecht zu erklären. Wenn Einige behauptet haben, die Einziehung der Güter sey ein Zügel gegen die Privatrache und gegen die Uebermacht einzelner Bürger gewesen, so bedenken sie nicht, daß Strafen, wenn sie auch etwas Gutes wirken, doch nicht deshalb immer gerecht sind: denn um gerecht zu seyn, müssen sie noth-

Gesetzen der Nation, bei welcher er sich jetzt befindet, unterworfen gedacht werden muß und weil er durch sein Daseyn in die Unterwerfung unter den Souverain eingewilligt hat. Der Uebers.

nothwendig seyn und kein Gesetzgeber darf eine Ungerechtigkeit, so vortheilhaft sie auch seyn mag, dulten, wenn er der immer wachsamen Tyrannei alle Thore verschließen will: der Tyrannei, sage ich, die mit einem augenblicklichen Guten und mit dem Glücke einiger Großen schmeichelt und dadurch zahllose geringe Bürger ins Verderben stürzt und ihnen blutige Thränen auspreßt

Die Einziehung der Güter setzt einen Preiß auf den Kopf des Ohnmächtigen, fügt dem Unschuldigen die Strafe des Schuldigen zu, bringt die Unschuldigen zur Verzweiflung und setzt sie in die Nothwendigkeit, Verbrechen zu begehen. Giebt es ein kläglicheres Schauspiel als eine Familie, die zugleich durch die Verbrechen ihres Oberhauptes mit Schande bedeckt und in Elend gestürzt worden ist, durch Verbrechen, die zu verhüten, sie selbst die von den Gesetzen anbefohlne Unterwürfigkeit verhindert haben würde, wenn sie auch hinreichende Mittel dazu gehabt hätte *)!

§. 18.

*) Ist die Confiskation eine rechtliche Strafe? Jeder Verbrecher wird durch die Strafe, die ihm das Gesetz zuerkennt, seiner Freiheit beraubt, er ist also über kein äußeres Gut mehr Herr und kann nicht mehr über sein Vermögen gebieten. So lange nun die Strafzeit dauert, ist er gänzlich alles Genusses desselben beraubt und kann seine Güter nur erst dann wieder erhalten, wenn er die auferlegte Strafe überstanden hat. Darf denn aber der Staat einem Verbrecher sein Eigenthum gänzlich und auf immer entziehen? Da dem Staate keine andern Erwerbsarten zu Gebote stehen können als dem einzelnen Bürger, so ist die Confiskation widerrechtlich. Der Staat hat, als einzelne Person betrachtet, dieselben Rechte und Pflichten, welche der einzelne Mensch hat;

§. 18.

Von der Ehrlosigkeit *).

Die Ehrlosigkeit ist ein Zeichen des öffentlichen Mißfallens, das einem Schuldigen die öffentliche Ach-

hat: dieser kann nun etwas entweder durch *Bemächtigung* (was noch niemand in Besitz genommen hatte) oder durch *Vertrag*, oder durch *Tausch*, oder durch *Kauf*, oder durch das *Gesetz* erwerben. Es giebt also kein Recht, jemand eigenmächtig aus seinem Besitze zu jagen, welches der Staat doch haben mußte, wenn die Confiskation rechtlich seyn sollte. Der Staat kann und darf zwar dem Verbrecher während seiner Strafzeit den Genuß seiner Güter entziehen, allein er muß sie ihm nach seiner Freilassung oder nach seinem Tode seiner Familie, die er auch während der Strafe des Besitzers nach Verhältniß ihres Vermögens erhalten muß, in dem vorigen Zustande wieder zustellen. — Durch die Konfiskation stürzt man auch grausamerweise Unschuldige in Leiden, die sie nicht verdient haben. Man raubt ihnen die Mittel zu ihrer Ausbildung oder wohl gar zu ihrem nothdürftigen Unterhalte und setzt sie der Gefahr aus, daß sie wohl gar Keine von den heiligsten Menschenpflichten erfüllen. Und muß es nicht ein Grundsatz aller Strafgerechtigkeit seyn: daß die Strafe nur den Schuldigen treffe, aber nicht diejenigen unglücklich mache, die sie nicht verdient haben? Die Confiskation ist aber auch gefährlich, weil sie die Menschen in dem Wahne bestärkt als sey der Staat Obereigenthümer aller Güter und könne darüber nach Gutdünken schalten und weil sie alles Eigenthum prekär macht. Wie unzweckmäßig sie sey, kann man daraus sehen, daß sie alle Partheien *empört* und durch Unwillen auch bei dem größten Verbrechen Mitleiden erregt, anstatt daß eine gerechte Strafe den Menschen *rührt* und auf bessere Gesinnungen bringt.

Der Uebers.

*) Ich wünschte, der Verf. hätte auf die Unbesonnenheit aufmerksam gemacht, daß man einen Menschen für

tung und das Zutrauen, das die Gesellschaft zu ihm hatte und gleichsam die Bruderliebe raubt, welche zwischen den Gliedern eines und desselben Staates herrscht.

Sie beruht nicht auf der Willkühr der Gesetze. Die Ehrlosigkeit, womit das Gesetz brandmarkt, darf daher keine andere seyn als eine solche, die ihren Ursprung in den Verhältnissen der Dinge hat. Sie muß aus der allgemeinen Sittenlehre entspringen, oder in der besondern, die von den besondern Gesetzgebungssystemen abhängt, welche die Gesetzgeber der gemeinen Meinungen und der Nation sind, welche ihnen folgt, ihren Grund haben *). Ist die Ehrlosigkeit, welche das Gesetz

ehrlos erklärt, und ihm doch seine Freiheit läßt. Diese ungereimte Sitte bevölkert unsere Wälder mit Meuchelmördern.

Diderot.

*) Jede gerechte Strafe brandmarkt in der öffentlichen Meinung und derjenige, der eine öffentliche Strafe erlitten hat, trägt stets einen Flecken an seinem guten Namen mit sich herum. Niemand traut ihm recht, jeder fühlt eine gewisse Zurückhaltung und Kälte und nicht leicht kann sich jemand des Gedanken enthalten, daß er durch seine Gesellschaft und seinen Umgang selbst etwas von seiner Ehre einbüße. Sind nun Strafen, wovon die Ehrlosigkeit nicht eine Folge, sondern der unmittelbare Ausspruch der Obrigkeit ist, der ihn aus aller menschlichen Gesellschaft verbannt und der ihn entweder zu größern Missethaten oder gar zum Selbstmorde zwingt, rechtlich? Der Mensch, mag er auch noch so schändlich gehandelt haben, bleibt stets ein Wesen, dessen Natur als Subjekt des Sittengesetzes heilig ist, und deshalb Würde hat; der Staat, der also einen Menschen entweder durch Worte öffentlich für ehrlos erklärt; oder nicht allein dies thut, sondern auch sinnliche Zeichen hinzufügt, damit das Publikum den Gebrandmarkten gleich erkenne — verab-

setz zuerkennt, von derjenigen verschieden, welche die Gesellschaft mit gewissen Handlungen verbindet, so verliert entweder das Gesetz die öffentliche Achtung, oder die angenommenen Begriffe von Tugend und Rechtschaffenheit verschwinden, trotz aller rednerischer Anpreisungen der Moralisten, welche der Macht des Beispiels niemals einen kräftigen Widerstand leisten können.

Wer

verabscheue und fliehe — handelt nicht allein unmoralisch, weil er einer moralischen Person alle Würde raubt und alle Achtung abspricht, sondern auch unzweckmäßig, weil diese Strafe nicht bessert, sondern abgehärtete Bösewichter macht. Kein Staat darf eine Strafe verfügen, welche die menschliche Natur verächtlich und den Menschen absichtlich zum Abscheu seiner Mitmenschen macht. Strafen, welche alle Achtung vor dem Menschen vernichten, müssen daher als durch das Sittengesetz verboten angesehen werden. Verliert auch ein Mensch durch andre Strafen seine bürgerliche Ehre eine Zeitlang oder auch auf immer, so hat ihm doch der Staat nicht seine moralische Ehre geraubt. Es ist die empörendste Ungerechtigkeit, ein Wesen, das eine Natur hat, wo ihm das Ideal der Heiligkeit als Strebpunkt aufgestellt ist, unter Nichts herabzusetzen! — Und was fruchten ehrlose Strafen? Da der mit Ehrlosigkeit Gebrandmarkte von allen Menschen verabscheuet wird, so entsteht in ihm nie ein Gedanke, sich zu bessern, weil er einsieht, daß seine Besserung ihm nichts hilft. Er verzweifelt daher gänzlich, daß er sich je wieder aus dem Abgrunde herauswinden werde, in welchen ihn der Staat gestürzt hat. Er betrachtet alle Menschen, außer die, welche mit ihm gleiches Schicksal haben, als seine Feinde, haßt, oder verachtet sie, und begeht, sobald er nur Gelegenheit darzu hat, die größten Abscheulichkeiten. Ehrlose Strafen sind daher höchst verderblich, weil sie einen Unglücklichen einer steten Verachtung aussetzen und dadurch in ihm den letzten Funken des moralischen Gefühls verlöschen. Der Uebers.

Wer Handlungen, die an sich gleichgültig sind, für ehrlos erklärt, vermindert die Ehrlosigkeit wahrhaft ehrloser Handlungen.

Körperliche und schmerzhafte Strafen dürfen nicht solche Verbrecher treffen, die ihren Grund in dem Hochmuthe haben und die sich den Schmerz selbst zur Ehre anrechnen und ihrem Stolz damit schmeicheln. Dergleichen Verbrecher muß man lächerlich machen und für ehrlos erklären. Solche Strafen halten den Hochmuth schwärmerischer Köpfe durch den Hochmuth der Zuschauer im Zaume. Man kann daraus schließen, wie wirksam diese Strafen sind, wenn man bedenkt, daß die Wahrheit selbst alle Kräfte zu ihrer Vertheidigung aufbieten muß, wenn der Irrthum mit den Waffen des Lächerlichen gegen sie zu Felde zieht. Wenn auf diese Weise ein einsichtsvoller Gesetzgeber Macht der Macht und Meinungen den Meinungen entgegen stellt, so vernichtet er die Bewunderung und das Erstaunen des Volks, das von falschen Grundsätzen herrührt, deren ursprüngliche Abgeschmacktheit man durch einige Wahrheiten, die man aus ihnen ableitet, verschleiert *).

Die

*) Menschen, die sich eine gerechte Strafe zur Ehre anrechnen, sind Geisteskranke. Sie sind entweder Schwärmer oder Hochmüthige, die beide ihres Verstandes nicht mächtig sind, weil ein herrschender Gedanke ihre ganze Aufmerksamkeit auf sich zieht und weil also eben deshalb ihre Willkühr sich nicht nach Verstandesbegriffen zu bestimmen im Stande ist. Sie können daher wegen keiner, auch noch so abscheulichen That, zur Strafe gezogen werden. Schwärmer wegen ihrer Handlungen bestrafen, ist gerade das Mittel, Schwärmer in Menge zu

Die Strafen der Ehrlosigkeit müssen weder zu häufig noch auf einmal eine große Anzahl von Personen treffen; das Erste nicht, weil ein allzu öfterer Gebrauch derjenigen Dinge, die auf Meinungen beruhen, die Macht der Meinung selbst schwächt; das Zweite nicht, weil, wenn eine große Anzahl durch Ehrlosigkeit gebrandmarkt wird, bald niemand mehr unehrlich ist.

Auf diese Art allein kann man alle Verwirrung, in den unveränderlichen Verhältnissen der Dinge vermeiden und sich vor jedem Widerstreite mit der Natur hüten, die, da sie nicht durch die Zeit begränzt ist, sondern ohne Aufhören fortwirkt, alle eingeschränkten Einrichtungen, die mit ihren Gesetzen nicht übereinstimmen, umstößt und vernichtet. Nicht allein in den Künsten des

zu machen: denn nichts ist ansteckender, als Schwärmerei. — Der Staat, der Verbrecher aus Hochmuth lächerlich machen und hernach für ehrlos erklären wollte, würde sehr unsinnig handeln: denn bei Hochmüthigen hilft es nichts, Meinungen den Meinungen entgegen zu stellen, weil ihre Ideen zu fest gewurzelt sind, als daß sie durch eine andere Meinung ausgerottet werden könnten. Woher soll aber der Staat auch ein Recht erhalten, Unglückliche lächerlich zu machen? Darf er als Staat zu einem solchen Hülfsmittel seine Zuflucht nehmen? Seine Gewalt beschränkt sich auf Zwang und auf keine andern Waffen. Ein Mensch, dessen Verstand durch eine fixe Idee gefesselt wird, oder der keinen Gedanken fest halten kann, und ohne Beobachtungen des Zusammenhangs von einem zu dem Andern überspringt und Einbildungen für Wirklichkeiten ansieht, darf nicht bestraft, sondern muß in öffentliche Gewahrsam gebracht werden, um ihn durch physische und psychologische Mittel zu heilen.

Der Uebers.

des Geschmacks und des Vergnügens ist eine treue Nachahmung der Natur ein Hauptgrundsatz, sondern auch in der Staatskunst, wenigstens gründet sich die wahre und dauerhafte Staatskunst auf dieses Gesetz, weil sie nichts anders ist, als die Kunst, die unveränderlichen Gesinnungen der Menschen in Uebereinstimmung zu bringen und ihnen die beste Richtung zu geben.

§. 19.

Von der geschwinden Vollziehung der Strafen.

Je geschwinder eine Strafe vollzogen wird und je schneller sie auf das begangene Verbrechen folgt, desto gerechter und nützlicher ist sie; gerechter, weil sie dem Schuldigen die unnützen und grausamen Qualen erspart, welche die Ungewißheit seines Schicksals verursacht und welche nach Verhältniß der lebhaften Vorstellung von seiner eigenen Schwäche zunehmen; gerechter, sage ich, weil da die Beraubung der Freiheit eine Strafe ist, so kann diese nicht vor dem Urtheile vorausgehen, außer wenn es die höchste Noth erfodert.

Das Gefängniß ist also so lange ein bloßer Verwahrungsort eines Bürgers, bis er für schuldig erklärt worden ist; und da dieser Verhaft höchst peinlich ist, so muß er so kurz als möglich und so wenig als möglich hart seyn. Die Dauer der Gefangenschaft muß nach der nothwendigen Dauer des Prozesses abgemessen werden, und derjenige, der am längsten im Kerker geschmachtet hat, kann mit Recht fodern, daß er zuerst gerichtet werde.

Die

Die Strenge des Gefängnisses darf sich auch nicht weiter erstrecken als nothwendig ist, den Gefangenen entweder an seiner Flucht zu verhindern, oder die Beweise seines Verbrechens ausfindig zu machen. Der Prozeß selbst muß in der möglichst kürzesten Zeit geendigt werden. Giebt es nun wohl einen grausamern Contrast, als die Gleichgültigkeit eines Richters und die Angst eines Angeklagten? Als die Bequemlichkeiten und Vergnügungen einer gefühllosen Obrigkeit von der einem, und die Thränen und der schreckliche Zustand eines Gefangenen von der andern Seite? Ueberhaupt muß die Härte einer Strafe und die Wirkung eines Verbrechens auf Andere den größtmöglichsten Eindruck machen und so wenig als möglich schmerzlich für den Leidenden seyn: denn man kann nur diejenige Gesellschaft eine gesetzmäßige nennen, die es sich zum unwandelbaren Grundsatze macht, die Menschen so wenigen als möglich Uebeln zu unterwerfen, weil dies die Absicht ihres bürgerlichen Vereins gewesen ist.

Ich habe behauptet, eine geschwinde Strafe sey nützlicher, weil je kürzer der Zeitraum ist, welcher zwischen dem Verbrechen und der Strafe verfließt, die Vergesellschaftung der beiden Begriffe, Verbrechen und Strafe auf das menschliche Gemüth, einen desto stärkern und dauerhaftern Eindruck macht, so daß man unvermerkt den Einen für die Ursache und den Andern für die nothwendige und unausbleibliche Folge des Erstern hält. Es ist ausgemacht, daß die Ideenverbindung der Kitt ist, der das ganze Gebäude des menschlichen Verstandes zusammen hält, und ohne welchen Vergnügen

gen und Schmerz isolirte und unwirksame Empfindungen seyn würden. Je mehr es den Menschen an allgemeinen Begriffen und Grundsätzen fehlt, d. h. je unwissender sie sind, desto mehr wirken die unmittelbarsten und nächsten Ideenverbindungen auf sie und desto mehr vernachläßigen sie die entferntesten und verwickeltsten, die nur Menschen, die leidenschaftlich für einen Gegenstand, nach welchem sie ringen, eingenommen sind, zu Diensten stehen, weil das Licht der Aufmerksamkeit auf einen einzigen Gegenstand fällt und alle übrigen im Dunkel läßt. Sie stehen gleichfalls den erhabensten Geistern zu Gebote, die sich die Geschicklichkeit erworben haben, mit der größten Geschwindigkeit viele Gegenstände auf einmal zu überblicken und denen es leicht ist, viele einzelne Empfindungen mit einander in Contrast zu stellen, so daß das Resultat, welches im Handeln besteht, weniger gefährlich und ungewiß ist.

Daher ist es von der äussersten Wichtigkeit, daß die Strafe dem Verbrechen auf dem Fuße nachfolge, wenn man in rohen und ungebildeten Gemüthern unmittelbar auf das verführerische Gemälde der Vortheile, die ein Verbrechen gewährt, die Vorstellung der damit verbundenen Strafe zu erwecken wünscht. Eine lange Verzögerung der Strafe hat keinen andere Wirkung, als daß sie die beiden Begriffe — Verbrechen und Strafe — immer mehr von einander trennt. Welchen Eindruck auch die Strafe eines Verbrechens machen mag, so macht sie ihn doch weniger als Strafe, sondern vielmehr als ein Schauspiel; und sie macht ihn nur, nachdem die Vorstellung von der Abscheulichkeit eines Verbrechens, welche zur Verstärkung des Gefühls der Strafe beiträgt, von ihrer Lebhaftigkeit viel verloren hat.

Ein ander Mittel, das dazu dient, die wichtige Verbindung zwischen der Missethat und der Strafe immer noch enger zusammen zu ketten, besteht darin, daß die Strafe so viel als möglich der Natur des Verbrechens angemessen sey. Diese Uebereinstimmung erleichtert den Widerstreit außerordentlich, der zwischen der Anreizung zum Verbrechen und dem Zurückstoßen der Strafe entstehen muß. Auf diese Art stößt die Strafe den Geist zurück und leitet ihn zu einem Zwecke hin, der demjenigen entgegengesetzt ist, zu welchem ihn die verführerische Vorstellung von den Vortheilen der Gesetzübertretung zu verleiten suchte.

Man pflegt diejenigen, die sich geringer Verbrechen schuldig gemacht haben, im Dunkel eines Gefängnisses zu bestrafen, oder sie des Beispiel wegen in eine entfernte und also fast unnütze Knechtschaft zu Nationen, die sie nicht beleidigt haben, zu schicken. Wenn sich die Menschen nicht durch die Leidenschaft des Augenblicks die schwersten Verbrechen zu begehen entschließen, so wird der größte Theil die öffentliche Strafe einer großen Missethat als etwas fremdes und was ihm nicht widerfahren kann, ansehen. Die öffentliche Strafe aber der geringern Verbrechen, zu welchen der Mensch Neigung hat, macht einen Eindruck, der nicht nur von geringern, sondern noch weit mehr von größern Verbrechen abhält. Die Strafen müssen nicht allein in Rücksicht der Härte, sondern auch in der Art und Weise, wie

wie man sie zufügt, mit einander und mit den Verbrechen in Verhältniß stehen *).

§. 20.

*) Kein Bürger darf durch etwas anderes seiner Freiheit beraubt werden, als durch das Gesetz. Nun sitzen Angeklagte ein, zwei und mehrere Jahre im Gefängnisse und erhalten nach diesem Zeitraume erst die durch einen Gerichtshof oder durch ein Gesetz bestimmte Strafe, wie will man ein solch langweiliges Verfahren mit der Gerechtigkeit und mit dem Staatszwecke vereinigen? Ist es nicht die unmenschlichste Grausamkeit, einen Menschen, der zwar angeklagt, aber doch noch nicht verurtheilt ist, mehrere Jahre lang in einem oft ungesunden Kerker und in Ketten und Banden schmachten zu lassen, sein Hauswesen zu Grunde zu richten, seine schuldlose Familie unglücklich zu machen, seine Körper- und Geisteskonstitution zu zerstören, und ihn der öffentlichen Verachtung auszusetzen? Gehen nicht fast alle Gefangenen, wenn sie auch unschuldig befunden worden sind, an Gesundheit und an Vermögen zerrüttet aus dem Gefängnisse? Unsere unselige Prozeßart ist nicht dazu geeignet, das Recht unpartheiisch zu verwalten, sondern mit Formalitäten und sinnlosen Phrasen um die Freiheit und das Leben des Menschen zu spielen geschickt. Giebt es etwas auffallenderes als einen Gerichtshof, der über einen Verbrecher zwei, drei und mehrere Urtheile spricht und bei jedem der nachfolgenden etwas von der Strenge des vorhergehenden nachläßt und darüber mehrere Jahre verstreichen läßt, um den Unglücklichen allen Qualen des Körpers und allen Foltern des Gewissens preiß zu geben? Warum läßt man das erste Urtheil nicht gelten, oder warum folgt man nicht gleich der Gerechtigkeit? Setzt sich ein Gerichtshof durch so vielfache Aussprüche über eine und dieselbe Sache nicht der größten Verächtlichkeit aus? Man sey doch gerecht und konsequent. Man spreche nach den Gesetzen und weiche nie von ihren Buchstaben ab: sind sie grausam, so werden sie durch ihre alles empörende Härte und Blutgier eine Verbesserung beschleunigen, die menschliche und gerechte Gesetze zur Folge haben wird. Wenn die

§. 20.

Von der Gewißheit und der Unfehlbarkeit der Strafen. Von Begnadigungen.

Einer der stärksten Zügel, den Verbrechen Einhalt zu thun, ist nicht die Grausamkeit, sondern die Gewißheit der Strafen und folglich auch die Wachsamkeit der Obrigkeit und die unerbittliche Strenge des Richters, die mit einer menschlichen und sanften Gesetzgebung verbunden seyn muß, damit sie eine nützliche Tugend sey. Die Gewißheit einer, ob schon gemäßigten, Strafe, wird immer einen tiefern Eindruck machen, als die Furcht vor einer andern, aber schrecklichern, welche die Hoffnung der Ungestraftheit begleitet: denn die Uebel, die gewiß sind, so gering sie auch seyn mögen, setzen stets die menschlichen Gemüther in Schrecken, und die Hoffnung, dieses himmlische Geschenk, die oft die Stelle von Allem vertritt, reißt den Geist stets von den größten Uebeln hinweg, besonders wenn die Straflosigkeit, die oft Habsucht und Schwäche zugestehen, ihre Stärke vermehrt.

Manchmal erläßt man die Strafe eines kleinen Verbrechens, wenn es der beleidigte Theil verzeiht *).

So

die That und die Motive darzu außer Zweifel sind, so kann der Richter sein Urtheil fällen, was hilft ein ewiges Appelliren und Strafenlindern, wenn alle Gesetze dabei über den Haufen gestoßen werden?

Der Uebers.

*) Kein einzelner Bürger kann die Strafe für das ihm angethane Unrecht erlassen; weil nicht er allein, sondern in ihm die ganze Nation, die bei allen öffentlichen Hand-

So sehr nun auch eine solche Handlung mit den Grundsätzen des Wohlwollens und der Menschlichkeit übereinstimmt, so nachtheilig ist sie doch für das allgemeine Beste; gleich als wenn ein einzelner Bürger durch seine Verzeihung eben so gut die Nothwendigkeit des Beispiels aufheben könnte, als er den Schadenersatz erlassen kann. Das Strafrecht kommt nicht einem Einzelnen, sondern allen Bürgern zusammengenommen oder dem Souverain zu. Der Beleidigte kann daher nur seinem Antheile an diesem Rechte entsagen, aber den Andern nicht den Ihrigen entziehen.

Je gelinder die Strafen werden, desto weniger sind Gnade und Verzeihung nothwendig. Glücklich wäre die Nation, bei welcher man die Begnadigung unter die schädlichen Einrichtungen zählen müßte! Die Begnadigung, jene Tugend, die man manchmal bei den Regenten für einen Ersatz der Eigenschaften hielt, die ihnen zur Erfüllung aller Pflichten des Thrones mangelten, sollte aus einer vollkommenen Gesetzgebung, wo die Strafen gelinde und die Prozeßformen vernünftig und kurz wären, gänzlich verbannt seyn. Wer unter

Handlungen, als Einheit, gedacht werden muß, beleidigt worden ist. Seine Vergebung darf auch keinen Einfluß auf die Bestimmung der Strafe haben, weil man ihm sonst eine Macht einräumte, die er nicht besitzt. Und welchen Mißbräuchen würde eine solche Einrichtung die Verwaltung der Gerechtigkeit aussetzen? Das Mitleid kehrt früh oder spät auch bei dem aufgebrachtesten Menschen wieder zurück und er würde dann seinem Gegner leicht verzeihen, wenn er ihn leiden sähe.

Der Uebers.

ter einer verwirrten Kriminalgesetzgebung lebt, wo Verzeihung und Begnadigung wegen der Ungereimtheit der Gesetze und der Grausamkeit der Strafen nothwendig sind, dem wird diese Wahrheit hart vorkommen.

Das Recht zu begnadigen ist Eines der schönsten Vorrechte des Thrones; es ist die wünschenswertheste Eigenschaft der Souverainität. Es ist aber auch eine stillschweigende Mißbilligung, welche die wohlthätigen Vertheiler der öffentlichen Glückseligkeit gegen ein Gesetzbuch an den Tag legen, das bei aller seiner Unvollkommenheit das Vorurtheil vieler Jahrhunderte, das händereiche und blendende Gefolge zahlloser Ausleger, den ernsten Schmuck ewiger Formalitäten und die Beistimmung der kriechendsten und wenig gefürchteten Halbgelehrten für sich hat. Wenn man aber bedenkt, daß die Gelindigkeit eine Tugend des Gesetzgebers und nicht des Gesetzvollziehers ist, so muß sie aus dem Gesetzbuch und nicht aus den besondern Urtheilssprüchen hervorleuchten. Läßt man den Menschen merken, daß Verbrechen Verzeihung erhalten können, und daß die Strafe nicht immer eine nothwendige Folge derselben sey, so nährt man in ihnen die Hoffnung der Ungestraftheit und bringt sie auf den Wahn, daß die Strafen, welchen man keine Begnadigung angedeihen läßt, ob sie gleich erlassen werden können, vielmehr Gewaltthätigkeiten der Uebermacht als Wirkungen der Gerechtigkeit sind. Was soll man nachher sagen, wenn der Fürst Begnadigungen ertheilt, d. h. wenn er die öffentliche Sicherheit einem einzelnen Bürger aufopfert und daß er durch eine Privathandlung einer unüberlegten Wohlthätigkeit einen

Einrichtungen seyn und ob ein Vertrag zwischen Nationen, sich einander ihre Verbrecher auszuliefern, nützlich

ten und auf die Uebereinstimmung der Willkühr eines jeden mit der Freiheit von jedermann beschränken, so kann er nicht mit sich selbst in Widerspruch gerathen. Er darf also nur auf das Allgemeingültige und nicht auf die Unterordnung des Besondern unter das Allgemeine sehen, wenn er nicht seinen gesetzgebenden Charakter vernichten will. Da nun aber die Begnadigung einen Widerspruch mit dem Charakter des Gesetzgebers enthält, weil dieser dadurch ein allgemeines Gesetz auf eine besondere That anwendet und weil er sich also in einen Fall mischt, der außer den Grenzen seiner Wirksamkeit liegt, so ist jede Begnadigung widerrechtlich und daher durch diejenige Pflicht, welche die Erreichung des Staatszweckes gebietet, verboten. — Und was ist das für eine Gesetzgebung, wenn derjenige, der Gesetze giebt, dessen Ubertreter er mit Strafen belegt, willkührlich davon wieder entbinden kann? Kann eine Nation wohl zu einem solchen Verfahren ihre Einwilligung gegeben zu haben angesehen werden? Kein Gesetz darf ein anderes noch bestehendes ungültig machen, wenn nicht die größten Ungerechtigkeiten verübt werden sollen. Es ist für ein Land ein Unglück, wenn der Gesetzgeber nach Willkühr die Strafe erlassen kann, weil die moralische Urtheilskraft des Volks irre gemacht wird und weil das Volk auf den Gedanken geräth, als seyen alle Handlungen an und für sich gleichgültig und würden nur durch den Fürsten zu Verbrechen oder Tugenden gestempelt. Das Begnadigungsrecht ist die Quelle zahlloser Verbrechen. Hof und Land wimmeln von Menschen, die auf die Gnade des Fürsten lossündigen. Durch Geld, Bitten und Kabalen kann man alles erhalten, was man wünscht. Machtsprüche reinigen von allen Verbrechen. Kant sagt in seinen metaph. Anf. d. R.: das Begnadigungsrecht für den Verbrecher, entweder der Milderung oder der gänzlichen Erlassung der Strafe, ist wohl unter allen Rechten des Souverains, das schlüpfrigste, um den Glanz seiner Hoheit zu beweisen und dadurch doch

lich sey oder nicht? Innerhalb der Grenzen eines Landes darf es keinen Ort geben, der den Gesetzen nicht unterworfen sey. Ihre Macht muß jedem Bürger eben so folgen, wie der Schatten seinen Körper begleitet. Es giebt keinen andern Unterschied zwischen der Straflosigkeit und einer Freistätte, als zwischen dem Mehr und Weniger; und wie der Eindruck der Strafen mehr in ihrer Unvermeidlichkeit und Gewißheit als in ihrer Härte besteht, so laden Freistätten mehr zu Verbrechen ein als Strafen davon abschrecken *).

doch im hohen Grade unrecht zu thun. — In Ansehung der Verbrechen der Unterthanen gegen einander steht es ihm schlechterdings nicht zu, es auszuüben; denn hier ist Straflosigkeit das größte Unrecht gegen die Letztern. Also nur bei einer Läsion, die ihm selbst widerfährt (crimen laesae majestatis) kann er davon Gebrauch machen a). Aber auch da nicht einmal, wenn durch Ungestraftheit dem Volke selbst, in Ansehung seiner Sicherheit, Gefahr erwachsen könnte.

a) Ist aber in diesem Falle der Souverain nicht Richter und Gesezgeber in einer Person? Wie will man ein solches Verfahren mit der so nothwendigen Unpartheilichkeit vereinigen? Ueberdieß existirt der Souverain nur in der Idee, und die Personen, die die Souverainität ausüben, werden bei Verbrechen, die man gegen sie begangen hat, als bloße Staatsbürger vor dem Gesetze angesehen.

Der Uebers.

*) Jede Ausnahme von einem bestehenden Gesetze ist widerrechtlich und es ist besser, daß jemand Schaden leide, als daß ein Gesetz, das noch nicht aufgehoben ist, nicht vollzogen werde. Nie sollte es aber ein solches Gesetz geben, das einem Unschuldigen unrecht thäte, oder ihn in Schaden brächte. Freistätten sind eine Vernichtung alles rechtlichen Zustandes unter den Menschen und die größte Veranlassung zu Verbrechen. Das Gesetz eines

Die Freistätten in einem Lande vermehren, ist eben so viel, als eine eben so grosse Menge von kleinen Souverainitäten bilden, weil da, wo die Gesetze nicht die Oberherrschaft führen, neue den gemeinschaftlichen Gesetzen entgegenstehende feindliche Mächte entstehen können; es schleicht sich folglich ein Geist ein, der dem Geiste der Gemeinheit entgegen ist. Die ganze Geschichte beweißt, daß aus den Freistätten grosse Revolutionen in den Staaten und in den Meinungen der Menschen hervorgegangen sind.

Einige haben behauptet, daß, an welchem Orte auch ein Verbrechen, d. h. eine gesetzwidrige Handlung begangen werde, sie auch da bestraft werden könne; gleichsam als wenn der Charakter eines Unterthanen unvertilgbar, d. h. gleichbedeutend mit einem Sclaven, wenn nicht noch schlimmer wäre; und gleichsam als wenn jemand ein Unterthan einer Herrschaft seyn und in einer Andern wohnen könnte und als wenn seine Handlungen ohne Widerspruch zwei Souverains und zwei Gesetzverfaßungen, die oft einander widersprechen, unterworfen seyn könnten. So glauben Andere, eine grausame That, die zum Beispiel in Constantinopel verübt worden sey, könne auch zu Paris aus dem spiz-

fündi-

Landes muß seine Macht so weit erstrecken, als Menschen weben und leben. Kein Haus darf einen Verbrecher schützen können. Allenthalben hin muß das Gesetz den Bösewicht verfolgen. Die Person, sey es ein fremder Gesandter, oder sey es der Fürst selbst, die einen Verbrecher schützt, ist vor dem Gesetze strafbar, weil sie durch ihre Handlung alle Rechtsherrschaft vernichtet.

Der Uebers.

fündigen Grunde bestraft werden: daß wer die Menschheit beleidige, auch die ganze Menschheit zum Feinde zu haben verdiene und ein Gegenstand einer allgemeinen Verwünschung seyn müsse, gleichsam als wenn die Richter Rächer der Empfindlichkeit der Menschen und nicht vielmehr der Verträge wären, welche die Menschen unter einander binden *).

Die Strafe muß an dem Orte vollzogen werden, wo das Verbrechen begangen worden ist, weil die Menschen

*) Die Menschheit darf sich nie zum Rächer einer besondern That aufwerfen, weil, wenn man den Grundsatz der Verbindlichkeit zur Rache gelten lassen wollte, alles Recht zu Grabe getragen würde: denn wie oft fragt man dabei nur seine gereitzte Empfindung, anstatt daß man das kalte Gesetz zu Rathe ziehen und eine reifliche Untersuchung über alle bei einem Verbrechen vorgefallenen Umstände anstellen sollte. Jeder Verbrecher muß an dem Orte, wo er sein Verbrechen begangen hat, bestraft werden, nicht etwan des Beispiels wegen, daß er den Bewohnern, die er durch seine gesetzwidrige That gekränkt hat, schuldig ist, noch der Beleidigungen wegen, die er ihnen angethan hat, (denn nicht einzelne Gemeinheiten werden durch ein Verbrechen beleidigt, sondern der ganze Staat, der allein als ein Ganzes eine Person ist, die Rechte hat, und welcher Abbruch geschehen kann) sondern weil man an dem Orte, wo die That begangen worden ist, alle Mittel in Händen hat, den Verbrecher leichter zu überführen. Die Bestrafung eines Verbrechers an dem Orte seiner Missethat aber ist nicht allein eine Klugheits- sondern auch eine Rechtssache und darf erzwungen werden, weil der Thäter ein Gesetz übertreten hat, das vielleicht gerade nur an diesem Orte gültig ist, und weil er nur die Strafe, die es darauf gesetzt hat, kennt, und weil die öffentliche Gleichheit, wo sie aufgehoben worden ist, auch da muß wieder hergestellt werden.

Der Uebers.

schen nur da und nirgends anders genöthigt sind, einem Bürger ein Uebel zuzufügen, um die öffentlichen Beleidigungen zu verhindern. Ein Bösewicht, der aber die Verträge einer Gesellschaft, wovon er ein Mitglied war, nicht gebrochen hat, kann gefürchtet und daher von der obersten Gewalt der Gesellschaft verwiesen und verjagt, aber keineswegs durch die Gesetze bestraft werden, die zwar Rächer der Verträge sind, nie aber die innere Bosheit der Handlungen bestrafen dürfen.

Ob es aber nützlich sey, daß sich die Nationen unter einander ihre Verbrecher ausliefern, wage ich nicht zu entscheiden, bis die Gesetze mehr den Bedürfnissen der Menschheit angemessen und die Strafen gelinder sind, bis die Abhängigkeit des Rechts von der Willkühr und von der Meinung vernichtet ist, und die unterdrückte Unschuld und die gehaßte Tugend Schutz und Sicherheit erhält und bis die Tyrannei von der allgemeinen Vernunft, die immer das Beste des Staates mit dem Wohle der Unterthanen vereinigt, gänzlich in die weiten Ebenen Asiens eingeschränkt seyn wird *). Vielleicht

*) Ist die Auslieferung der Verbrecher zwischen den Nationen rechtlich? Da alle Staaten eine durchgängige Herrschschaft des Rechts wünschen und erhalten sollen und da alle verbunden sind, jeden Verletzer der Gesetze zu bestrafen, so ist die Auslieferung von der einem Seite ein Recht, und von der Andern eine Pflicht. Sie kann unter keiner Bedingung weder verabsäumt noch verweigert werden. Sind auch die Gesetze an dem Orte, wohin man die Auslieferung verlangt, tyrannisch, so muß dennoch der Verbrecher ausgeliefert werden, weil dieser eben die Gesetze, die er kennen sollte, übertreten hat. Kein Staat darf dem Andern die Auslieferung

leicht wäre indessen die Ueberzeugung, keinen Schritt breit Erde finden zu können, wo man wirkliche Verbrechen verzeiht, Eines der wirksamsten Mittel, Verbrechen vorzubeugen.

§. 22.

Von dem Preiße auf den Kopf eines Verbrechers.

Die zweite Frage besteht darin, ob es für eine Gesellschaft nützlich sey, einen Preiß auf den Kopf eines bekannten Verbrechers zu setzen, und, indem man den Arm eines jeden Bürgers bewafnet, eben so viele Henker aus ihnen zu machen? Der Schuldige ist entweder schon außerhalb des Landes oder er befindet sich noch innerhalb der Grenzen desselben. Im ersten Falle feuert der Souverain die Bürger an, ein Verbrechen zu begehen, und setzt sie der Strafe aus, welche die Landesgesetze darüber verfügen. Er beleidigt auf diese Weise eine fremde Macht, maßt sich ein Recht in dem Gebiete

lieferung verweigern, weil er sonst die Rechte des Andern als eines moralischen und unabhängigen Wesens verletzen und dadurch alle Gesetzherrschaft unmöglich machen würde. Duldet ein Staat tyrannische Gesetze, deren Ungerechtigkeit und Grausamkeit man einsieht, so ist er ein Nichtswürdiger und seines Daseyns unwerth. — Alle Bürger haben die Verbindlichkeit, zur Handhabung der öffentlichen Gerechtigkeit beizutragen, weil das ganze Menschengeschlecht als in einem rechtlichen Zustande lebend muß angesehen werden, wo alles bereit ist, dem Rechte Effekt zu geben. Einem Verbrecher eine Freistätte geben, ist daher ein eben so großes Verbrechen als eine Nation mit Krieg überziehen. Beides ist eine Verletzung der Rechte des andern Staats.

Der Uebers.

Gebiete anderer Staaten an und berechtigt so durch sein Beispiel, daß andere Nationen gleiche Gewaltthätigkeiten gegen ihn ausüben können. Im zweiten Falle verräth er seine eigene Schwäche. Wer Macht hat, sich zu vertheidigen, sucht nicht erst die Hülfe Anderer zu erkaufen *). Ferner stürzt ein solcher Befehl alle Begriffe von Sittlichkeit und Tugend über den Haufen, die schon ohne dieß bei jedem noch so geringen Winde in dem menschlichen Gemüthe verschwinden.

Bald laden die Gesetze zum Verrathe ein, bald bestrafen sie ihn; mit der Einem Hand schlingt der Gesetzgeber die Familien- Verwandtschafts- und Freundschaftsbande fester zusammen und mit der Andern belohnt er denjenigen, der sie zersprengt und der sie verachtet. Immer mit sich selbst im Widerspruche ladet er bald die mißtrauischen Gemüther der Menschen zum Ver-

*) Es giebt keine Macht, der ein Mensch nicht entfliehen könnte und dann ist die Macht keine Macht mehr. Ich wünschte, der Gebrauch, einen Preiß auf den Kopf eines Verbrechers zu setzen, würde bloß für die grausamsten Verbrechen und überhaupt für dasjenige aufbehalten, das unmittelbar auf die Auflösung und auf die Vernichtung der Gesellschaft abzielt.

Hier hören Diderots Noten auf, und er endigt sein Manuscript mit folgenden Worten: dies ist alles, was ich an diesem schönen Werke des scharfsinnigen und tugendhaften Verf. zu tadeln finde. Es ist für die Menschheit wesentlich nothwendig, daß es zu einer Vollkommenheit gebracht werde und daß es sogar den großen Haufen überzeuge: denn durch diesen müssen nützliche Wahrheiten gehen, um wie ein öffentliches Geschrei in den Ohren der Regierung zu gelangen.

Vertrauen ein, und bald streut er wieder den Saamen des Mißtraues in alle Herzen aus. Statt Einem Verbrechen vorzubeugen, giebt er Veranlassung zu hundert Andern. So sind die Hülfsmittel schwacher Nationen beschaffen, deren Gesetze nur nothgedrungene Ausbesserungen eines morschen Gebäudes sind, das von allen Seiten den Einsturz droht! Je mehr die Aufklärung unter einer Nation zunimmt, desto nothwendiger werden Redlichkeit und wechselseitiges Vertrauen, die immer mehr und mehr bestrebt sind, sich mit der wahren Staatskunst zu vermischen. Kunstgriffe, Ränke, dunkle und krumme Wege ahnet man dann leichter und der Vortheil Aller vertheidigt sich besser gegen den Eigennutz eines Jeden *).

Selbst

*) Einen Preiß auf den Kopf eines Menschen setzen, in der Absicht, ihn zu tödten, ist deshalb widerrechtlich, weil alsdenn ein Bürger, sey er auch mit den enormsten Verbrechen belastet, ohne Urtheil verdammt und weil nicht das Gesetz an ihm vollzogen, sondern eine bloße Uebermacht über ihn ausgeübt würde. Ein solches Verfahren in einem Staate dulten, ist die größte Ungerechtigkeit, weil dadurch die Menschen als im Naturstande lebend behandelt werden und doch in bürgerlicher Gesellschaft leben. Es erfodert zwar die Pflicht aller Bürger, einen flüchtigen Verbrecher aufzuhaschen und dem Gesetz zu überliefern, allein sie würden einen Mord begehen, wenn sie ihn tödteten und würden daher mit Recht die auf dieses Verbrechen gesetzte Strafe erleiden. Nichts kann im Namen des Gesetzes den Todschlag rechtfertigen; weder die Gefährlichkeit eines Menschen noch die große Anzahl derselben. Es ist besser der Staat gehe zu Grunde, als daß jeder Bürger einen flüchtigen Verbrecher willkührlich zu tödten befugt sey. Die Gefahr aber, worin ein Mensch oder auch eine große Anzahl derselben einen Staat setzt, ist für keinen rechtlich organisirten

Staat

Selbst die Jahrhunderte der Unwissenheit, wo die öffentliche Moral die Menschen antrieb der Privatsittenlehre zu gehorchen, dienen aufgeklärten Zeitaltern zum Unterrichte und zur Belehrung. Gesetze aber, die den Verrath belohnen und einen geheimen Krieg erregen, indem sie einen wechselseitigen Verdacht unter den Bürgern ausstreuen, setzen sich der so nothwendigen Vereinigung zwischen der Moral und der Politik entgegen *), welcher

Staat von Bedeutung, weil er immer die Mehrheit der Bürger auf seiner Seite hat.

Welchen Erfolg würde nun ein Recht jeden Verbrecher, auf dessen Kopfe ein Preiß gesetzt ist, zu tödten, auf die Sittlichkeit des Volks haben? Ein solcher Befehl rechnet dem Mörder seine That als ein Verdienst an und wie klein ist der Schritt von da bei Menschen, die alles auf Treue und Glauben annehmen, bis zu dem Wahne, daß alles, was Vortheil bringe, erlaubt sey und daß alles Recht durch den Nutzen und Schaden, den jemand davon hat, bestimmt werde.

Der Uebers.

*) Diese Verbindung ist das Eine, was nöthig ist, um allen Bedrückungen unter den Menschen ein Ende zu machen. Die Politik kann nicht von der Moral getrennt werden, wenn sie nicht in die schändlichste Rabulisterei ausarten soll, weil sie sich auf Erfahrung gründet; also keinen festen Grundsatz zuläßt, immer nur das, was nutzt, ohne Rücksicht auf das, was recht ist, zu bewirken sucht und in ein Labyrinth geräth, aus welchem für sie ohne die Leitung des Rechts keine Rettung ist. Alle Politik muß ihr Knie vor dem Rechte beugen, wenn sie der Menschen würdig und nicht elende Sophisterei seyn soll, welche die Menschen und die Staaten als Maschinen betrachtet, die man nach Willkühr zerstören kann. Eine endlose Verwirrung ist der stete Begleiter einer Politik, welche nicht dem Rechtsgesetz als ihrem Obern huldigt. Der Uebers.

welcher die Menschen ihre Glückseligkeit, die Nationen den Frieden und der Erdkreiß einen langen Zeitraum von Ruhe und Befreiung von den Uebeln, die auf ihm hausen, verdanken würde.

§. 23.

Von dem Verhältnisse zwischen Verbrechen und Strafen.

Das gemeinschaftliche Interesse verlangt nicht allein, daß keine Verbrechen begangen werden, sondern daß sie auch nach Verhältniß der Uebel, welche sie der Gesellschaft zufügen, seltener seyn. Es müssen daher die Hindernisse, welche die Menschen von Verbrechen abschrecken, desto größer seyn, je nachtheiliger diese für das allgemeine Beste sind, und je mächtiger die Triebfedern wirken, die zu ihrer Begehung antreiben. Es muß also ein richtiges Verhältniß zwischen Verbrechen und Strafen statt finden. Wenn Vergnügen und Schmerz die Triebfeder empfindender Wesen sind *), wenn

*) Vergnügen und Schmerz. Belohnungen und Strafen sind nicht die einzigen Triebfedern, die den Menschen in Thätigkeit setzen und zum Handeln antreiben. Wäre dies der Fall, so hätten seine Handlungen keinen moralischen Werth und könnten weder bestraft noch belohnt werden, weil die sinnlichen Triebfedern, wenn sie die Einzigen wären, seine Willkühr unwiderstehlich zur Wirksamkeit nöthigen würden. Der Mensch hat aber nicht bloß eine sinnliche, sondern auch eine moralische Natur: denn warum sind wir bei Untersuchung moralischer Dinge so peinlich gewissenhaft, um auszumachen, ob sich der Handelnde durch die Triebfedern des Eigennutzes, der Ehre, der Furcht, der Hoffnung oder durch die Pflicht allein habe bestimmen lassen? Warum können wir einem Menschen, von welchem wir vermuthen, er

wenn unter den Beweggründen, welche die Menschen zu den erhabendsten Handlungen antreiben, der unsichtbare Gesetzgeber Belohnungen und Strafen gebrauchte, so muß aus der ungleichen Vertheilung derselben der obgleich weniger bemerkte, doch sehr gemeine Widersprüche entstehen, daß die Strafen selbst solche Verbrechen treffen, von welchen sie doch die Urheber waren. Wenn zwei

er habe aus Eigennutz oder aus einem bloß sinnlichen Antriebe gehandelt, unsere Hochachtung nicht schenken und warum sollen wir hingegen einer Handlung aus Hochachtung gegen das Pflichtgebot, willig unsern ganzen Beifall? Warum legen wir ihr einen Werth, dem nichts gleicht und der ohne Preiß ist, also Würde bei? Würden wir dieß wohl zu thun im Stande seyn, wenn es nicht in uns eine Anlage gäbe, die ein Gesetz aufstellt, das unbedingten Gehorsam oft mit Verachtung aller sinnlichen Vortheile, ja manchmal des Lebens selbst, fodert? Die Persönlichkeit giebt dem Menschen allein moralischen Werth. Sie ist die Quelle alles Guten und Bösen und reißt ihn von der Kette der blinden Nothwendigkeit und von den Fesseln des Eigennutzes loß. Die Menschen können sich also durch das bloße Gesetz, das für sie Pflicht ist, zum Guten und Bösen bestimmen. Sie sind keine bloße Beute der Sinnlichkeit, sondern Schöpfer ihrer eigenen Würde. — Gott, als das heiligste Wesen, verlangt unbedingten Gehorsam gegen seinen Willen, den uns unsere Vernunft im Ideale vorhält, nicht weil es uns angenehm ist oder Vortheil bringt, sondern weil er es gebietet, und ohne alle Rücksicht auf Furcht oder Hoffnung. Man macht sich eine ganze unwürdige Vorstellung von der Gottheit, wenn man wähnt, sie locke die Menschen durch sinnliche Beweggründe, durch Belohnungen und Strafen, zum Gehorsam gegen ihr heiliges Gesetz. Nur unkultivirte Menschen, deren praktische Vernunft noch nicht erwacht ist, stellen sich die Gottheit unter diesen Eigenschaften vor.

Der Uebers.

zwei Verbrecher welche der Gesellschaft einen nicht gleich großen Schaden verursachen, gleich hart bestraft werden, so finden die Menschen kein größeres Hinderniß zu überwinden, um das größte Verbrechen zu begehen, wenn sie sich nur einen größern Vortheil dadurch verschaffen können. Jeder, der gewahr wird, daß eine und dieselbe Strafe, zum Beispiel die Todesstrafe, denjenigen trifft, der einen Fasan schießt, und der einen Menschen meuchelmörderischer Weise umbringt, oder eine wichtige Schrift verfälscht, wird bald keinen Unterschied zwischen diesen Verbrechen mehr machen *). Auf diese

*) Nichts äußert einen schädlichern Einfluß auf die Menschen als ein unrichtiger und also ungerechter Maaßstab zwischen Verbrechen und Strafen. Ein Volk, wo ein solches Mißverhältniß zwischen der Uebertretung und dem Uebel eine zeitlang herrschend gewesen ist, wird in seinen moralischen Beurtheilungen ganz verwirrt gemacht. Die schrecklichsten Schandthaten nennt es Verirrungen oder Fehler und die geringsten Vergehungen zählt es oft unter die größten Verbrechen. Es mißt alle Handlungen bloß nach den Vortheilen und den Nachtheilen ab, die daraus entspringen und erstickt endlich gänzlich die hehre Stimme der Pflicht, die ohne Rücksicht auf Nutzen oder Schaden befolgt seyn will. Die Gerechtigkeit geht verloren, weil man kein Gesetz mehr kennt, das unwandelbar bliebe und das sich durch den stürmischen Drang sinnlicher Begierden hindurch noch vernehmen ließe. Die Menschen sinken endlich zum Thiere herab, weil sie in den Handlungen des Staats keine Spur von Gerechtigkeit, die richtig abmißt und das Uebel nach Verdienst vertheilt, gewahr werden. Man fängt die schrecklichsten Verbrechen ohne Scheu und Schaam zu begehen an, weil durch einen Verlust der äußern Gerechtigkeit der innere Richter gänzlich verschwunden ist. Ein richtiger Maaßstab zwischen Verbrechen und Strafen ist also die wirksamste und ächteste Schule der Sittlichkeit,

diese Weise vernichtet man das moralische Gefühl, das Werk vieler Jahrhunderte und vieles Blutvergießens das man sehr langsam und mit schwerer Mühe in dem menschlichen Herzen ins Leben ruft und in Thätigkeit setzt und zu dessen Erweckung man die Unterstützung der erhabensten Beweggründe und eine große Zurüstung von ernsthaften Formalitäten für nöthig geachtet hat.

Es ist unmöglich, bei dem allgemeinen Kampfe der menschlichen Leidenschaften, allen Unordnungen vorzubeugen. Je mehr ein Staat an Bevölkerung zunimmt und jemehr sich die besonderen Interessen durchkreuzen, desto allgewaltiger werden sie und es ist nicht möglich, ihre Thätigkeit unmittelbar auf die Beförderung des allgemeinen Besten zu lenken. An die Stelle der mathematischen Genauigkeit muß man bei politischen Berechnungen die Berechnung der Wahrscheinlichkeit setzen. Wirft man einen Blick in die Geschichte, so wird man die Unordnungen mit der Erweiterung der Grenzen eines Staats zunehmen sehen, und da in eben dem Verhältnisse der Nationalstolz abnimmt, so vermehren sich die Antriebe, Verbrechen zu begehen, nach dem Maaße des Vortheils, den jeder aus diesen Unordnungen

keit, weil durch die Gleichheit, die ein gerechtes Gesetz beobachtet, der Weg zur Tugend geht. Wer nicht rechtlich handelt, ist noch fern vom Pfade der Tugend. Gerechte Staatsverfassungen sind daher die besten Anstalten, die Menschen zu bessern, weil eine durchgängige Beobachtung des äußern Rechts die Menschen an allgemeine Maximen gewöhnt, die der Eingang in das Reich der Tugend sind.

Der Uebers.

nungen zu ziehen glaubt. Da dieser Beweggrund immer zunimmt, so wird man gezwungen, die Strafen immer mehr zu schärfen.

Diese der Schwerkraft ähnliche Gewalt, die uns ohne Aufhören zu dem, was wir uns als zu unserm Wohle beitragend vorstellen, antreibt, wird nur in dem Maaße aufgehalten, als man ihr Hindernisse entgegenstellt. Die Wirkung dieser Gewalt sind die ganze verworrene Reihe der menschlichen Handlungen. Wenn diese wechselsweise an einander anstoßen und einander nachtheilig sind, so verhindern die Strafen, die ich politische Hindernisse nennen möchte, ihre unglücklichen Folgen, ohne die antreibende Ursache zu zerstören, welche in der von dem Menschen unzertrennlichen Empfindungsfähigkeit selbst besteht. Der Gesetzgeber verfährt wie ein geschickter Baumeister, dessen vorzüglichste Sorge dahin geht, den zerstörenden Richtungen der Schwere entgegen zu arbeiten und durch die Vereinigung des Gewichtes und Gegengewichtes seinem Gebäude Festigkeit zu geben.

Nimmt man die Nothwendigkeit einer Vereinigung der Menschen zu einem bürgerlichen Vereine und die Verträge an, die nothwendigerweise selbst aus dem Widerstreite des Eigennutzes der Einzelnen entstehen, so kann man sich die vorfallenden Unordnungen als eine Leiter vorstellen, auf deren obersten Sproße die Verbrechen stehen, die unmittelbar auf den Umsturz der Gesellschaft abzielen und auf der untersten die geringen Ungerechtigkeiten, die gegen die einzelnen Mitglieder der Gesellschaft verübt werden. Zwischen diesen Endpunkten

punkten befinden sich alle diejenigen Handlungen, die dem allgemeinen Besten entgegengesetzt sind, und die man Verbrechen nennt, und die alle durch unmerkliche Stufen von der Höchsten bis zur Untersten herabsteigen.

Könnte man die Meßkunst auf die zahllosen und dunkeln Verbindungen menschlicher Handlungen anwenden, so müßte man einen Maaßstab ausfindig machen können, der den Verbrechen entspräche, und der von dem höchsten bis zum niedrigsten herabgienge und könnten wir einen genauen und allgemeinen Maaßstab zwischen Verbrechen und Strafen auffinden, so würden wir auch ein wahrscheinliches und allgemeines Maaß haben, nach welchem wir die Grade der Tyrannei und der Freiheit, der Menschlichkeit und der Bosheit der verschiedenen Nationen abmessen könnten. Ein weiser Gesetzgeber aber wird sich damit begnügen, ihre Hauptkenntzeichen auszuzeichnen, ohne die Ordnung zu stören. Er wird nicht auf Verbrechen der ersten Größe, Strafen der geringsten Gattung setzen *).

§. 24.

*) Sollte es nicht möglich seyn, einen richtigen Maaßstab zwischen Verbrechen und Strafen aufzufinden, wenn man immer genau das innere Recht von dem äußern unterschiede und bei der Verletzung des letztern nicht allein auf die Motive, sondern auch auf den Grad von Uebeln sähe, die jemand dem Andern zugefügt hat? Sollte man nicht dadurch in Stand gesetzt werden, immer gerecht zu strafen, wenn man bei jeder Uebertretung auf ihren nähern oder entferntern Zusammenhang mit den Rechten des Menschen, die ihm als einer moralischen auf Andere einwirkenden Person nothwendig zukommen, Rücksicht nähme?

Der Uebers.

§. 24.

Von dem Maaßstabe der Verbrechen.

Der wahre Maaßstab der Verbrechen ist die Größe des Schadens, den jemand der Gesellschaft zufügt *). Dieses

*) Wie will man aber den Schaden, ohne jedes einzelne Subjekt zu fragen, ausfindig machen? Wornach will man seine Größe abmessen, da die Gesellschaft aus Menschen besteht, von welchen jeder einen andern Begriff über schändliche Handlungen hat? Und wie ist es überhaupt möglich, durch Erfahrungsbegriffe, dergleichen Nutzen und Schaden sind, die sich augenblicklich mit jedes Einsicht und Laune verändern, einen Maaßstab zu erhalten, der allgemeingültig sey? Die Begriffe von Verbrechen und Strafen, und von dem Maaßstabe derselben müssen entweder selbst reine aprioriſche Begriffe seyn oder unmittelbar aus solchen gefolgert werden. Da das Gesetz ein reiner Begriff ist, so muß auch der Maaßstab der Verbrechen und Strafen darauf gegründet werden. Wollte man den obigen vom Verfasser angeführten Maaßstab gelten lassen, wird nicht die Obrigkeit solche Handlungen, die ihr schaden, härter bestrafen als diejenigen, die einen andern Bürger beeinträchtigen? Der Schaden wird nach dem Schmerze abgemessen, den jemand fühlt; allein, hat nicht das Empfindungsvermögen eines jeden Menschen einen höhern und geringern Grad von Reizbarkeit und Kultur, und also mehr oder weniger Empfänglichkeit für äußere Eindrücke? Wird daher nicht der Schmerz dem einem Subjekte empfindlicher als dem Andern seyn? Kann nicht einem Menschen der Verlust seines Vermögens mehr schmerzen als die Beraubung jedes andern und zwar höhern Rechtes? Wie will man ferner je den Menschenmord für ein gleichgroßes Verbrechen erklären und mit gleicher Strafe belegen, da ein Mensch der Gesellschaft mehr nützt, als der Andere, und da bei dem von dem Verfasser angegebenen Maaßstab auf den Grad von Brauchbarkeit eines Menschen für den Staat Rücksicht genommen werden muß? Der Schaden, welcher der Gesellschaft durch ein

Dieses ist eine von den einleuchtendsten Wahrheiten, die aber doch, ob man gleich zu ihrer Entdeckung weder

Qua-

ein Verbrechen verursacht wird, kann also nicht der Maaßstab der Größe desselben seyn, weil er einer steten Veränderung unterworfen ist, und weil der Zweck des bürgerlichen Vereins der Nutzen seyn müßte; das letztere ist aber unmöglich, weil das Begehrungsvermögen allein und nothwendig den Menschen in allen Fällen bestimmen müßte, und weil der Mensch weit wichtigere Zwecke hat, die er in der Gesellschaft erreichen soll, als die bloße Befriedigung seiner sinnlichen Neigungen. — Jede Strafe soll nicht allein *gerecht*, sondern auch *zweckmäßig* seyn. Das Recht muß also erstlich den Maaßstab der Verbrechen bestimmen. Der Mensch hat nun Rechte, die von seiner Person unzertrennlich und daher wichtiger sind und solche, die sich von ihr trennen lassen und daher einen geringern Werth haben. Eine Verletzung jener muß daher härter bestraft werden, weil sie seine Existenz gefährdet oder vernichtet, als eine Beeinträchtigung dieser, die nur äußere Güter, deren Verlust ersetzt werden kann, betrifft. Der Maaßstab der Verbrechen und Strafen muß also auf der nahen oder fernen Verbindung des verletzten Rechtes mit der Existenz und mit dem Außer sich wirken des Menschen in dieser Welt beruhen. Durch diesen Maaßstab kann leicht die Größe oder die Geringfügigkeit eines Verbrechens und also auch die Strafe bestimmt werden. Man darf nur den nahen oder fernen Zusammenhang der Beeinträchtigung eines Rechtes mit der Unentbehrlichkeit und Wichtigkeit desselben zum Leben aufsuchen. Da nun alle Wirksamkeit des Staats auf den Schutz äußerer Recht eingeschränkt ist, so darf er auch dem Verbrecher den Gebrauch keines andern Rechtes entziehen als eines solchen. Werden irgend jemandes unveräußerliche Rechte verletzt, so muß der Staat auch dem Thäter den Genuß derselben entziehen; wird hingegen ein veräußerliches gekränkt, so muß der Verbrecher auch mit dem Gute büßen, das er dem Andern geraubt hat. Die Strafgerechtigkeit erfodert, daß der Staat Gleiches mit Glei-

chem

Quadranten noch Ferngläser nöthig hat und die jeder mittelmäßige Verstand fassen kann, durch eine wunderbare Vereinigung von Umständen nur einer kleinen Anzahl von Denkern unter allen Nationen und in allen Zeitaltern mit völliger Gewißheit bekannt gewesen sind. Allein die Meinungen, die der Despotismus erzeugt und die Leidenschaften, die mit Ansehen und Macht begleitet sind, haben meistentheils durch unmerkliche Eindrücke, manchmal auch durch gewaltsame Einwirckungen auf die

chem vergelte. Nie darf er aber dabei sein angewiesenes und allein rechtmäßiges Gebiet überschreiten, er darf z. B. den Mörder nicht tödten, weil das Leben kein äußeres Recht, sondern seine Erhaltung eine Gewissenspflicht ist, und also der Mord vor gar kein äußeres Forum gehört, sondern der Gottheit, als dem allein rechtmäßigen Richter und Gesetzvollzieher im Reiche des Gewissens überlassen werden muß. Die höchste Strafe, welche daher der Staat verfügen darf, ist die Entziehung des Genusses der drei unveräußerlichen Bürgerrechte welches die höchsten sind, über welche er Gericht halten darf. Der Mensch soll aber nicht allein thun was r e c h t ist, sondern er soll auch die K l u g h e i t, unter der Leitung der Gerechtigkeit, gebrauchen. Alle menschliche Strafen müssen daher zweitens zweckmäßig seyn. Sie dürfen nicht dem Zwecke des Menschen auf dieser Erde — der Kultur aller seiner Anlagen — Eintrag thun, sondern so viel als möglich seine Erreichung befördern. Dem Bestraften darf es daher nicht an Mitteln gebrechen, die seinen Geist ausbilden und die ihn an moralische Maximen und an allgemeine Gesetzlichkeit in seinen Handlungen gewöhnen. Keine Strafe darf daher allzulange dauern; die Hoffnung der Freiheit, muß jedem Verbrecher aus dem Hintergrunde entgegenschimmern, damit er sich bestrebe, seine Maximen zu ändern, seine Kräfte auszubilden und ein brauchbarer Mensch zu werden.

Der Uebers.

schüchterne Leichtgläubigkeit der Menschen diejenigen einfachen Begriffe vernichtet, die vielleicht bei der Entstehung der Gesellschaften allgemein bekannt waren, und die die erste Philosophie ausmachten. Glücklicherweise scheint uns die Aufklärung dieses Jahrhunderts zu jenen ursprünglichen Wahrheiten mit einem desto größerm Nachdrucke zurückzuführen, der durch reifliche Untersuchungen, durch tausend traurige Erfahrungen und selbst durch den Widerstand, den ihre Aufnahme erfährt, noch verstärkt wird. —

Diejenigen irrten gar sehr, welche die Absicht aus welcher jemand ein Verbrechen begeht, zum Maaßstabe desselben machten. Die Absicht hängt von dem gegenwärtigen Eindrucke der Gegenstände und von den vorhergehenden Neigungen des Gemüthes ab. Da sich aber diese beiden Dinge bei allen Menschen und bei jedem einzelnen Menschen insbesondere durch den schnellen Wechsel der Ideen, der Leidenschaften und der Gegenstände verändern, so müßte man nicht allein ein besonderes Gesetzbuch für jeden einzelnen Bürger, sondern auch ein neues Gesetz für jedes Verbrechen haben. Zuweilen fügen auch die Menschen mit der besten Absicht der Gesellschaft den größten Schaden zu und manchmal leisten sie ihr, bei dem stärksten Willen, ihr zu schaden, die ersprießlichsten Dienste *).

Andere

*) Die Absicht, aus welcher jemand etwas thut, ist etwas Inneres, das allein dem Gewissen und der Gottheit verantwortlich ist und ganz und gar nicht vor das Forum des Staats gehört. — Unser Wille legt seinen Handlungen bald diese bald jene Absicht zum Grunde und

Andere beurtheilten die Größe eines Verbrechens mehr nach der Würde der Beleidigten als nach seinem Einfluße auf das allgemeine Beste *). Wäre dieß der richtige

und kann diesen Wechsel ohne irgend ein äußeres Anzeichen bewirken, wie will man nun die Gesinnung, aus welcher der Mensch handelt, errathen, da ihre Veränderung so schnell geschieht, daß oft der Thäter selbst nicht weiß, warum er etwas gethan hat? Ein solcher Maaßstab der Verbrechen ist daher nicht allein unmöglich und ungerecht, sondern auch ungereimt, weil er voraussetzt, als könne der Mensch durch seinen Willen die Sinnenwelt regieren, da er doch selbst als ein Theil derselben unter ihrer Macht steht und oft nicht im geringsten den Erfolg seiner Handlungen lenken kann. — Die Absichten richtet Gott und das Gewissen, die Thaten aber, welche auf die Willkühr anderer Menschen einwirken, der Staat. Es ist daher der größte Frevel, wenn der Mensch sich zum Richter der bloßen Absicht des Thäters aufwirft, sein Urtheil als menschlicher Gerichtshof darnach bestimmt und das Strafurtheil nach diesem Maaßstabe fällt.

Der Uebers.

*) Vor dem Gesetze sind Alle gleich, mögen sie Bettler oder Reiche, Niedrige oder Hohe seyn. Alle muß dieselbe Strafe treffen, wenn sie gleiche Verbrechen begangen haben, weil die Gleichheit vor dem Gesetze die Bedingung aller bürgerlichen Gesellschaft ist. Den Schwachen und den Starken, den Jüngling und den Greiß, den Aufgeklärten und den Unwissenden, erwartet einerlei Loos (daher die Pflicht der Staatserziehung) wenn das Verbrechen gleich ist. Es läßt sich durchaus mit keiner bürgerlichen Gerechtigkeit vereinigen, wenn einerlei Verbrechen von einer und derselben Gesetzgebung verschieden bestraft werden. Die rechtliche Gleichheit ist die heilige Basis, worauf jeder vernünftige Staat sich stützt und die Gleichheit der Strafen sichert seine Dauer und Festigkeit.

Der Uebers.

richtige Maaßstab der Verbrechen, so würde eine Unehrerbietigkeit gegen das höchste Wesen weit härter bestraft werden müssen, als der Meuchelmord eines Monarchen, weil die Erhabenheit der göttlichen Natur einen unendlichen Ersatz wegen des Unterschiedes der Beleidigung erfodert.

Endlich behaupten Andere, daß man bei der Bestrafung eines Verbrechens auch auf die Größe der Beleidigung gegen Gott, die sich der Verbrecher zu Schulden habe kommen lassen, Rücksicht nehmen müsse *). Der Ungrund dieser Meinung wird jedem in die Augen fallen, der die wahren Verhältnisse der Menschen zu einander und gegen Gott unpartheiisch untersucht. Zwischen den Erstern tritt das Verhältniß der Gleichheit ein und die Nothwendigkeit allein hat durch das Aneinanderstoßen der Leidenschaften und durch den Widerstreit des Interesses der einzelnen Menschen den Begriff von dem gemeinschaftlichen Besten erzeugt, das der Grund der menschlichen Gerechtigkeit ist. Mit Gott hingegen stehen die Menschen in dem Verhältnisse der Abhängigkeit

*) Der bürgerliche Richter darf keine Rücksicht auf das göttliche Gericht nehmen, weil erstlich Gott gar nicht beleidigt werden kann (in dem Sinne nämlich, wie wir diesen Ausdruck von Menschen brauchen) und zweitens, weil er nach einem ganz andern Maaßstab losspricht und verdammt als Menschen thun. Seine Gerichtsbarkeit ist das Reich der Gedanken und Absichten. Er beurtheilt die Sittlichkeit der Menschen, der Staat hingegen die Gesetzlichkeit ihrer Handlungen. Beide Gerichtshöfe legen daher ihrer Beurtheilung ein ganz verschiedenes Gesetz zum Grunde.

Der Uebers.

keit von einem vollkommenen Wesen und von einem Schöpfer, der allein Gesetzgeber und Richter zugleich zu seyn, sich vorbehalten hat, weil er allein beides ohne Ungerechtigkeit und ohne Unanständigkeit seyn kann. Wenn er nun auf jeden Ungehorsam gegen die Befehle seiner Allmacht ewige Strafen gesetzt hat, welches Gewürme wird wagen, die göttliche Gerechtigkeit zu ersetzen? Wer wird sich erkühnen, das Wesen zu rächen, welches sich selbst genug ist, auf welches kein Gegenstand weder einen angenehmen noch unangenehmen Eindruck machen kann und welches allein unter allen Wesen ohne Gegenwirkung wirkt? Die Größe der Sünde beruht auf der unerforschlichen Bosheit des Herzens, die von endlichen Wesen ohne Offenbarung nicht ergründet werden kann. Wie soll nun diese aber bei Bestrafung der Verbrechen zur Richtschnur dienen? Könnte es in diesem Falle nicht leicht geschehen, daß die Menschen straften, wenn Gott verziehe und vergäben, wenn Gott strafte? Wenn die Menschen mit dem Allmächtigen durch eine Beleidigung, die sie ihm zufügen, in Widerspruch gerathen können, so kann dieß auch geschehen, wenn sie strafen.

§. 25.

Von der Eintheilung der Verbrechen.

Einige Verbrechen vernichten unmittelbar die Gesellschaft oder denjenigen, der ihre Stelle vertritt; Andere stören die Privatsicherheit eines Bürgers, indem sie Angriffe auf sein Leben, auf seine Güter oder auf seine Ehre thun, Andere endlich sind Handlungen, die demjenigen zuwider sind, was jedermann in Rücksicht des allge-

allgemeinen Besten zu thun oder zu unterlassen verbunden ist *).

Jede Handlung, die nicht in den obenangegebenen Grenzen enthalten ist, kann weder ein Verbrechen genannt, noch als solches bestraft werden, außer von denjenigen, deren Vortheil es erfodert, ihr diesen Namen zu geben. Die Ungewißheit dieser Grenzen ist unter

*) Das höchste Verbrechen, welches vor einen menschlichen Gerichtshof gehört, ist eine Handlung, welche auf die Vernichtung des Staates abzielt, weil die Menschen durch eine solche That in den gesetzlosen Naturstand zurück gestoßen und also ihrer gesetzlichen Existenz, die vor dem Rechte einen höhern Werth als das Leben selbst hat, beraubt werden. Eine zweite niedrigere Gattung von Verbrechen besteht in der Beraubung der unveräußerlichen Rechte und eine dritte noch geringere, in der Entziehung äußerer Güter. Je höher daher das Recht, das beeinträchtigt, oder das Gut, das verletzt wird, ist, desto größer ist das Verbrechen. Wer jedem gesetzlichen Zustande unter den Menschen ein Ende macht, muß am härtesten bestraft werden. Auf den Menschenmord, auf die Verstimmelung des Körpers und auf die Verwahrlosung des Geistes des Andern und auf die Entziehung des Genusses der Freiheit, folgt eine größere und empfindlichere Strafe als auf den Verlust äußerer ersetzbarer Güter. — Die dritte Klasse von Verbrechen, die der Verf. anführt, sind schon in der zweiten enthalten: denn worin kann das allgemeine Beste anders bestehen, als in dem Wohle und in der Sicherheit der einzelnen Bürger, wenn es nicht ein untauglicher Begriff für die Gesetzgebung seyn soll. — Wird daher eine Handlung zum Nachtheil des allgemeinen Besten für strafbar erklärt, so muß sie eine Verletzung der Rechte eines Bürgers seyn: denn die Gesetze dürfen nichts bestrafen, was nicht diesen Charakter trägt.

Der Uebers.

unter den Nationen der Urheber einer Sittenlehre gewesen, die mit der Gesetzgebung im Widerspruche steht. Sie hat Veranlassung zu manchen Gesetzen gegeben, die selbst einander widersprechen, und daher ist jene Menge von Gesetzen entstanden, die den weisesten Mann der härtestem Strafe preiß geben; daher rühren auch jene schwankenden und unbestimmten Begriffe von Tugend und Laster und daraus entspringt auch die Ungewißheit der Bürger wegen ihrer Existenz, die in dem Staatskörper jene unselige Schlafsucht und Unthätigkeit erzeugt, welche den Untergang der Staaten herbei führt.

Die Meinnng, daß jeder Bürger alles das thun darf, was durch kein Gesetz verboten ist, ohne andere Unannehmlichkeiten befürchten zu müssen als diejenigen, die aus seiner Handlung selbst entstehen können, ist ein politischer Lehrsatz, der von den Völkern geglaubt und von den höchsten Obrigkeiten unter dem unbestechlichen Schutze der Gesetze gepredigt werden sollte: ein heiliger Lehrsatz, ohne welchen es keine gesetzmäßige Gesellschaft geben kann: eine gerechte Vergeltung für das Opfer, das die Menschen mit ihrer Freiheit, die das Erbgut aller empfindender Wesen und die nur durch die Grenzen der eigenen Kräfte eingeschränkt ist, gemacht haben; mit der Freiheit nämlich, in allen Dingen ihr eigener unumschränkter Herr zu seyn *).

Diese

*) Der Staat ist zum Schutze der Rechte Aller bestimmt. Er darf daher nichts verbieten, was nicht irgend jemandes Rechte beeinträchtigt. Seine Wirksamkeit fängt also da an, wo sich Bürger durch ihre Handlungen einander unrecht thun, und wo sie also ihre Willkühr nicht auf

Diese Meinung bildet freie und tapfere Menschen, und klärt den Verstand auf. Sie macht dieselben tugendhaft und flößt ihnen eine Tugend ein, die über alle Furcht erhaben ist und macht ihnen jene sclavische Klugheit verächtlich, die desjenigen würdig ist, der sein Daseyn nur als eine Gnade oder als ein erbetteltes Geschenk anzusehen niederträchtig genug ist.

Durchließt man mit philosophischem Blicke die Gesetzgebungen der Nationen und ihre Jahrbücher, so wird man fast immer gewahr werden, daß sich die Begriffe von Tugend und Laster, von einem guten und schlechten Bürger mit den Revolutionen der Jahrhunderte, aber nicht in Verhältniß der Veränderungen, welche sich in den Umständen der Länder ereignen und die daher immer dem allgemeinen Besten angemessen sind, sondern

auf die Bedingung einer allgemeinen Gesetzlichkeit einschränken. Der Staat kann daher nur das verbieten, was die Gesetzlichkeit der äußern Freiheit aufhebt, und nichts kann ein Verbrechen genannt werden, was dieses allgemeine Menschengesetz nicht verletzt. Handlungen, sie mögen auch noch so abscheulich und noch so schändlich seyn, wodurch der Thäter keines Andern Rechten Abbruch thut, gehören allein vor sein Gewissen und nicht vor den Staat. Der Selbstmörder, der Verstümmler seiner Gliedmaßen, der Säufer, der Wüstling können und dürfen keiner bürgerlichen Strafe unterworfen werden, ob sie gleich wegen dieser Thaten der Gottheit verantwortlich sind. Der Staat verfährt nur so lange rechtlich, als er Handlungen vor sein Forum zieht, welche die allgemeine äußere Gleichheit der Willkühr vernichten. Ueberschreitet er diese Grenze, so handelt er unrecht.

Der Uebers.

sondern in Verhältniß der Leidenschaften und Irrthümer, die nach und nach die verschiedenen Gesetzgeber beherrscht haben, verändern. Man wird auch sehr oft bemerken, daß die Leidenschaften eines Jahrhunderts die Grundlage sind, worauf die Sittenlehre der künftigeu Jahrhunderte erbauet worden ist; und man wird sehen, daß die gewaltigen Leidenschaften — die Töchter des Fanatismus und des Enthusiasmus — die so zu sagen von der Zeit, die alle physischen und moralischen Erscheinungen wieder ins Gleichgewicht bringt, entkräftet und abgenagt werden, nach und nach zur Klugheit des Zeitalters umgestaltet und ein nützliches Werkzeug in den Händen des Mächtigen und Schlauen werden. Auf diese Weise entstanden die sehr dunkeln Begriffe von Ehre und Tugend und so sind sie noch beschaffen, weil sie sich mit dem Wechsel der Zeiten verändern, der die Ursache ist, daß die Namen die Sachen überleben, welche mit den Flüssen und Bergen wechseln, die oft nicht allein die Grenzen der physischen, sondern auch der moralischen Geographie sind *).

§. 26.

*) Der Grund des Wechsels von dem, was man Tugend und Laster nennt, liegt in der allmäligen und stufenweisen Ausbildung des Menschengeschlechts. Daher ehrt man in einem Lande und in einem Zeitalter Dinge und Thaten, welche in andern verachtet und gebrandmarkt werden. Diese Verwirrung der Begriffe kann nur allein durch Aufklärung wieder gut gemacht werden, die alles Unächte, Falsche und Ungerechte verschwinden macht. Es ist daher auch eine unerlaßliche Pflicht der Nationen, in ihrer Gesetzgebung mit den Fortschritten ihrer Kultur gleichen Schritt zu halten, um das zu verbessern, was Unwissenheit, Aberglaube und Fanatismus zu Verbrechen gestempelt haben. Es giebt aber einen

§. 26.

Von den Verbrechen der beleidigten Majestät.

Die ersten Verbrechen, die unter die größten gezählt werden, weil sie die schädlichsten sind, sind diejenigen, die man Verbrechen der beleidigten Majestät nennt. Die Tyrannei und die Unwissenheit, welche die deutlichsten Worte und Begriffe verwirren, können allein Verbrechen von ganz verschiedener Beschaffenheit mit diesem Namen belegen und ihnen folglich die größte Strafe zuerkennen und so die Menschen wie bei tausend andern Gelegenheiten als Schlachtopfer eines Wortes zu morden. Jedes Verbrechen, wenn es auch gleich nur bloß gegen einen einzelnen Bürger begangen wird, verletzt die Gesellschaft; allein nicht jedes Verbrechen zielt auf den unmittelbaren Umsturz des Staates ab. Die moralischen Handlungen haben, wie die physischen, ihren bestimmten Wirkungskreiß *) und sind auf verschiedene

einen Zeitpunkt in der Ausbildung der Nationen und des Menschen, wo die unselige Verschiedenheit von dem was rechtlich und widerrechtlich ist, ein Ende hat und dieser Zeitraum tritt ein, wenn die Anlage für die Persönlichkeit erwacht und ihr Gesetz bekannt ist, dann trachtet die Vernunft stets darnach, daß ihr heiliges Gesetz der Prüfstein von allen Geboten und Verboten sey.

Der Uebers.

*) Moralische Handlungen und physische Wirkungen unterscheiden sich gänzlich und der Art nach von einander. Jene beruhen auf dem Gesetze der Freiheit, diese auf dem Gesetze der Nothwendigkeit; jene werden nach dem Sitten- oder Rechtsgesetze beurtheilt, diese nach dem Grundsatze der Ursachlichkeit.

Der Uebers.

schiedene Art wie alle Bewegungen der Natur, von der Zeit und von dem Raum begrenzt. Nur Sophisterei, die gewöhnlich die Philosophie der Sclaverei ist, kann das verwirren, was die ewige Wahrheit durch unwandelbare Grenzen von einander unterschieden hat *).

§. 27.

*) Worin besteht ein Majestätsverbrechen? Es ist eine Handlung in der Absicht, den Staat zu vernichten, entweder durch Umänderung der Staatsform ohne Einwilligung der Nation, oder durch Verrath an das Ausland, um die jetzt bestehenden Einrichtungen aufzuheben. So lange also noch nicht die Absicht der Thäter ausgemacht ist, daß sie den Staat haben vernichten wollen, können sie auch nicht als Majestätsverbrecher angesehen werden. Keine Unehrerbietigkeit gegen die obersten Beamten, kein bloßer Widerstand gegen ihre Befehle, und keine Beleidigung ihrer Personen ist ein Majestätsverbrechen.

Majestät kommt nur der ganzen Nation als einer moralischen Person oder denjenigen zu, die ihre Stelle vertreten. Die gesetzgebende Gewalt vertritt die Nation, weil sie allgemeine Vorschriften giebt, die ein Akt der Nation sind, weshalb ihr allein Majestät zukommt. Weder die vollziehende noch die richterliche Gewalt sind mit Majestät begleitet, weil sie keine Handlungen der Souverainität verrichten, die allein in Erklärung des Nationalwillens durch allgemeingültige Gesetze bestehen, sondern das Gesetz als ihre Pflicht, der also schon Gesetze vorausgehen, auf einen besondern Fall anwenden. Es kann daher nur gegen den gesetzgebenden Körper ein Majestätsverbrechen begangen werden, der allein als Organ des Nationalwillens mit Majestät begleitet ist.

Wenn wird nun ein Majestätsverbrechen gegen die gesetzgebende Gewalt verübt? Nicht wenn einzelne Personen derselben vernichtet werden, noch wenn ein Gesetzgeber beeinträchtigt wird, sondern wenn die ganze gesetzgebende Gewalt oder auch einzelne Personen derselben in der Absicht aus dem Wege geschaft werden, um eine

Umän-

§. 27.

Von den Verbrechen gegen die Sicherheit irgend eines Privatmannes. Von Gewaltthätigkeiten.

Auf die erste Gattung von Verbrechen folgen diejenigen Verbrechen, welche die Sicherheit irgend eines Privatmannes verletzen. Da die Sicherheit nun der Hauptzweck jeder gesetzmäßigen bürgerlichen Verbindung ist, so muß die Verletzung des Rechts der Sicherheit, auf welches jeder Bürger Ansprüche hat, eine der härtesten Strafen, welche die Gesetze verfügen, treffen *).

Einige

Umänderung in der Verfassung zu bewirken, oder sie gänzlich umzustürzen und eine gänzlich verschiedene Regierungsform an ihre Stelle zu setzen, ohne daß die Nation darein gewilligt hat. Die Majestätsverbrechen zielen also darauf ab, den Nationalwillen in öffentlichen Angelegenheiten aufzuheben. Warum ist nun die Beleidigung oder die Vernichtung einer Person, die mit dem Nationalwillen begleitet ist, kein Majestätsverbrechen, wenn man nicht den Umsturz der Staatsverfassung beabsichtigt? Weil jeder öffentliche Beamte zugleich Bürger ist, und daher ein Vergehen gegen ihn bloß nach den Gesetzen, die für Alle gleich sind, beurtheilt und bestraft werden muß. Wollte man diese Behauptung nicht gelten lassen, so würde man den Charakter eines rechtlichen Staates — Gleichheit aller Personen vor dem Gesetze — vernichten.

*) Worin besteht aber die Sicherheit? Rechnet man nicht oft Dinge darunter, welchen der Staat gar keinen Schutz gewähren darf? Fragt man nicht oft mehr seine Bequemlichkeit als sein Recht, wenn man sich über Unsicherheit beschwert? Rührt nicht oft auch die Klage über Unsicherheit daher, daß der Staat den Ungerechtigkeiten und den Betrügereien Einzelner steuert, die sich auf Kosten aller Andern bereichern wollen? Es ist nur zu oft

der

Einige Verbrechen sind Angriffe auf die Person, Andere auf die Ehre und Andere endlich auf das Vermögen

der Fall, daß die bisher privilegirten Bedrückungen, wenn der Staat sie aufhebt, das Geschrei von Unsicherheit erhebt und daß diejenigen, welche die allgemeine Sicherheit und rechtliche Gleichheit am kühnsten verletzen, die ärgsten Schreier über die Störung der Sicherheit sind. Die Sicherheit besteht nicht darinne, daß keine Laster begangen werden, weil diese als von der bloßen Maxime der Willkühr abhängend gänzlich außer dem Staatsgebiete liegen und daher nicht verhindert werden können, noch darinne, daß alles in träger Todenruhe seine Tage verträume, noch in der Beibehaltung des hergebrachten Schlendrians und der eingeführten Privilegien, sondern in der freien und ungestörten Ausübung und in dem ungehinderten Genusse aller veräußerlichen und unveräußerlichen Bürgerrechte. Sie wird nur dadurch verletzt, daß man das Recht irgend eines Bürgers verletzt oder sie wird durch Auflauf gestört, entweder um sich den Befehlen der Obrigkeit zu widersetzen, oder die Staatsverfassung umzustürzen. Meinungen, so gefährlich man auch ihre Existenz halten und so nachtheilig man sie auch für die öffentliche Sicherheit betrachten mag, sind so lange keine Verbrechen, als sie nicht in That, also in Verletzungen von irgend jemandes Rechte, übergehen, weil sie Producte des Verstandes und keine Aeußerungen der Willkühr sind, welche allein den Rechten des Andern Abbruch thun können. — Jedes Verbrechen ist eine Verletzung der Sicherheit, allein deshalb kann doch nicht Eins so hart bestraft werden als das Andere, also die Störung der Sicherheit nicht immer unter die schwersten Verbrechen gezählt werden, weil bald durch sie der Genuß von Rechten gehindert wird, die unzertrennlich vom Leben sind, bald von solchen, ohne welche der Mensch bequem fortleben kann. Die Größe der Strafe, welche den Verletzer der öffentlichen Sicherheit trifft, muß nach der Wichtigkeit des gekränkten Rechts abgemessen werden.

Der Uebers.

mögen eines Bürgers. Die Erstern müssen ohnfehlbar mit Leibesstrafen belegt werden *).

Angriffe auf die Sicherheit und auf die Freiheit der Bürger müssen unter die schwersten Verbrechen gerechnet werden; und in diese Classe gehören nicht allein der Meuchelmord und der Diebstahl gemeiner Leute, sondern auch der Großen und der Obrigkeiten, deren Einfluß sich weiter erstreckt und mit größrer Kraft wirkt und der in den Unterthanen alle Begriffe von Gerechtigkeit und Pflicht austilgt und an ihre Stelle den Begriff von dem Rechte des Stärkern setzt, das endlich für den eben so gefährlich ist, welcher es ausübt, als für den, welcher darunter leidet.

Es darf weder der Gewaltige noch der Reiche seine Angriffe auf den Ohnmächtigen und Armen mit Geld vergüten können **): denn sonst würde der Reichthum, der

*) Warum dies? Es giebt ja verschiedenerlei Angriffe auf die Person des Andern, die bald eine geringere bald eine größere Wichtigkeit vor dem Rechte haben? Soll eine Insultirung durch Schläge eben die Strafe treffen, welche den Angriff trifft, den jemand auf den Andern thut, um ihn sein Vermögen abzunehmen?

Der Uebers.

**) Keine Strafe darf durch Geld allein getilgt werden, weil der Verbrecher nicht bloß deshalb gestraft wird, daß er einem einzelnen Bürger unrecht gethan hat, sondern auch Strafe verdient, daß er den Staat als eine moralische Person beleidigt hat, deren Verletzung nur durch körperliche Leiden oder durch eine einstweilige Beraubung seiner Freiheit wieder gut gemacht werden kann.

Der Uebers.

der unter dem Schutze der Gesetze eine Belohnung des Fleißes ist, ein Unterstützungsmittel der Tyrannei werden. In keinem Staate herrscht Freiheit, wo die Gesetze zugeben, daß der Mensch unter gewissen Umständen aufhöre eine Person zu seyn und zur Sache erniedrigt werde. Man wird alsdann den Mächtigen alle Geschicklichkeit und Mühe anwenden sehen, um aus der Menge von Vereinigungen, welche aus dem Zustande der Gesellschaft hervorgehen, diejenigen hervorzubringen, welche ihm das Gesetz zu seinem Vortheile einräumt *). Diese Entdeckung ist die Zauberkraft, welche die Bürger in Lastthiere verwandelt und die in der Hand des Listigen und Mächtigen die Kette ist, womit sie die Handlungen der Unvorsichtigen und Schwachen fesseln.

Dieß ist die Ursache, warum in einigen Staaten, die allen Anschein des Regiments der Freiheit haben, die Tyran-

*) Es ist sehr viel daran gelegen, daß der Staat darüber wache, daß nicht listige, habsüchtige und ehrgeitzige Menschen die Gesetze so deuten und stellen, daß sie von ihrer Vollziehung den größten Vortheil ziehen. Es ist kein wirksameres Mittel diesem Unfuge zu steuern als Publizität aller Verhandlungen und Rechtssprüche, damit das Publikum in Stand gesetzt werde, zu entscheiden, ob auch das Gesetz dem öffentlichen Willen gemäß ausgelegt und vollzogen werde. Eine rechtliche Verfassung, die alle Bürger gleichen Gesetzen unterwirft und die Vortheile und Nachtheile, welche aus der bürgerlichen Vereinigung entspringen, gleich vertheilt, ist am geschicktesten zu verhindern, daß Schlauheit, Arglist und Geschicklichkeit durch das Gesetz nicht mehr gewinne und verliere, als Offenheit, Redlichkeit und Einfalt.

Der Uebers.

Tyrannei doch im Verborgenen herrscht, oder sich unvermerkt in einen Winkel einschleicht, den der Gesetzgeber vernachläßigt hat und worin sie allmälig Kräfte sammelt und immer größer wird. Der offenbaren Tyrannei setzen die Menschen immer einen Damm, der stark genug ist, entgegen, aber sie sehen nicht den unsichtbaren Wurm, der ihn durchlöchert und der dem reissenden Strome einen desto sicherern Weg öffnet, je verborgener er alles durchgräbt.

Wie sollen nun die Verbrechen der Adlichen, deren Vorrechte einen großen Theil der Gesetze der Nationen ausmachen, bestraft werden? Ich will hier nicht untersuchen, ob dieser erbliche Unterschied zwischen den Adlichen und Bürgerlichen in einer Regierung nützlich oder in einer Monarchie nothwendig sey; ob es wahr sey, daß der Adel eine Mittelgewalt vorstelle, welche den Ausschweifungen der beiden Endpunkte Grenzen setze, oder ob er nicht vielmehr eine Gesellschaft bilde, die, da sie ihr eigener und Anderer Sclave ist, allen Umlauf des Ansehens und der Hoffnung in einen sehr engen Kreiß einschließe, gleich jenen fruchtbaren und anmuthigen Inseln, die man in den unermeßlichen Sandwüsten Arabiens erblickt; und ob wenn es wahr ist, daß die Ungleichheit in den Gesellschaften unvermeidlich oder so gar nützlich sey, es gleichfalls gegründet sey, daß sie vielmehr zwischen ganzen Classen als zwischen einzelnen Personen statt finden müsse; ob es nützlicher sey, daß sie vielmehr an einem Orte festhafte als sich durch den ganzen Staatskörper verbreite und ob es gerecht sey, daß sie sich vielmehr verewige, als un-

auf-

aufhörlich entstehe und stets wieder vernichtet werde *)? Wie es nun aber auch mit allen diesen Fragen beschaffen seyn mag, so will ich mich doch bloß auf die für diesen Stand gehörigen Strafen einschränken. Ich behaupte daher, daß den höchsten und niedrigsten Bürger einerlei Strafe treffen müsse. Jeder Unterschied, mag er in den Ehrenstellen, oder im Reichthum bestehen, setzt, wenn er rechtmäßig seyn soll, eine vorhergehende Gleichheit zwischen den Bürgern voraus, die sich auf die Gesetze gründet, welche alle Unterthanen als gleich abhängig von sich ansehen. Man muß also annehmen, daß die Menschen, als sie auf ihre uneingeschränkte Freiheit und Gewalt Verzicht thaten, gesagt haben: „wer am fleißigsten seyn wird, soll das größte Ansehen erhalten und sein Ruhm soll sich auf seine Nachkommen fortpflanzen; wer aber glücklicher und geehrter, als seine Mitbürger ist, mag sich zwar mit glänzendern Hoffnungen schmeicheln, aber sich nicht weniger als Andere in Acht nehmen, diejenigen Verträge zu verletzen, durch welche er über Andere erhoben worden ist."

*) Es ist wohl keinen Schwierigkeiten unterworfen, wie die Antwort auf die obigen Fragen des Verf. ausfallen muß. Wer über den Charakter eines Gesetzes nachgedacht hat und wer weiß, daß alle Gesetze sowohl in der physischen, moralischen und rechtlichen Welt Allgemeingültigkeit haben müssen, der wird sich ohne Zweifel nicht wenig wundern, wie es Gesetze mit Ausnahmen und Nichtgültigkeit für einige Individuen geben kann. Jeder Staat, der Gesetze hat, macht also eine völlige rechtliche Gleichheit geltend. Der Uebers.

Es ist zwar wahr, daß dergleichen Beschlüsse auf keinem Reichstage des Menschengeschlechts gemacht worden sind, allein sie sind doch nichts desto weniger in den unveränderlichen Verhältnissen der Dinge gegründet. Sie vernichten die Vortheile nicht, die man sich von der Einführung des Adels verspricht und verhindern die Nachtheile, die daraus entspringen können. Sie machen die Gesetze furchtbar, indem sie der Straflosigkeit jeden Weg versperren *).

Wollte man mir die Einwendung machen, daß, wenn man eine und dieselbe Strafe dem Adlichen und dem Bürgerlichen zufüge, sie wegen der verschiedenen Erziehung und wegen der Ehrlosigkeit, womit man eine berühmte Familie brandmarke, nicht mehr wirklich dieselbe, sondern eine Andere sey **); so antworte ich: nicht

*) Die Strafe muß, wenn das Verbrechen und die Absicht gleich ist, für alle Bürger gleich hart seyn: man hebt sonst sowohl das Grundgesetz des Staates auf, als giebt man zu dem Gedanken Veranlassung, als ob der Staat die Quelle aller moralischen und rechtlichen Begriffe sey und macht daher den innern Richtern — das Gewissen, den wachsamsten Hüter und die festeste Stütze der Staaten — selbst verstummen. Es giebt nichts gefährlicheres für einen Staat, als Ungleichheit der Strafen bei gleichen Verbrechen und Motiven: der denkende und aufgeklärte Theil der Nation wird dadurch empört und unwillig und der gedankenlose und wahngläubige Pöbel schaudert dann vor keiner auch noch so schrecklichem That zurück, weil ihn kein innerer Richter warnt und weil er sich mit dem Gedanken schmeichelt, daß das Glück ihm vielleicht eben so günstig seyn werde, als vielen Andern. Der Uebers.

**) Soll der Staat bei seinen Strafen auf die größere oder geringere Empfindlichkeit der Subjekte Rücksicht nehmen?

nicht der Grad der Empfindlichkeit ist der Maaßstab der Strafen, sondern der öffentliche Schaden, der um desto größer ist, je mehrere Begünstigungen derjenige genießt, der ihn verursacht. Die Gleichheit kann nur äußerlich seyn, denn sie ist in der That bei jedem einzelnen Subjekte verschieden. Die Ehrlosigkeit einer Familie kann von dem Souverain durch öffentliche Bezeugungen seines Wohlwollens gegen die unschuldige Familie des Schuldigen ausgetilgt werden. Und wer weiß nicht, daß ähnliche Beweise von Wohlwollen, welche in die Augen fallen, bei dem leichtgläubigen und alles bewundernden Haufen die Stelle von Gründen vertreten?

§. 28.

Von Beleidigungen (Injurien).

Die persönlichen und ehrenrührigen Beleidigungen, welche einem Bürger den rechtmäßigen Antheil von

nehmen? Wird nicht durch eine solche Beobachtung die Gleichheit vor dem Gesetze aufgehoben, die nicht Empfindungen, sondern Thaten mißt? Besitzt nicht vielleicht der Empfindungsvollere größere Einsichten, als der Gefühllose und kann dadurch seiner Strafe Vieles von den Unannehmlichkeiten entziehen, die den Andern drücken? Der Richter muß auf Gleichheit der Thaten sehen und nicht auf das Innere. Er muß daher seine Strafe nicht nach der verschiedenen Reitzbarkeit abmessen, sondern nach der Größe des Verbrechens. Wie will er sonst die Zuschauer überzeugen, daß er gerecht verfahre und wie will er den Vorwurf der Partheilichkeit von sich abwenden? Den Menschen stehen viele Mittel zu Gebote, ihre Leiden zu lindern, also ist der sicherste Maaßstab der Gerechtigkeit der Strafen die Gleichheit des äußern Uebels bei gleichen Verbrechen.

Der Uebers.

von Achtung rauben, den er von Andern zu fodern berechtigt ist, müssen mit Ehrlosigkeit bestraft werden.

Es giebt einen merkwürdigen Widerspruch zwischen den bürgerlichen Gesetzen — den kalten Wächtern, vorzüglich des Körpers und der Güter jedes Bürgers — und den Gesetzen über das, was man Ehre nennt, welche die öffentliche Achtung allem Andern vorzieht. Das Wort Ehre ist eines von denjenigen, das zu langen und glänzenden Untersuchungen Stoff geliefert hat, ohne daß man einen bestimmten und deutlichen Begriff damit verbunden hätte. Es ist ein unglückliches Loos des menschlichen Geistes, daß ihm die entferntesten und weniger wichtigen Revolutionen der himmlischen Körper deutlicher und genauer bekannt sind, als die nahen und höchst wichtigen moralischen Begriffe, die immer schwankend und ungewiß sind, je nachdem sie von dem Sturme der Leidenschaft hin und hergetrieben und verdunkelt werden, und je nachdem sie von der Unwissenheit, die sie leitet, aufgenommen und fortgepflanzt werden. Aber dieses scheinbare Paradoxon wird verschwinden, wenn man erwäget, daß, wie die Gegenstände, die den Augen allzu nahe sind, sich verwirren, so verursacht auch die allzugroße Nähe der moralischen Begriffe, daß die Menge der einfachen Begriffe, woraus sie zusammengesetzt sind, sich mit einander vermengen und ihre Scheidungslinie verwirren, die ein geometrischer Kopf braucht, der die Erscheinungen des menschlichen Gemüths messen will. Ueberhaupt aber wird jedem besonnenen Forscher menschlicher Handlungen das Wunderbare verschwinden, wenn er auf die Vermuthung geräth, daß man vielleicht keine so große Menge moralischer Begriffe und so viele Bande nöthig habe, um die Menschen glücklich zu machen und ihnen Sicherheit zu gewähren.

Der Begriff von Ehre ist Eine von den zusammengesetzten Vorstellungen, die nicht allein aus einfachen, sondern wiederum auch aus zusammengesetzten Begriffen bestehen und zusammen ein Ganzes ausmachen. Nach den verschiedenen Ansichten, unter welchen sie sich dem menschlichen Geiste vorstellen, faßt der Verstand bald Einige von den verschiedenen Bestandtheilen, woraus sie bestehen, auf; bald schließt er Einige von ihnen aus und behält nur einige wenige Gemeinbegriffe bei, so wie viele algebraische Größen einen gemeinschaftlichen Theiler zulassen. Um den gemeinschaftlichen Theiler unter den mancherlei Vorstellungen die sich die Menschen von der Ehre machen, aufzufinden, muß man einen flüchtigen Blick auf die Entstehung der Gesellschaften werfen.

Die Nothwendigkeit, dem Unfuge der physischen Uebermacht und der Herrschsucht eines jeden einzelnen Menschen zu steuern, war die Veranlassung zu dem Entstehen der Gesetze und der Obrigkeiten. Diese Verhinderung von Gewaltthätigkeiten war der Zweck, den man durch die Errichtung der Gesellschaften beabsichtigte und diesen Hauptzweck hat man immer an der Spitze aller, sogar der verderblichen und schädlichen Gesetzbücher, entweder in der That oder nur scheinbar beibehalten. Eine genauere Verbindung der Menschen aber mit einander und ihre größern Fortschritte in den Kenntnissen

nissen erzeugten eine unendliche Reihe von wechselseitigen Handlungen und Bedürfnissen, welche die Gesetze nicht voraus gesehen hatten und denen die Kräfte eines einzelnen Menschen nicht gewachsen waren. Seit diesem Zeitpunkte fieng der Despotismus der Meinung zu herrschen an, der das einzige Mittel war, von Andern die Vortheile zu erhalten, die das Gesetz nicht verschaffen, und die Uebel zu entfernen, gegen welche es keinen Schutz gewähren konnte. Die Meinung ist es, die den Weisen und den Einfältigen foltert, die dem Scheine der Tugend ein größeres Ansehen verschaft als der Tugend selbst und die sogar den Bösewicht in einen Bußprediger verwandelt, weil er bei dieser Scheinheiligkeit seinen Vortheil findet. Daher wurde die Achtnng und der Beifall der Menschen nicht allein nützlich, sondern auch nothwendig, um nicht geringer geachtet zu werden als andere Bürger. Wenn daher der Ehrgeizige nach ihnen als einem Mittel, das seinen Absichten günstig ist, strebt, wenn der Eitle um sie als um ein Zeugniß seines eigenen Verdienstes bettelt, so sieht sich auch der Mann von Ehre and Rechtschaffenheit gezwungen, sich um sie zu bewerben. Diese Ehre ist eine Eigenschaft, die sehr viele Menschen eben so hoch als ihr Leben schäzzen. Da sie erst nach der Errichtung der Gesellschaft entstanden ist, so konnte sie nicht in gemeinschaftliche Verwahrung gegeben werden. Sie ist vielmehr eine augenblickliche Zurückkehr in den Naturstand und der Mensch entzieht auf einen Augenblick seine Person denjenigen Gesetzen, die ihm in gewissen Fällen keinen hinlänglichen Schutz gewähren.

Daher

Daher verschwinden sowohl bei der größtem politischen Freiheit als bei der drückendstem Sclaverei die Begriffe von Ehre oder vermischen sich gänzlich mit Andern; weil im erstern Falle der Despotismus der Gesetze jedes Bestreben nach dem Beifalle Anderer unnütz macht und im zweiten der Despotismus der Menschen die bürgerliche Existenz vernichtet und jedem Bürger nur eine ungewisse und augenblickliche Persönlichkeit läßt. Die Ehre ist daher Einer von den Hauptgrundsätzen derjenigen Monarchie, worin ein gemäßigter Despotismus herrscht. Sie bringt in dieser eben die Wirkungen hervor, welche in despotischen Staaten Revolutionen verursachen. Sie versetzt den Unterthan einen Augenblick in den Zustand der Natur zurück und erinnert den Regenten an die alte Gleichheit *).

§. 29.

*) Es giebt eine moralische und eine bürgerliche Ehre; jene geht durch Unsittlichkeit, diese durch Widerrechtlichkeit verloren: jene erwirbt man durch Ausübung der Tugendpflichten, diese durch Gehorsam gegen die Rechtsgesetze; jene besteht in der Achtung, die uns wegen einer genauen Befolgung des Sittengesetzes gezollt wird, diese in der öffentlichen Meinung, daß wir alle eingeführten Gesetze streng befolgen und uns nichts gegen sie zu schulden kommen lassen und daß wir daher treue und ehrliche Bürger sind. Ueber jene entscheidet das Gewissen, über diese der bürgerliche Richter. Jene bleibt uns oft, wenn wir diese einbüßen, und so umgekehrt.

Als moralische Personen muß uns jedermann heilig achten und niemand darf uns weder durch Worte noch durch Handlungen als Sachen behandeln, wenn er nicht unsere moralische Ehre beeinträchtigen will. Wenn nun jemand durch seine Urtheile und Meinungen von uns zu erkennen giebt, daß wir Taugenichtse, Säufer, Faullenzer, Feige u. s. w. sind, ob wir gleich diesen Schimpf nicht

§. 29.

Von den Duellen.

Aus der Nothwendigkeit, die Achtung und den Beifall Anderer zu behaupten, entstanden die Duelle, die

nicht verdienen, können wir ihn deshalb vor Gericht ziehen? Ich behaupte, nein! weil wenn er uns unrecht thut, ein Gewissens- aber kein äußeres Bürgerrecht in uns gekränkt wird und weil er uns keines Unrechtes gegen Andere beschuldigt, sondern uns nur für Menschen erklärt, die nicht thun, was sittlich gut ist und daher der bürgerliche Richter das Faktum nicht beurtheilen kann. Er hat aber seine Ungerechtigkeit vor Gott und seinem Gewissen zu verantworten. Jede Beleidigung, welche sich vor ein bürgerliches Gericht qualifiziren soll, muß eine Beschuldigung von Ungerechtigkeiten gegen Andere ausdrücken, weil durch diese allein, wenn sie ungegründet ist, unser Bürgerrecht, so lange für einen guten Bürger gehalten zu werden, bis noch nicht das Gegentheil bewiesen ist — gekränkt wird und weil Beschuldigungen der Unsittlichkeit nicht können von Menschen gemessen und also nicht bestraft werden, denn es muß dabei die Immoralität und nicht die Widerrechtlichkeit beurtheilt werden. — Beschuldigt uns aber jemand durch Worte, Meinungen und dergl. des Unrechts gegen Andere, oder mißhandelt uns auf eine in der öffentlichen Meinung beschimpfende Art und nennt uns entweder einen Schurken, Spitzbuben, Hurer u. s. w. welche Worte Ungerechtigkeiten gegen Andere andeuten, so verletzt er unsere bürgerliche Ehre und fügt uns eine Injurie zu. Injurien sind daher Beschuldigungen Anderer wegen Ungerechtigkeiten gegen einen Dritten, die nicht gegründet sind, oder auch schimpfliche körperliche Züchtigungen. Durch solche Handlungen allein werden Rechte des Andern gekränkt, die vor ein bürgerliches Forum gehören. Injurien verletzen bloß erworbene Rechte; z. B. das Recht, daß jeder muß für einen guten Bürger gehalten werden, so lange ihn nicht der Staat dieses Vorrechtes verlustig erklärt hat. Es darf nie-

man-

die gerade in der Gesetzlosigkeit ihren Grund hatten. Man behauptet, sie seyn in dem Alterthume unbekannt gewesen; vielleicht weil die Alten sich weder in Tempeln, noch in Schauspielhäusern, noch bei ihren Freunden argwöhnischer Weise bewaffnet versammelten; vielleicht auch, weil

manden der gute Name in der öffentlichen Meinung abgeschnitten werden, weil der Verlust desselben ihm in seinem bürgerlichen Gewerbe nachtheilig ist. Jede Beschuldigung einer widerrechtlichen That kann vor ein bürgerliches Gericht gezogen und muß im Falle der Ungegründetheit bestraft werden.

Wie bestraft man aber Injurien gerecht und zweckmäßig? Da sie die bürgerliche Ehre verletzen, so muß dem Schuldigen nach dem Rechte eben dasselbe wiederfahren, was er dem Andern angethan hat. Er muß wieder gebrandmarkt werden. Wenn nun aber der Beleidigte sehr empfindlich, reitzbar und kultivirt, oder kalt, gefühllos gegen Ehre und Schande und ungebildet ist, darf alsdann auch noch Gleiches mit Gleichem vergolten werden? Soll derjenige, der geschimpft hat, wieder geschimpft werden? Da die Gleichheit der Strafe mit dem gekränkten Rechte als eine Rechtspflicht gilt und alles Strafen sich bloß auf die äußere That bezieht, so darf dem Beleidiger auch nur das entzogen werden, was er dem Beleidigten geraubt hat. Da aber jede Strafe nicht allein gerecht, sondern auch zweckmäßig seyn muß, so kann man mit der Vollziehung der Strafe allerlei Mittel verbinden, die auf den Bestraften wirken und ihm seine Strafe lindern oder erhöhen. Jeder Beleidiger verletzt aber nicht allein das Recht eines Bürgers, sondern er beleidigt auch den ganzen Staat, wovon der Beleidigte ein Theil ist, der mit ihm eine moralische Person ausmacht, die Rechte hat, die beeinträchtigt werden können; er begeht also eine doppelte Ungerechtigkeit, er muß daher entweder noch durch Geld, Arbeit oder Gefängniß die Schuld wieder gut machen, welche er sich gegen den Staat hat zu schulden kommen lassen.

Der Uebers.

weil der Zweikampf ein gewöhnliches und gemeines Schauspiel war, das die Fechter, welches Sclaven und verächtliche Leute waren, dem Volke gaben und weil freie Personen sich fürchteten, wegen dergleichen Kämpfe für Fechter gehalten und so genannt zu werden.

Vergebens hat man durch Verordnungen, daß jeder, der ein Duell annimmt, mit dem Tode bestraft werden soll, diese Gewohnheit auszurotten gesucht, die sich auf das gründet, was einige Menschen mehr als das Leben lieben: denn wenn der Mann von Ehre die Achtung Anderer verliert, so sieht er sich dem Unglück ausgesetzt, entweder ein Einsiedler zu werden und gänzlich allem menschlichen Umgange zu entsagen, welches für einem geselligen Menschen ein unerträglicher Zustand ist oder ein stetes Ziel der Beleidigungen und der Ehrlosigkeit zu seyn, deren wiederholte Angriffe über jede Besorgniß vor Strafe den Sieg davon tragen. Warum sind die Duelle unter dem gemeinen Volke nicht, so wie unter den Großen im Gebrauche *)? Dies kann nicht bloß,

*) Der Grund davon liegt theils in der Unkultur, theils in einer treuern Befolgung der Gesetze der Natur und der Pflicht. Die untere Classe des Volks besitzt nicht den hohen Grad von Ausbildung und Einsicht, den man unter den höhern Classen bemerkt, noch wird sie so sehr als diese durch falsche und phantastische Begriffe verkrüpelt. Sie ist daher nicht so empfindlich, sie kann nicht die Folgen eines Schimpfes berechnen und ist daher auch weniger geneigt, den Andern einer Beschimpfung wegen, die er auf sich ungerächt sitzen läßt, zu verachten oder geringer zu schätzen. Ihr Verstand wird mehr durch Gefühle und das Gewissen geleitet: er vergegenwärtigt ihr daher stets den Gedanken, daß Beleidigungen nicht

bloß daher rühren, daß es unbewaffnet ist, sondern daher, daß gemeine Leute den Beifall und die Achtung Anderer nicht so nöthig haben, als diejenigen, die von einem höhern Stande sind und sich einander mit größern Mißtrauen und mit mehr Eifersucht betrachten.

Es ist unnütz hier dasjenige zu wiederholen, was Andere über diese Sache geschrieben haben, nämlich, daß das wirksamste Mittel, diesem Verbrechen vorzubeugen, darin bestehe, den Angreifer, d. h. denjenigen, der zum Zweikampfe Gelegenheit gegeben hat, zu strafen und hingegen denjenigen für unschuldig zu erklären, der ohne seine Schuld gezwungen worden ist, seine Ehre zu vertheidigen, die ihm die gegenwärtigen Gesetze nicht schützen, und der sich genöthigt gesehen hat, seinen Mitbürgern zu zeigen, daß er die Gesetze allein, aber nicht die Menschen fürchte *).

§. 30.

nicht durch Blut ausgelöscht werden und daß im Staate jede Selbsthülfe außer im Falle eines Angriffs auf das Leben verboten ist.

Der Uebers.

*) Die Duelle sind unmoralisch, weil die Duellanten ihr Leben ohne eine moralische Verpflichtung der Gefahr der Zerstörung aussetzen.

Kein Mensch darf sein Leben ohne eine durch die Vernunft gebotne Schuldigkeit auf das Spiel setzen; büßt er es in dem Falle, wo er es wagen soll, ein, so hat er eine solche That nicht zu verantworten, weil er sich nicht selbst getödtet, noch sich der Gelegenheit einer muthwilligen Tödtung Preiß gegeben hat. Der Zufall — eine Natururſache — hat ihm das Leben geraubt.

Die Duelle sind widerrechtlich, weil alle Selbsthülfe, außer im Falle einer Bedrohung unsers Leben, im

§. 30.

Von Diebstählen.

Auf den Diebstahl, der ohne Gewaltthätigkeiten verübt wird, sollte Geldstrafe stehen. Wer sich durch

Anderer

im Staate als verboten angesehen werden muß. Wollte jeder sich selbst helfen, so wäre kein Staat nöthig und jeder übte dann bloß Rache aus, fügte aber keine Strafe zu, weil diese nur nach dem Gesetze durch den Richter zuerkannt werden kann. Duellanten heben jeden bürgerlichen Verein auf, weil sie bei der Entscheidung ihrer Streitigkeiten ein anderes Tribunal als den Staat zu ihrem Richter aufrufen, dadurch die Persönlichkeit der verbundenen Nation theilen und eine doppelte Souverainität, des Volks und der Duellanten, voraussetzen. Es ist die schändlichste Verspottung des Rechts und der Staatsgesetze, daß Menschen, oft eines Phantoms wegen, alle bürgerliche Gerechtigkeit mit Füßen treten und den Staat vernichten oder was noch schlimmer ist, die Bürger in Anarchie stürzen. Duelle müssen als Rebellion, welche den Umsturz des Staats beabsichtigt, angesehen und daher eben so hart als sie bestraft werden.

Man muß aber die Strafe nicht bloß androhen, sondern ungesäumt vollziehen, damit sich kein Duellant mit Ungestraftheit schmeicheln kann. In Deutschland giebt es vorzüglich zwei Classen von Menschen — Soldaten und Studenten — unter welchen das Duell, troz aller Vernunftgründe, die man dagegen angeführt hat, immer noch im Gebrauche ist. Die Eine von diesen beiden Menschenklassen ist zum Schutze des Staates, die Andere zur Belehrung und zur Unterstützung der Bürger bestimmt und beide verletzen ungescheut die Gesetze, deren Vollziehung sie erleichtern und befördern sollten.

Ehrlosigkeit, welche überhaupt eine widerrechtliche Strafe ist, darf nicht auf den Duell gesetzt werden. Ihn muß eine Strafe treffen, welches die höchste vor dem Rechte ist, weil die Duellanten bei der Entscheidung

ihrer

Anderer Güter zu bereichern sucht, sollte seines eigenen Vermögens beraubt werden. Allein da dieses Verbrechen gewöhnlicherweise von der unglücklichen Classe von Menschen begangen wird, welche Elend und Verzweiflung dazu zwingt und welcher das Eigenthumsrecht (ein schreckliches und vielleicht unnöthiges Recht!) nur die bloße Existenz gelassen hat, und da die Geldstrafen die Anzahl der Verbrecher vermehren, indem sie die Armen immer zahlreicher machen und Unschuldigen das Brod nehmen, um es Bösewichtern zu geben, so wird die zweckmäßigste Strafe darauf die Art von Knechtschaft seyn, die man allein gerecht nennen kann, nämlich die Knechtschaft, welche die Gesellschaft auf eine Zeitlang zum unumschränkten Herrn über die Zeit und die Person des Diebes zum gemeinen Besten macht, um ihn durch seine völlige Abhängigkeit von ihr den ungerechten Despotismus zu vergüten, den er gegen den gesellschaftlichen Vertrag ausgeübt hat *).

Ist

ihrer Angelegenheiten den Staat als das höchste Richtertribunal verkannt und also die Souverainität der Nation verletzt haben. — Es wäre zu wünschen, daß man durch vernünftige Belehrungen von dem, was wahrhaft ehrenvoll sey und von den Pflichten, welche jeder Mensch gegen den Staat zu erfüllen habe, die Sitte des Duellirens vernichtete. Es ist Frevel, wenn Menschen die im Staate leben, alle Vorrechte des Naturstandes, denen sie entsagt haben, ausüben und diesen gesetzlosen Zustand in einem bürgerlichen Vereine beibehalten wollen.

Der Uebers.

*) Alle Arten von Diebstahl müssen mit Gefängniß und mit Geld, das zum Ersatz bestimmt ist, bestraft werden. (Bloßes Geld kann gar nicht als Strafe angesehen

Ist aber mit dem Diebstahle Gewaltthätigkeit verbunden, so muß die Strafe geschärft werden und in Leibesstrafen und Knechtschaft bestehen. Andere Schriftsteller, die vor mir geschrieben, haben deutlich die Nachtheile aus einander gesetzt, die daraus entstehen, daß man keinen Unterschied zwischen den Strafen gewaltsamer und listiger Diebstähle macht und daß man ungereimter Weise das Leben des Menschen mit einer beträchtliche Geldsumme ausgleichen will. Diese beiden Arten von Diebstählen sind ganz verschiedenartige Verbrechen und es ist ein in der Staatskunst eben so ausgemachter Grundsatz, als in der Mathematik, daß der Unterschied,

hen werden, weil es dem Reichen oft wenig kümmert, ob er eine große oder geringe Geldsumme weggiebt.) Die Größe dieser Strafe wird nach dem Werthe des Geraubten und nach der Wichtigkeit des Rechtes, das der Dieb dabei verletzt hat, abgewogen. Jeder Dieb muß das Gestohlne wieder ersetzen und ist er dieses nicht zu thun im Stande, so ist der Staat verbunden, für ihn Ersatz zu leisten, weil ihm der Schutz über alles Eigenthum anvertrauet und weil jeder Bürger sich auf seine Wachsamkeit zu verlassen berechtigt ist. Der Dieb hingegen muß abarbeiten, was der Staat für ihn ausgelegt hat. Ist aber der Diebstahl zu groß, als daß er je durch Arbeit wieder ersetzt werden könnte, so müssen die Gesetze einen gewissen höchsten Zeitraum bestimmen, wo jeder Dieb seine Freiheit wieder erhält, weil jede Strafe zugleich zweckmäßig seyn und also nicht den anderweitigen Menschheitszwecken im Wege stehen muß. Jeder Dieb ohne Unterschied muß seiner Freiheit eine Zeitlang beraubt werden, damit er, wenn auch nicht moralisch besser werde, sich doch an rechtliche und allgemeingültige Maximen gewöhne. Und dies ist die eigentliche Strafe.

Der Uebers.

schied, der zwischen zwei verschiedenartigen Größen herrscht und der sie von einander scheidet, unendlich ist.

Man hat alles dieses zwar vor mir gesagt, aber es ist niemals überflüßig, Wahrheiten zu wiederholen, die man fast nie benutzt hat. Die politischen Maschinen behalten mehr als alle Andere, die ihnen anfänglich mitgetheilte Bewegung und vertauschen sie nur sehr langsam mit einer Neuem.

Es giebt eine Art von Diebstahl, die man in den meisten Staaten Europens ungestraft verüben läßt. Dies ist der Büchernachdruck. Bücher sind die edelste Art von Eigenthum, das Menschen besitzen. Sie sind ein Produkt der Freiheit und der Selbstthätigkeit und der geheimnißvollesten Operationen des menschlichen Geistes und gleichwohl scheint man noch nicht den Gedanken zu hegen, daß der Nachdruck strafbar sey, und daß man diesem Unfuge steuern müsse. Will man mir einwenden, daß man durch den Büchernachdruck keinen Diebstahl begehe, weil jeder Käufer mit seiner Waare machen könne, was er wolle, so erwiedere ich, daß kein Bücherkäufer Eigenthümer des Buches, als einer schriftlichen Rede an das Publikum, aber wohl des gekauften Exemplares von dem Buche werde und daß es ganz gegen den Willen des Schriftstellers und des Verlegers, zweier Personen, welche deshalb in einem Vertrage mit einander stehen, sey, das Buch nachzudrucken. Der Nachdrucker handelt also widerrechtlich.

Der Schriftsteller bleibt fortwährender Eigenthümer seines Buches. Worin besteht nun aber das fortdauernde Eigenthum des Verfassers an seinem Werke? Nicht in dem Papiere, noch in den Lettern, noch in dem Inhalte, den sich jeder Leser durch Studium zu eigen machen kann, sondern in der Verbindung der Ideen und in der Zusammenreihung der Materialien, welches gänzlich ein Werk seines Geistes ist, das niemand zu seinem Eigenthume machen kann, wenn er derselbe bleiben und nicht etwan in die Person des Autors übergehen will, welches aber eine Unmöglichkeit enthält. Warum aber kann sich niemand die Verknüpfung des Inhalts und der Ideen des Verfassers zu eigen machen? Ohngeachtet die Menschen gleiche Verstandesformen und Gemüthsvermögen haben, so werden doch diese nicht auf einerlei Art ausgebildet und zur Selbstthätigkeit gerufen. Jeder Mensch erhält durch Erziehung, Klima, Umgang, Nahrung, Beschäftigungen u. s. w. eine andere Geistesform. Die Gegenstände machen daher einen verschiedenen Eindruck auf ihn, er verarbeit sie verschiedenartig und giebt ihnen eine von allen andern Menschen ganz abweichende Gestalt. Die Anlagen des Menschen erlangen nicht einerlei Fertigkeiten, die Menschen haben nicht einerlei Talente, ihre Kräfte bekommen nicht einerlei Stärke und ihre Selbstthätigkeit gelangt nicht immer zu der Energie, welche man bei Andern antrifft, wie soll es nun möglich seyn, daß jemand mit dem Andern nicht allein gleiche Ideen und Ansichten von den Gegenständen habe, sondern daß er auch seine Gedanken

ken auf dieselbe Art, wie der Andere verbinde, zusammenreihe und alle Gegenstände in gleichem Lichte betrachte? Hängt nicht die Verbindung der verschiedenartigen Vorstellungen von der Erfahrung ab und prägt nicht diese dem Geiste jedes Menschen eine andere Form auf? Nie wird man daher zwei Menschen finden, die völlig gleiche Vorstellungen und Ansichten von einem Gegenstande und dieselbe Verbindungsweise der Gedanken hätten! Der Schriftsteller bleibt daher völliger Eigenthümer seines Buches, weil sich dasselbe niemand weder durch Vertrag noch durch Kauf zu eigen machen kann.

Der Verleger ist nicht Eigenthümer eines Buches, sondern er ist bloß mit Vollmacht von dem Verfasser versehen, um im Namen des letztern an das Publikum zu sprechen und vertragsmäßig so und so viel Exemplare zu drucken und verkaufen. Wenn nun ein Buch nachgedruckt wird, so spricht zwar der Nachdrucker im Namen des Verfassers mit dem Publikum, aber ohne die Erlaubniß dazu von ihm bekommen zu haben. Er begeht daher ein Verbrechen und der Schriftsteller ist verbunden, den rechtmäßigen Verleger beim Verkaufe der durch Vertrag festgesetzten Anzahl von Exemplaren zu schützen, damit dieser keinen Schaden durch das Unrecht der Menschen leide und den Vortheil erhalte, worauf er zu rechnen befugt war. An einem Buch findet daher nicht allein ein Sachrecht, als an einem körperlichen Kunstprodukte statt, sondern es ist auch andererseits ein persönliches Recht, von wel-

welchem niemand ohne Erlaubniß des Besitzers Gebrauch machen darf, und dieser kann allein durch Vertrag eingeräumt werden. Jeder Nachdruck ist daher eine Verletzung eines persönlichen Rechtes des Verfassers.

Welche Strafe soll nun aber auf den Nachdruck gesetzt werden? Da der Nachdruck eine Art von Eigenthum, die einen weit höhern Werth als irgend ein körperliches Eigenthum hat, verletzt und ein persönliches Recht des Verfassers beeinträchtigt, so muß den Nachdrucker eine der härtesten Strafen, welche die Gesetze wegen Unrechts zwischen Bürgern verfügen, treffen. Er stört den freien Gebrauch der geistigen Mittheilung an das Publikum, die so viel zur Kultur der Menschen beiträgt und entzieht dem Verfasser und Verleger die Vortheile, die sie von ihrem Geschäfte erwarten durften, er muß daher nicht allein seiner Freiheit auf eine Zeitlang beraubt werden, sondern auch Schadenersatz leisten.

Aber nicht allein der Nachdrucker muß bestraft werden, sondern auch die Nachdrucksverkäufer und Käufer, weil beide die Verletzung persönlicher Rechte und die Beeinträchtigung des Genusses von dem Eigenthume unterstützen. Der Nachdruckskäufer ist Helfershelfer und der Käufer ist Diebeshehler, beide werden bei andern Diebstählen bestraft, warum sollen sie nun bei einem so wichtigen Diebstahle straflos ausgehen? Sie können sich nicht mit der Nichtkenntlichkeit des Nachdrucks entschuldigen, weil es äußere Kennzeichen in Menge giebt, woran man den recht-

mäßigen

mäßigen Druck von dem Nachdrucke unterscheiden kann. Die Strafe, welche beide treffen muß, ist Beraubung ihrer Freiheit auf eine Zeitlang und Schadenersatz: denn sie schaden nicht allein dem rechtmäßigen Eigenthümer, sondern verhindern auch die Kultur der Wissenschaften. Die Unsicherheit dieser Art von Eigenthumes benimmt dem Schriftsteller und Verleger den Muth, langwierige Arbeiten zu unternehmen und kostspielige Unternehmungen zu wagen.

Da nun alle Arten von Beeinträchtigungen bestraft werden, warum verfährt man nicht folgerecht und läßt entweder jede Beraubung des Eigenthums ungestraft, oder bestraft jede Art von Diebstahl? Dadurch würde man sich doch wenigstens nicht des Charakters eines Gesetzgebers, der immer nach allgemeinen Gesetzen verfährt, verlustig machen.

Da man jetzt noch nicht allenthalben den Räuber bestraft, wo man ihn findet, so nenne man wenigstens die Nachdruckskäufer öffentlich, brandmarke ihr schändliches Verfahren und stelle es an den Pranger der Publizität. Es geschieht ihnen dadurch kein Unrecht, denn es darf jeder Ungerechtigkeit auf jede Art, die allgemein seyn kann, gesteuert werden; und wollten sie sich damit entschuldigen, daß sie nicht wüßten, daß der Nachdruck unrecht sey, so mache man ihnen ihr Unrecht durch Entziehung ihres Eigenthums fühlbar, wodurch sie Zeit erhalten werden, darüber nachzudenken, worin der Unterschied zwischen dem Nachdrucke und jedem andern Diebstahle bestehe. — Der Nutzen, den der Nachdruck stiftet, kann nicht in Betracht kommen, wenn vom Rechte die Rede ist. Was ungerecht ist, soll unterbleiben und wenn auch die Welt zu Grunde gehen sollte. — Sind nun aber die Nachdruckskäuser so lernbegierig, warum lernen sie nicht die Zustände ihres eigenen Gemüths lesen und warum studiren sie nicht das große Buch der Natur? Viele Lektüre ist schädlich, weil sie die Eigenheiten des Geistes verwischt und weil die Selbstthätigkeit und Freiheit dabei verloren geht. Wie will man selbst denken lernen, welches doch eine Gewissenspflicht ist, wenn man seine Wißbegierde durch steten Ueberfluß sättigt, nicht auf eignen Füßen geht und seinen Verstand in allen Dingen selbst braucht? Lektüre überfüllt das Gedächtniß mit Materialien und raubt dem Geiste alle Lust zum Selbstforschen. Der Uebers.

---

§. 31.

Von dem Schleichhandel und dem Unterschleife.

Der Schleichhandel ist ein wirkliches Verbrechen, das den Regenten und die Nation beeinträchtigt. Die Strafe aber, welche man darauf setzt, darf nicht mit Ehrlosigkeit brandmarken, weil dieses Verbrechen, wenn es begangen wird, niemals in der öffentlichen Meinung Ehrlosigkeit nach sich zieht.

Woher kommt es nun aber daß dieses Verbrechen seinen Thäter nicht ehrlos macht, ob es gleich ein Diebstahl ist, den man an dem Regenten und folglich an der

Nation

Nation selbst begeht? Ich erwiedere, Verbrechen, von welchen die Menschen glauben, sie können nicht an ihnen verübt werden, ziehen die Aufmerksamkeit des Publikums nicht in dem Grade auf sich, welcher hinreicht, öffentlichen Unwillen gegen ihre Urheber zu erregen. Unter diese Art von Verbrechen gehört nun auch der Unterschleif. Die Menschen, auf welche die entfernten Folgen einer Handlung nur sehr schwache Eindrücke machen, sehen den Schaden nicht ein, den sie durch Unterschleif leiden können. Sie genießen vielmehr die gegenwärtigen Vortheile von diesem Verbrechen, und werden nur den Schaden gewahr, welcher dem Fürsten verursacht wird. Es ist ihnen daher nicht so viel daran gelegen, demjenigen ihre Achtung zu entziehen, der einen Unterschleif begeht, als sie bemüht sind, dem ihren Beifall zu versagen, der einen Diebstahl an einer Privatperson begeht, oder das Geld verfälscht, oder Verbrechen verübt, die ihnen schaden können. Es ist also ein einleuchtender Grundsatz, daß jedes empfindende Wesen sich nur um die Uebel bekümmert und an den Nachtheilen Antheil nimmt, die es kennt.

Das Gesetz selbst veranlaßt dieses Verbrechen, denn wenn die Abgaben auf etwas erhöhet werden, so nimmt auch der Vortheil des Betruges zu und die Versuchung, Unterschleif zu machen, wird immer stärker und noch durch die Leichtigkeit, ihn zu begehen, vergrößert, weil man die Waare wegen des geringen Raumes, den sie einnimmt, leicht verbergen kann.

Der Verlust der verbotenen Waaren und anderer Dinge, welche man dabei findet, ist eine sehr gerechte

Strafe. Sie würde aber desto mehr ausrichten, je geringer die Abgabe ist, weil die Menschen sich nur nach Verhältniß der Vortheile, die ihnen ein glücklicher Ausgang ihres Unternehmens verspricht, in Gefahr setzen.

Soll man aber ein solches Verbrechen an demjenigen, der keine Waaren zu verlieren hat, ungestraft lassen? Nein. Es giebt Unterschleife, wobei die Erhebung der Gefälle, die ein so wesentlicher und so schwieriger Theil einer guten Gesetzgebung sind, so sehr interessirt ist, daß ein dergleichen Verbrechen eine schwere Strafe verdient, die sich vom Gefängnisse bis sogar zur Knechtschaft erstrecken kann. Aber das Gefängniß und die Knechtschaft müssen der Natur des Verbrechens angemessen seyn *).

§. 32.

*) Es giebt drei Arten von Unterschleif, entweder man führt verbotene Waare ein, oder betrügt die Accise, oder ein Beamter bevortheilt die öffentliche Casse. Darf nun eine Gesetzgebung die Einfuhr ausländischer Waaren verbieten? Da kein Staat ein Gesetz geben darf, das nicht allgemein, also für das ganze Menschengeschlecht gültig seyn könnte und da überdieß der Verkehr der Nationen mit einander durch den Handel, ein Beförderungsmittel der Kultur und der Erziehung zum Weltbürgersinne ist, so darf keine Gesetzgebung die Einfuhr ausländischer Waaren verbieten. „Sollte aber dadurch nicht ein zu großer Nachtheil für den Staat entstehen, der in Ansehung seiner Fabrikate und Produkte mit dem Andern noch nicht wetteifern kann, wenn er uneingeschränkte Handelsfreiheit gestattet und alle Waaren ohne Einschränkung einführen läßt?" Da die Menschen ein stetes Bestreben äußern, das Vollkommene und Geschmackvolle, das sie sehen, nachzuahmen, so wird ein Staat in kurzem die ausländischen Waaren entbehren können, und sollte dieß aus Mangel an Materialien zu einer Waare nicht

§. 32.

Von den Schuldnern.

Die Nothwendigkeit von Treu und Glauben bei Verträgen, und die Sicherheit im Handel und Wandel nöthi-

nicht möglich seyn, so wird er andere Produkte und Fabrikate ausführen, die im Lande wachsen oder verfertigt werden, wodurch also das Gleichgewicht zwischen Ein- und Ausfuhr wieder hergestellt wird. Muß er aber auch bei dem Handel mit einer Nation etwas verlieren, so wird er diesen Verlust wieder durch den Handel mit einer Andern ersetzen, wenn nur seine Bürger thätig sind: allein eben der freie und ungehinderte Verkehr der Nationen unter einander ist das stärkste und zweckmäßigste Aufmunterungsmittel zur Industrie. Das Recht ist immer der beste Wegweiser zum Glücke. Alles ist bemüht, etwas zu gewinnen: der Eigennutz ist daher ein immerwährender Stachel, der die Menschen zur Thätigkeit und zur Arbeit antreibt und sie nie ruhen läßt, wenn ihnen nur ihre Arbeit etwas einträgt und ihnen Gewinn verspricht. „Wenn nun aber die benachbarten Staaten die Einfuhr aller ausländische Waaren verbieten, wie soll sich ein Staat dabei verhalten?" Da ein solches Verbot eigentlich eine Nation in einen Kriegsstand versetzt, der eben so widerrechtlich als unnatürlich ist, so darf sich jeder Staat, der darunter leidet, wider diesen ungerechten Angriff auf sein freies Verkehr durch Verbote der Waaren eines solchen Staates vertheidigen. Es ist aber stets Pflicht der Oberhäupter der Nationen, jedes Hinderniß, das den freien Handel und Wandel der Völker mit einander stört, aus dem Wege zu räumen, es müssen sich daher die Beherrscher immer angelegen seyn lassen, dahin zu arbeiten, daß der freie Verkehr zwischen den Nationen wieder hergestellt werde, damit sie ihre Produkte und Fabrikate gegen einander austauschen können.

Woher kommt es nun, daß das Publikum den Kontrebandier nicht mit Ehrlosigkeit brandmarkt? Weil es die

nöthigen den Gesetzgeber, den Gläubigern Mittel an die Hand zu geben, sich der Person ihrer banqueroutirten Schuldner zu bemächtigen. Ich halte es aber für wichtig, einen vorsätzlichen Banqueroutirer von einem unschuldigen zu unterscheiden. Den Erstern sollte eben die Strafe treffen, die man dem Falschmünzer zuerkennt, weil ein Stück geprägten Metalls zu verfälschen, das ein Unterpfand der Verbindlichkeiten der Bürger ist, doch gewiß kein größeres Verbrechen ist, als die Verbindlichkeiten selbst verfälschen. Der unschuldige Banqueroutirer aber, der nach einer strengen Untersuchung vor seinen Richtern bewiesen hat, daß er entweder durch Anderer Unglück, oder Treulosigkeit, oder durch Zufälle, die keine menschliche Klugheit voraussehen konnte, um sein

die Einrichtung, wodurch ausländische Waaren verboten werden, für ungerecht hält. Dies ist der Fall auch mit dem Unterschleife gegen die Accise. Diese Auflage wird nicht von dem Vermögen und von dem Erwerbe eines Jeden, sondern von dem Nahrungs und Unterhaltungsmitteln erhoben — also von Dingen, die zum menschlichen Leben unentbehrlich sind. Man sieht daher nicht ein, warum man jemand die Ehre absprechen soll, da man seine That nicht für widerrechtlich hält.

Wenn nun aber die Accise einmal statt findet, wie muß ein Unterschleif gegen dieselbe bestraft werden? Der Gesetzübertreter muß nicht allein seine Waare verlieren, sondern auch Gefängniß- oder Arbeitsstrafe erhalten, weil er durch die Wegnahme der Waare noch nicht für seine Handlung bestraft wird, die er gegen das Gesetz begangen hat. Die Waare wird schon durch das Verbot, nichts ohne Abgabe an die Accise einzuführen, confiscirt, warum soll nun seine wissentliche Uebertretung eines Gesetzes straflos seyn?

Der Uebers.

sein Vermögen gekommen ist, aus welchem grausamen Bewegungsgrunde will man diesen nun ins Gefängniß werfen und ihm des einzigen und armseligen Gutes, das ihm noch allein übrig ist — seiner Freiheit — berauben, um in der Verzweiflung der unterdrückten Redlichkeit die Qualen der Schuldigen auszustehen und es ihm vielleicht gereuen zu lassen, daß er rechtschaffen war? Bei seiner Unschuld lebte er ruhig unter dem Schutze derjenigen Gesetze, welche nicht zu verletzen, nicht in seiner Gewalt stand. Diese allzu strengen Gesetze gab die Habsucht der Mächtigen und duldete die Hoffnung der Ohnmächtigen, die immer im menschlichen Herzen glimmt und die uns überredet, nur Andern könnten Widerwärtigkeiten begegnen, uns aber müsse alles nach Wunsche gehen. Die Menschen, die ein Spiel der ersten besten Eindrücke sind, lieben grausame Gesetze, ob sie gleich selbst auch noch so sehr von ihnen gedrückt werden und ob es gleich jedermanns Vortheil erheischt, daß sie gemäßigt werden, so ist dennoch die Furcht vor Beleidigungen größer als der Wille zu beleidigen *).

Um

*) Es ist nur zu oft der Fall, daß Ein muthwilliger Banquerotirer eine Menge Unschuldiger ins Unglück und ins Verderben stürzt, warum sollten nun diese dieselbe Strafe leiden, die man dem Schuldigen zuerkennt? Menschen ohne irgend eine Schuld zu strafen, ist Grausamkeit. Sie sind schon unglücklich genug, daß sie ihr Vermögen ohne ihr Verschulden eingebüßt haben. Man sollte ihnen daher keine Strafe zufügen, da sie nichts verschuldet haben, aber man sollte sie zur Arbeit anhalten und sie mit Geld unterstützen, damit sie wieder zu Kräften gelangten und ihre Gläubiger bezahlen könnten. Welches ist nun die gerechteste und zweckmäßigste Strafe für den muthwilligen Banquerotirer? Da dieser oft

in

Um also wieder auf den unschuldigen Banquerou-tirer zu kommen, so frage ich, wenn seine Verbindlichkeit bis zur völligen Bezahlung unauslöschlich seyn soll, wenn er ihr sich nicht ohne Einwilligung derer, welche Ansprüche auf ihn haben, entziehen und wenn er sich in kein anderes Land begeben darf, um da von seinem Fleiße und von seiner Arbeit zu leben, die man aber bei Strafe nur dazu verwenden müßte, um ihn in Stand zu setzen, denjenigen, denen er etwas schuldig ist, nach Verhältniß seines Gewinnes Zahlung zu leisten, unter welchem Vorwandte, der vor dem Rechte bestehen kann, frage ich, will man eine Beraubung seiner Freiheit rechtfertigen, die für seine Gläubiger keinen Vortheil hat?

Man

in Sauß und Brauß gelebt und alle Freuden, die Geld, Kredit und Ansehen verschaffen können, genossen hat, da er an Gesellschaft und an Bequemlichkeit gewöhnt ist und da er entweder unsinnig verschwendet oder ohne Kopf spekulirt hat, so scheint die nützlichste Strafe, welche ihn treffen muß, lebenlose Einsamkeit zu seyn. Todenstille muß ihn umgeben, um ihn als Mensch zur Reue über seine Ausschweifungen und als Bürger zum Nachdenken über die Treulosigkeit, die er an seinen Mitbürgern verübt hat, zu bringen. Der grenzenlose Luxus und der oft gehirnlose Spekulationsgeist stürzen ein Handelshaus nach dem Andern und verscheuchen Treue, Redlichkeit und Zutrauen, die zu allen Gewerben so nothwendig, zur Ausbildung der menschlichen Anlagen so beförderlich und zur Erweckung der Tugendliebe unter den Menschen so vortheilhaft sind, von der Erde. Die unersättliche Begier nach Genuß zersprengt alle Bande der Pflicht, welche die Menschen an einander kettet und trägt das Glück zu Grabe.

Der Uebers.

Man wird mir einwenden, die Leiden der Knechtschaft seyn ein Mittel, die Geheimnisse eines für unschuldig gehalten Banqueroutirers an den Tag zu bringen. Dieser Fall aber wird sich sehr selten ereignen, wenn man eine scharfe Untersuchung über sein Betragen und seine Angelegenheiten vorausgehen läßt.

Ich halte es für einen heilsamen Grundsatz in der Gesetzgebung, daß der Werth der politischen Nachtheile, welche aus der Ungestraftheit eines Verbrechens entstehen, in geradem Verhältnisse mit dem öffentlichen Schaden, den der Gesellschaft ein Verbrechen verursacht und in umgekehrtem Verhältnisse mit der Schwierigkeit stehen müsse, welche es ausser Zweifel zu setzen kostet.

Man wird mir die Sicherheit des Handels und Wandels und die Unverletzlichkeit des Eigenthums anführen; allein der Handel und das Eigenthum der Güter sind nicht der Zweck des gesellschaftlichen Vertrages. Sie können aber als Mittel zur Erreichung desselben gebraucht werden. Alle Mitglieder der Gesellschaft den Uebeln preiß geben, wovon die zahllosen Verknüpfungen, welche aus dem bürgerlichen Zustande hervorgehen, die Ursache sind, hieße die Zwecke den Mitteln unterordnen. Allein dies ist ein in allen Wissenschaften, vorzüglich aber in der Staatskunst, verkehrter Schluß *).

Man

*) In einen solchen Irrthum bin ich selbst in den vorhergehenden Ausgaben gefallen, wo ich sagte, der unschuldige Banqueroutirer müsse als ein Unterpfand seiner Schulden verwahrt oder als Sclave zur Arbeit für seine Glaubiger gebraucht werden. Ich schäme mich, dieses geschrieben zu haben. Man hat mich der Freidenkerei beschul-

Man sollte einen bösen Vorsatz von einem groben Fehler, einen groben von einem geringen, einen geringen von vollkommener Unschuld unterscheiden *); und auf den Ersten die Strafe des Falschmünzens, auf den zweiten geringere Strafen und den Verlust der Freiheit setzen; im Falle einer völligen Unschuld aber, den

Schuld-

beschuldigt, ich verdiente diesen Vorwurf nicht. Man hat mich für einen Aufrührer ausgeschrieen und ich verdiente auch diese Anklage nicht. Aber ich habe die Rechte der Menschheit verletzt und niemand hat mir darüber einen Verweiß gegeben.

Beccaria.

*) Immer muß zwischen einem absichtlichen und einem unabsichtlichen Verbrechen ein Unterschied der Strafen gemacht werden, weil jenes mit dem Bewußtseyn des Gesetzes und der Schuld begangen wird, dieses aber ein Werk der Unwissenheit oder Unbesonnenheit ist. Ein absichtlicher Verbrecher überlegt und sinnt nach, wie er seine böse That am besten ausführen kann; er hat also Zeit über die Verworfenheit und das Verbotenseyn seiner Handlung nachzudenken; der Unabsichtliche hingegen wird ohne Wissen und Willen in den Strudel hinabgestürzt und zu einer widerrechtlichen That gezwungen. Beide sind zwar strafbar, aber nicht in gleichem Grade: der Erstere, der mit Besonnenheit handelt, verdient eine größere Strafe als der Andere, wenn sie ein gleiches Verbrechen begehen. Jener wird bestraft, daß er eine widerrechtliche Handlung verübt hat, dieser, daß er eine ungerechte Handlung nicht unterlassen hat. Er hätte stets mit Ueberlegung verfahren und nie ein bürgerliches Gesetz verletzen sollen. Seine Aufmerksamkeit hätte bei allen seinen Unternehmungen auf das gerichtet seyn sollen, was verboten war. Es geschieht ihm daher kein Unrecht, daß er wegen einer Nichtunterlassung einer That bestraft wird.

Der Uebers.

Schuldner die freie Wahl der Mittel überlassen, durch welche er sich wieder in Stand setzen will, seine Gläubiger zu bezahlen und endlich im Falle eines geringen Fehlers dem Schuldner die Freiheit, dies zu thun nehmen und sie seinen Gläubigern geben. Diese Unterscheidungen aber von einem groben und geringen Fehler müssen allein von dem blinden und unpartheiischen Gesetze und nicht von der gefährlichen und willkührlichen Klügelei der Richter abhängen. Die Festsetzung der Grenzen ist in der Staatskunst eben so nothwendig als in der Mathematik, so wohl in Ansehung des Maaßes des allgemeinen Besten, als in Ansehung der Abmessung der Größen.

Wie leicht könnte ein kluger Gesetzgeber einem großem Theile von nicht betrüglichen Banquerouten vorbeugen und dem Unglücke eines unschuldigen und fleißigen Mannes abhelfen. Ein öffentliches und richtiges Verzeichniß von allen Verträgen und die allen Bürgern ertheilte Erlaubniß, diese gutgeordneten Urkunden nachzusehen, eine öffentliche Bank, die man von den auf den glücklichen Handel weißlich vertheilten Abgaben errichtete, und die man dazu bestimmte, den unglücklichen und unschuldigen Mitgliedern des Handelsstandes mit den nöthigen Summen zu Hülfe zu kommen. Eine dergleichen Einrichtung würde keine wirklichen Nachtheile, aber desto größere Vortheile haben. Allein leichtverständliche, einfache und durchgreifende Gesetze, die nur auf einen Wink des Gesetzgebers warten, um in den Schooß der Nation Reichthum und Macht auszuschützuschütten *), Gesetze, die ihn mit unvergänglichen Seegenswünschen und Dankliedern überhäufen würden, sind entweder weniger bekannt oder weniger beliebt. Ein Geist der Unruhe und Kleinigkeiten hingegen, eine kurzsichtige nur auf den gegenwärtigen Augenblick beschränkte Klugheit und eine übertriebene Abneigung gegen Neuerungen bemächtigen sich der Gemüther derjenigen, welche die Schicksale der unglücklichen Sterblichen verbessern könnten.

§. 33.

Von der öffentlichen Ruhe.

Unter die Verbrechen der dritten Art gehören vorzüglich diejenigen, welche die öffentliche Sicherheit und die Ruhe der Bürger stören, worunter man den Lärmen und die Schlägereien auf öffentlichen Straßen, die zum

*) Bis hieher sind nur zu oft Noth, Vorurtheile und Leidenschaften allein und nicht vorurtheilsfreie Denkungsart, reifliche Ueberlegung und Weisheit die Gesetzgeber der Nationen gewesen. Man fragte nicht, ob ein Gesetz gerecht sey, sondern überließ es dem Zufalle, ob er diese Foderung befriedige. Man schied nicht das Gebiete der Klugheit von dem Gebiete des Rechts und räumte jener und nicht diesem, ob es gleich durch Vernunft geboten ist, das Primat ein.

Gerechte und zweckmäßige Gesetze sind jederzeit die Schöpfer des Glücks und des Wohlstandes der Nationen. Ihre Gerechtigkeit leuchtet jedermann ein, sie sind daher leicht zu verstehen und werden gern und gewissenhaft beobachtet. Auf der Bahn des Rechts blühet stets Heil und Segen, da hingegen der Pfad des Unrechts das Verderben der Menschen und alles desjenigen ist, was vernünftigen Wesen theuer seyn muß.

Der Uebers.

zum Handel und Wandel, zum Gehen, zum Fahren und Reiten bestimmt sind, zählen muß, ferner schwärmerische Reden, die leicht die Leidenschaften des neugierigen großen Haufens in Flammen setzen, welche durch die Menge der Zuhörer, mehr aber noch durch den dunkeln und geheimnißvollen Enthusiasmus eine größere Stärke erlangen, als durch eine ruhige und aufgeklärte Vernunft, die niemals auf einen großen zusammengelaufenen Haufen Eindruck macht.

Erleuchtung einer Stadt auf öffentliche Kosten, Wachen, die man durch die verschiedenen Theile derselben vertheilt, verständliche und moralischreligiöse Predigten, die man in der Stille und in der geheiligten Ruhe der Tempel, die unter dem öffentlichen Schutze stehen, hält; öffentliche Reden, welche die Absicht haben, die Vortheile der einzelnen Bürger und das allgemeine Beste in den Volksversammlungen, in den Parlamenten, oder an den Orten, wo die Majestät des Souverains ihren Sitz hat, zu unterstützen und zu befördern: alles dieses sind kräftige und wirksame Mittel, gefährlichen Zusammenrottirungen unruhiger Köpfe und den Ausbrüchen von Volksleidenschaften vorzubeugen. Diese Gegenstände machen einen Hauptzweig der Wachsamkeit derjenigen Obrigkeit aus, welche die Franzosen Polizei nennen *). Wenn aber eine solche Obrigkeit nach willkührli-

*) Die Polizei darf sich bloß mit demjenigen beschäftigen, was die Beeinträchtigungen der Rechte und Güter der Bürger verhüten und was den Genuß derselben erleichtern kann. Sie muß also darauf sehen, daß sich kein Stand eine Uebermacht über den Andern anmaaße, die ihm nicht zukommt, daß die Reichthümer in

kührlichen und in dem Gesetzbuche nicht enthaltenen Maaßregeln und Gesetzen, die allen Bürgern bekannt seyn

in einer Familie nicht allzu sehr angehäuft werden, indem sie keine Privilegien gestattet, sondern alle Beschäftigungen und Gewerbe frei läßt; daß sie für die Erziehung und für den Unterricht der müßigen und auf öffentlichen Straßen lermenden Jugend sorgt; daß sie alle Mittel anwendet, die Gesundheit der Bürger vor Gefahren zu schützen, ihr Vermögen zu sichern und ihre Beschäftigungen zu erleichtern, daß sie den Nothleidenden Arbeit oder Nahrung schaft, daß sie Reinheit und Unschuld der Sitten befördert und begünstigt, und keine Schauspiele gestattet, die lasciv und unmoralisch sind, daß sie für das hülflose Alter und für Unglückliche an Verstand oder Körper eine väterliche Fürsorge trägt, daß sie öffentliche Hasardspiele und liederliche Gesellschaften verbietet, der Bettelei steuert und alles das verbietet, wodurch jemandes Rechte beeinträchtigt werden können u. s. w. Den Genuß des Lebens erleichtert sie dadurch, daß sie für öffentliche Spaziergänge, für wohlfeile und gesunde Nahrungsmittel, für Reinigung und Erleuchtung der Straßen sorgt, kurz alles das thut, was den Menschen an Geist und Körper gesund erhalten kann. So darf sie z. B. keine der Gesundheit gefährlichen Beschäftigungen in den Städten dulten u. s. w.

Das Hauptgeschäft der Polizei besteht also darin, die Ausübung und den Genuß aller Rechte und Güter zu schützen und zu befördern. Die Mittel, wodurch sie vorzüglich diesen Zweck erreichen kann, sind öffentliche Anstalten, Ermahnen und Warnen. Sie muß daher das Publikum von gefährlichen Quacksalbern, Betrügern, Schwärmern, Spielern u. s. w. abmahnen und vor ihnen warnen, sie darf aber diejenigen Personen, die dergleichen unedle Gewerbe treiben, nicht bestrafen, so lange kein Ankläger gegen sie auftritt, weil sie sonst Parthei und Richter seyn würde.

Die Polizei unterscheidet sich von der bürgerlichen Gesetzgebung dadurch, daß diese über das Mein und Dein

seyn müssen, verführe, so öffnete man der Tyrannei, die sich immer um die Schranken der politischen Freiheit herumlagert, Thor und Thür. Es giebt keine Ausnahme von dem allgemeinen Grundsatze, daß jeder Bürger wissen muß, in welchem Falle er schuldig und in welchem er unschuldig sey *). Wenn die Censoren und

Dein, über Verträge u. s. w. urtheilt und entscheidet, jene hingegen den Genuß dieser Gegenstände erleichtert und jeder Beeinträchtigung derselben vorzubeugen sucht. Die Polizei ist Erzieher und Lehrer der Staatsbürger, die bürgerliche und peinliche Gesetzgebung hingegen sind Richter uud Bestrafer derselben. Der Uebers.

*) Ein Gesetz, das nicht jeder Bürger wissen kann, ist kein Staatsgesetz, weil ihm der Charakter aller Gesetze — Publizität — mangelt. Kein Gesetz kann als solches angesehen werden, wenn es nicht öffentlich bekannt gemacht worden ist, damit sich jedermann von seinem Inhalte unterrichten könne. Daher sind Censoren widerrechtliche Obrigkeiten, weil sie nach Vorschriften verfahren, die nicht allgemein seyn können, indem der Begriff von guten Sitten kein allgemeingültiger, sondern ein relativer Begriff ist und daher stets das Gepräge der Denkungsart und des Charakters desjenigen, der ihn bestimmt und des Zeitalters, wo man ihn festzustellen sucht, an sich trägt und also kein allgemeines Gesetz darüber statt finden kann, was in allen Stücken und unter allen Umständen durch die guten Sitten geächtet und vor den Richterstuhl des Censors gezogen werden soll. Die Censoren verfahren jederzeit eigenmächtig und schaden daher dem Charakter einer Nation mehr als sie den guten Sitten nützen. Sie urtheilen nach ihrer Denkungsart und nach ihren Launen und bringen diese anstatt der Gesetze in Ausübung. Sie dürfen also in keinem rechtlichen Staate statt finden. Die Sitten zu beobachten und zu bilden, kommt den Volkslehrern und der Presse zu.

Der Uebers.

überhaupt die nach Willkühr verfahrenden Obrigkeiten in einer Regierung nothwendig sind, so rührt dies von der Schwäche ihrer Verfassung und nicht von der Natur einer weißlich organisirten Regierung her. Die Ungewißheit der Herrscher über ihr eigen Schicksal, hat der verborgenen Tyrannei mehr Opfer gebracht als eine öffentliche und allgemein bekannte Grausamkeit. Diese empört mehr die Gemüther als sie dieselben erniedrigt und verworfen macht. Der wahre Tyrann fängt mit der Herrschaft über die Meinungen an, welche den Muth niederschlägt, der allein entweder in dem hellen Lichte der Wahrheit, oder in dem Feuer der Leidenschaften oder in der Unbekanntschaft mit der Gefahr glänzt.

§. 34.

Von dem politischen Müßiggange.

Weise Regierungen dulten im Schooße der Arbeit und des Fleißes keinen politischen Müßiggang. Ich nenne den Müßiggang politisch, der nichts zum Besten der Gesellschaft weder durch Arbeit noch durch Geld beiträgt; der immer gewinnt, ohne jemals zu verlieren; der von dem Pöbel mit staunender Verwunderung verehrt und von dem Weisen mit Unwillen und Mitleiden gegen diejenigen Wesen angesehen wird, die seine Opfer sind; der, da er den Menschen derjenigen Triebfeder, welche ihn zur Thätigkeit antreibt und welche ihn nöthigt, die Gemächlichkeiten des Lebens zu erhalten und zu vermehren, beraubt, alle seine Thatkraft den Leidenschaften der Meinung, die nicht weniger Stärke besitzen, preiß giebt.

Diese Art von Müßiggang ist von strengen Sittenrichtern mit der Ruhe und Gemächlichkeit verwechselt worden, die durch Arbeit zusammengehäufte Reichthümer gewähren. Aber nicht die strenge und peinliche Tugend einiger Sittenrichter, sondern die Gesetze allein müssen bestimmen, welcher Müßiggang strafbar sey. Derjenige ist kein politischer Müßiggänger, der die Früchte von den Lastern oder von den Tugenden seiner Vorfahren genießt und der fleißigen Armuth, die im Frieden einen heimlichen Krieg des Fleißes mit dem Reichthume anstatt des blutigen und ungewissen Krieges mit der Gewalt führt, für die Vergnügungen, die sie ihm verschaft, Brod und Unterhalt giebt. Dieser Müßiggang ist desto nothwendiger und nützlicher, jemehr sich die Gesellschaft erweitert und jemehr die Regierung den Bürgern Freiheit läßt *).

§. 35.

*) Ist politischer Müßiggang strafbar? Niemand darf deswegen bestraft werden, daß er nichts durch Arbeit zum Besten der Gesellschaft beiträgt, so lange er nicht etwann eines Einzelnen Recht beeinträchtigt. Daß die Menschen arbeiten, ist eine Gewissenspflicht. Kein Staat darf sie daher darzu zwingen. Aber das Betteln und das Stehlen, wozu Müßiggang verleitet, darf er bestrafen. Glaubt jemand, der keine Familie hat, nicht arbeiten zu müssen, wem thut er unrecht? Er beeinträchtigt ja dadurch nicht den Genuß und den Gebrauch von jemandes Rechten und Güter. Daß er arm ist, geht dem Staate nichts an, wenn der Arme nur nichts von ihm fodert und keines Bürgers Rechten Abbruch thut. Trägt denn der Reiche mit seiner Geldverschwendung, mit seinem Luxus und mit seinen Ausschweifungen so viel zum Besten des Staates bei? Verbreitet er nicht durch seine Lebensart Sittenlosigkeit, entnervt seinen Körper und seinen Geist, privilegirt den Müßiggang

§. 35.

Von dem Selbstmorde und von Auswanderungen.

Der Selbstmord ist ein Verbrechen, das keine, eigentlich sogenannte, Strafe nach sich ziehen zu können scheint, weil diese nur entweder Unschuldige oder einen kalten und gefühllosen Körper treffen könnte. Wie nun aber die letztere Art von Strafe eben so wenig Eindruck auf die Lebendigen macht, als wenn sie einer Statue den Staubbesen geben sähen, so ist jene, die Unschuldigen zugefügt wird, wiederum ungerecht und tyrannisch, weil die Freiheit der Menschen als nothwendig voraussetzt, daß alle Strafe bloß persönlich sey'n. Die Menschen lieben das Leben nur allzu sehr; und alles, was sie umgiebt, befestigt sie in dieser Liebe: das verführerische Bild des Vergnügens und die Hoffnung, die lieblichste Zauberin der Sterblichen, durch deren süße Täuschungen sie den großen Kelch von Leiden austrinken, worein nur wenige Tropfen von Freuden gemischt sind, lockt sie allzu sehr an, als daß man irgend einen nachtheiligen Einfluß von der nothwendigen Straflosigkeit eines solchen Verbrechens zu besorgen hätte. Wer den Schmerz fürch-

gang, vertilgt in sich und seines Gleichen den Gedanken an Gleichheit vor dem Gesetze und entfremdet sich von dem strengen Gehorsam gegen dasselbe? Niemand darf bestraft werden, sey er arm oder reich, als wer ein erworbenes oder angebornes Recht des Andern verletzt. Ist Jemand ein unnützer Bube und ein Taugenichts, so hat er dies vor seinem Gewissen zu verantworten, das ihn die Arbeit als Uebung seines Körpers und als Abhaltungsmittel vom Laster gebietet.

Der Uebers.

fürchtet, gehorcht den Gesetzen; allein der Tod vernichtet in dem Körper alles Gefühl. Was kann es denn also noch für einen Beweggrund geben, der die Hand des mit der Verzweiflung kämpfenden Selbstmörders zurückhielte *)?

Wer

*) Niemand soll sich willkührlich das Leben abkürzen. Jeder soll so lange leben, um seine Kräfte auszubilden und zu vervollkommenen, als er nicht in seinem Berufe fällt, oder als ihn nicht die Natur wegrafft. Der Selbstmord ist daher unmoralisch, weil er eine Uebertretung einer Gewissenspflicht ist. Handelt nun aber der Selbstmörder auch widerrechtlich? Wenn er keine Verbindlichkeiten z. B. Versprechungen, Verträge u. s. w. gegen Andere mehr zu erfüllen hat, so verfährt er nicht widerrechtlich. Er kann daher nicht vor das Forum des Staats gezogen werden, weil er kein Gesetz desselben übertritt, ob er sich gleich an Gott und seinem Gewissen versündigt. Wenn nun aber der Selbstmörder Schulden hat, zu deren Bezahlung sein hinterlassenes Vermögen nicht hinreicht, darf der Staat ihn in diesem Falle bestrafen? An wem soll aber die Strafe vollzogen werden? An seiner Familie? Diese ist unschuldig, weil nicht sie sondern ihr Hausvater das Verbrechen begangen hat. An seinem Leichname? Dieser aber ist keine lebendige Person mehr und also keiner Bestrafung zuläßig. Der Staat kann also auch in diesem Falle nicht strafen, allein er darf auch nicht. Kein Selbstmörder ist seines Verstandes gänzlich mächtig. Gekränkter Ehrgeiz, betrogene Liebe, zahlloses Ungemach, schändlicher Undank, schwärmerische Religionsbegriffe, empörte Leidenschaften, eine Masse verworrener Vorstellungen sind gemeiniglich die Ursache des Selbstmordes. Diese Leiden und diese Uebel bemächtigen sich seiner ganzen Aufmerksamkeit, fesseln seinen Verstand, verfolgen den Unglücklichen Tag und Nacht, umstricken ihn gänzlich und prägen sich ihm so tief ein, daß sie zur beharrlichen Vorstellung werden, ihm die zur Ueberlegung nöthige Besonnenheit rauben, die mannichfaltigen

Wer sich selbst ermordet, fügt der Gesellschaft einen geringern Schaden zu, als derjenige, der auf immer aus dem Lande geht, weil jener alle sein Gut und Habe darin zurückläßt, dieser aber sich und einen Theil seines Vermögens mit sich nimmt. Ja! wenn die Macht eines Staats in der Menge seiner Bürger besteht, so verursacht derjenige, welcher auswandert und sich in ein benachbartes Land begiebt, der Gesellschaft einen doppelten Schaden im Verhältniß zu demjenigen, welcher sich durch den Selbstmord entzieht. Die Untersuchung beschränkt sich also darauf: ob es für eine Nation nützlich oder schädlich sey, wenn sie jedem ihrer Mitglieder stets die Freiheit gestattet, sich aus ihrer Gesellschaft zu entfernen *).

Es

gen Ansichten, welche ein Gegenstand gewährt, entreissen und ihn mit einer lästigen und beschwerlichen Einseitigkeit plagen, daß er des Lebens überdrüßig ohne Bedenken die Hülle abwirft, die ihm zur Last ist. Hierzu kommt oft Kränklichkeit des Körpers, welche stets unangenehme Eindrücke auf seinen Geist äußert und ihm vollends allen Muth benimmt und ihn zur Verzweiflung bringt. Alle Selbstmörder sind entweder bloße Geisteskranke oder leiden an Geist und Körper zugleich. Sie verdienen Mitleiden anstatt Strafe und können wegen keiner ihrer Thaten zur Verantwortung gezogen werden, weil es ihnen an Freiheit des Verstandes fehlt. Es ist eine Sache der Aerzte und der Psychologen und nicht des Richters, solche Kranke unter ihre Aufsicht zu nehmen.

Der Uebers.

*) Ist die Auswanderung rechtlich? Da der Auswanderer durch seine bloße Entfernung aus einem Staate Niemandes Recht kränkt, so darf er sich entfernen, wenn er will. Hat er aber jemandes Recht beeinträchtigt, so

ist

Es darf kein Gesetz gegeben werden, das nicht mit Nachdruck vollzogen werden kann. Und wie nun die

ist er strafwürdig, wie jeder andere Bürger; und hat er Schulden, so muß er erst bezahlen, ehe er das Land verläßt. Der gesellschaftliche Vertrag hat das Eigene, daß er immer zwischen denjenigen, die auf dem Boden eines Landes bleiben, fortdauert, wenn auch mehrere der Theilnehmer wegziehen. Er wird in der Absicht, Aller Rechte zu schützen, geschlossen und die Auswanderung wird daher durch ihn geschützt. Wollte man sie verbieten, so würde man sowohl widerrechtlich als unmoralisch handeln: denn aus welchem Grunde kann der Staat ein Gesetz geben, das sich auf Handlungen bezieht, wodurch niemanden weder im Unterlassungs- noch im Begehungsfalle unrecht geschieht? Er überschreitet daher durch ein solches Gesetz die Grenze seiner Wirksamkeit, die sich nur auf das Verbot von Handlung der Willkühr, die jemandes Rechten Abbruch thun und auf Gebote von solchen Mitteln einschränkt, welche zum Schutze des Staates unbedingt nothwendig sind, z. B. Abgaben, Beistand gegen äußere Feinde u. s. w. Unmoralisch handelt er, daß er eine Sache des Gewissens und der Ueberzeugung vor sein Forum zieht. Dem Auswanderer gefällt es nicht mehr in einem Lande, oder die Landesgesetze verstoßen gegen sein Gewissen oder beleidigen seine Einsichten, oder sie gewähren ihm nicht den Schutz, den er von ihnen zu erwarten berechtigt ist, oder sie kränken durch ein Verbot des öffentlichen Bekenntnisses seiner Ueberzeugung über Gott, Menschen und den Staat seine Gewissensrechte, was hat der Staat nun für ein Recht, einem so Gesinnten das Auswandern zu verbieten und womit will er einen solchen Eingriff in das Reich des Gewissens und der Gottheit rechtfertigen? Wer berechtigt ihn, Menschen zu zwingen, gegen besser Wissen und Willen zu handeln?

Die Auswanderung, die also weder ein Verbrechen noch Sünde ist, hat den Vortheil, daß sie Kultur und Kenntnisse verbreitet, die Staaten auf die Mängel ihrer Verfas-

die Gemüther die Meinung beherrscht, die den langsamen und unmerklichen Eindrücken des Gesetzgeber gehorcht, aber der Macht und der Gewaltthätigkeit Widerstand leistet, so theilen unnütze und von den Menschen verachtete Gesetze ihre Verachtung und Erniedrigung auch den heilsamsten Gesetzen mit, die man sich mehr für ein Hinderniß, das man aus dem Wege räumen muß, als für eine Schutzmauer des allgemeinen Besten anzusehen gewöhnt. Ja, wenn, wie gesagt worden ist, die Thätigkeit unseres Empfindungsvermögens beschränkt ist, so werden die Menschen desto weniger Ehrerbietung gegen die Gesetze selbst haben, je größer diejenige seyn wird, welche sie Gegenständen bezeugen, die den Gesetzen fremd sind.

Aus diesem Grundsatze kann ein weiser Vertheiler der öffentlichen Glückseligkeit einige nützliche Folgerungen ziehen, deren Erörterung mich aber allzu weit von meinem Gegenstande abführen würde. Meine Absicht ist, die Schädlichkeit des Verfahrens zu beweisen, daß man aus dem Staate ein Gefängniß mache. Ein Gesetz, das auf diesen Zweck hinziele, ist unnütz, denn wie will man ein Land, das weder durch unzugängliche Felsen noch durch ein unschiffbares Meer von allen Andern abgesondert ist, auf allen Punkten seines Umfangs verschließen und wie will man die Hüter selbst bewachen? Wer alles wegschaft, kann, so bald er damit zu Stande ist,

Verfassungen und Regierungen aufmerksam macht und sie Maaßregeln zur Beförderung des Wohlstandes und der Milderung des Schicksals der Nationen zu ergreifen nöthigt. Der Uebers.

ist, nicht weiter deswegen bestraft werden. Ein solches Verbrechen kann also, so bald als es verübt ist, nicht mehr bestraft werden. Wollte man dasselbe vor seiner Vollbringung strafen, so strafte man den Willen der Menschen und nicht ihre Handlungen. Dies hieße über die Absicht gebieten, die der freieste Theil des Menschen und von der Herrschaft der menschlichen Gesetze unabhängig ist. Wollte man den Abwesenden durch die Confiskation seiner zurückgelassenen Güter strafen, so würde das außer einer leichtem und unvermeidlichem Collision, die man nicht aufheben könnte, ohne alle Verträge zu vernichten, allen Handel zwischen den Nationen zu Grunde richten. Wollte man aber einen solchen Schuldigen strafen, wenn er wieder zurückkehrte, so würde man dadurch alle Vergütung des Schadens, den man der Gesellschaft zugefügt hat, verhindern, indem man alle diejenigen, die entwischen wären, in die Nothwendigkeit versetzte, nie wieder zu kommen. Selbst das Verbot, nicht aus dem Lande zu gehen, vermehrt nur die Begierde der Eingebornen noch mehr, sich daraus zu entfernen und dient den Ausländern zur Warnung, sich nicht darinnen nieder zu lassen.

Was sollen wir von einer Regierung denken, die kein ander Mittel hat, die Menschen an ihr Vaterland zu fesseln, an welchem sie schon durch die ersten Eindrücke der Kindheit hängen, als die Furcht? Das sicherste Mittel, die Bürger an ihr Vaterland zu ketten, bestehet darin, daß man eines jeden Wohlstand zu vermehren sucht. Wie jeder Staat alle Mühe anwenden muß, damit sich der überwiegende Vortheil des

Handels

Handels auf seine Seite neige, so erfodert es auch das größte Interesse des Regenten und der Nation, daß die Summe von Glückseligkeit, wenn man sie mit derjenigen vergleicht, welche die benachbarten Nationen genießen, größer als anderswo sey.

Die Freuden des Luxus sind nicht der Grundstoff dieser Glückseligkeit, ob der Luxus gleich ein nothwendiges Mittel gegen die Ungleichheit ist, die mit den Fortschritten einer Nation in der Kultur zunimmt und ohne welchem sich alle Reichthümer in einer einzigen Hand anhäufen würden *); sondern die Sicherheit und die durch die Gesetze allein beschränkte Freiheit, machen die Hauptgrundlage dieser Glückseligkeit aus. Durch die Verbindung der Sicherheit und Freiheit begünstigen die Freuden des Luxus die Bevölkerung **), ohne diese Ver-

*) Der Handel und der Tausch mit den Freuden des Luxus führen diese Unbequemlichkeit bei sich, daß ob sie gleich Vieler Hände beschäftigen, so fangen sie doch bei wenigen an und endigen sich bei wenigen und die große Menge hat nur sehr wenigen Genuß davon. Daher wird das Gefühl ihres Elendes, das mehr durch die Vergleichung mit dem Glücke Anderer als durch die Wirklichkeit selbst entsteht, nicht ausgetilgt, sondern dauert immer fort.

Beccaria.

**) Der Luxus ist der Bevölkerung nie günstig, weil er die Menschen entnervt, die Begierde nach Genuß zwar vermehrt, aber die Kraft, die dazu erfodert wird, vermindert, und weil er seine Anhänger mit einer Menge von Uebeln heimsucht, die weder dem Erzeugen noch dem Erziehen der Kinder günstig sind. Frühe Reife des Geschlechtstriebes, Kraftlosigkeit, Ueberdruß des Lebens und ein zeitiger Tod sind der Lohn des Luxus.

Der Uebers.

Vereinigung aber werden sie ein Werkzeug der Tyrannei *). Gleichwie die edelmüthigsten wilden Thiere und die freien Bewohner der Luft, die Vögel, am liebsten an einsamen Orten und in undurchdringlichen Wäldern weilen und die fruchtbaren und lachenden Fluren, die der

*) Wenn sich die Grenzen eines Landes in einem größern Verhältnisse erweitern, als seine Bevölkerung zunimmt, so begünstigt der Luxus den Despotismus, weil je geringer die Anzahl der Bewohner eines Landes und je zerstreuter sie ist, desto geringer ist ihre Arbeitsamkeit; je geringer die Arbeitsamkeit ist, desto größer ist die Abhängigkeit der Armuth von dem stolzen Prunke des Reichthums und desto schwerer und desto weniger furchtbar ist eine Vereinigung der Unterdrückten gegen ihre Unterdrücker: denn Wenige erhalten weit leichter die sclavischen Ehrenbezeugungen, Gefälligkeiten, Auszeichnungen und die Unterwürfigkeit, welche den Abstand des Mächtigen von dem Ohnmächtigen noch auffallender machen, als Viele, weil die Menschen nur desto unabhängiger sind, je weniger sie beobachtet werden und sie werden desto weniger beobachtet, je größer ihre Anzahl ist. Wenn aber die Bevölkerung eines Landes in einem größern Verhältnisse zunimmt, als seine Grenzen erweitert werden, so wird der Luxus eine Schutzmauer gegen den Despotismus, weil er die Arbeitsamkeit und die Thätigkeit der Menschen belebt und weil der Fleiß und die Nothdurft des Armen dem Reichen allzu viele Freuden und Bequemlichkeiten anbietet, als daß die Vergnügungen, welche die Prahlsucht gewährt und welche die Meinung der Abhängigkeit vermehrt, die Oberhand haben sollten. Man kann daraus sehen, daß in großen, aber schwachen und entvölkerten Staaten, wofern es nicht andere Ursachen verhindern, der Luxus der Prahlsucht, dem Luxus der Bequemlichkeit weit überlegen ist. In Staaten hingegen, die mehr bevölkert als weitläuftig sind, strebt der Luxus der Bequemlichkeit stets den Luxus der Prahlsucht zu vermindern.

Beccaria.

der Mensch, ihr Feind, mit Schlingen besäet, verlassen, so fliehen die Menschen die Freuden selbst, wenn sie die Tyrannei ausstreuet.

Es ist also erwiesen, daß ein Gesetz, welches die Unterthanen in ihr Land einkerkert, unnütz und ungerecht ist; und eben dieses Urtheil läßt sich auf die Strafe des Selbstmordes anwenden: denn ob dieser gleich eine Sünde ist, die Gott straft, der allein, auch nach dem Tode, strafen kann, so ist er doch kein Verbrechen, welches vor einen bürgerlichen Richterstuhl gehörte, weil die Strafe, anstatt auf den Schuldigen zu fallen, nur seine Familie trifft.

Wenn mir dagegen jemand einwendete, daß eine solche Strafe doch nichts destoweniger denjenigen, der entschlossen ist, sich selbst zu ermorden, davon abhalten könnte, so erwiedere ich, daß, wer gleichgültig dem Leben, einem so großen Gute, entsagt, und wem sein Daseyn so sehr verhaßt ist, daß er demselben eine ewige Verdammniß vorzieht, den wird der weniger Eindruck machende und entferntere Gedanken an seine Kinder oder an seine Anverwandten, ganz und gar nicht rühren.

§. 36.

Von Verbrechen, die schwer zu beweisen sind.

Es giebt einige Verbrechen, die in der bürgerlichen Gesellschaft eben so häufig vorfallen, als sie schwer zu beweisen sind, z. B. der Ehebruch, die Knabenschänderei und der Kindermord.

Der

Der Ehebruch ist ein Verbrechen, das, wenn man es aus politischen Gesichtspunkten betrachtet, von zwei Ursachen herrührt, von den veränderlichen Gesetzen der Menschen und von der mächtigen Anziehungskraft, die ein Geschlecht zu dem Andern hinzieht *). Hätte ich zu Nationen zu sprechen, die noch des Lichtes der Religion beraubt wären, so würde ich sagen: es herrscht noch ein andrer großer Unterschied zwischen diesem und andern Verbrechen. Der Ehebruch rührt von dem Mißbrauche eines angebornen der ganzem Menschheit gemeinen nothwendigen Triebes her, eines Triebes, der vor aller menschlichen Gesellschaft vorausgeht; ja der sogar ihr Stifter selbst ist; während die andern die Gesellschaft vernichtenden Verbrechen mehr von den Leidenschaften des Augenblicks herrühren, als sie ihren Ursprung einem natürlichen Instinkte zu verdanken hätten. Ein dergleichen nothwendiger Trieb wird demjenigen, der die Geschichte und den Menschen kennt, unter einerlei Klima gleich mächtig und stark vorkommen. Wenn das wahr wäre, so müßte man alle die Gesetze und Gewohnheiten nicht allein für unnütz, sondern auch für schädlich ansehen, welche die ganze Summe dieses Triebes

*) Diese Anziehung ist in vielen Fällen der Schwerkraft, welche das Weltall bewegt, ähnlich; denn wie diese nimmt sie mit der Entfernung ab; und wenn die Eine alle Bewegungen der Körper bestimmt, so lenkt die andere alle Regungen des Gemüthes, so lange die Thätigkeit desselben fortdauert. Sie unterscheiden sich aber darin von einander, daß die Schwerkraft sich mit den Hindernissen ins Gleichgewicht setzt, die Anziehung hingegen durch den Widerstand mehr Kräfte und Nachdruck erhält.

Beccaria.

des zu vermindern suchten, weil sie auf diese Weise einen Theil der Gesellschaft mit seinen eigenen Bedürfnissen und mit den Bedürfnissen Anderer belasten würden. Dieses hingegen würden weise Gesetze seyn, die so zu sagen der allmäligen Neigung einer Ebene folgten und das Ganze in so viele gleiche und kleine Theile vertheilten, und ableiteten, um allenthalben sowohl Trokkenheit als Ueberschwemmung zu verhindern. Die eheliche Treue steht immer mit der Menge und der Freiheit der Ehen im Verhältnisse *). Wo angeerbte Vorurtheile die Ehen beherrschen, wo die väterliche Gewalt sie schließt und trennet, da zerreißen heimliche Liebeshändel ihre Bande, so sehr auch gemeine Moralisten dagegen eifern, die immer gegen die Wirkungen schreien, den Ursachen aber Verzeihung angedeihen lassen. Derjenige aber, der in der wahren Religion lebt, hat dergleichen Betrachtungen nicht nöthig. Er kennt erhabenere Beweggründe, die die Macht der natürlichen Triebe in Ordnung halten.

Der Ehebruch ist ein so schnelles und geheimnißvolles und mit eben dem Schleier, den die Gesetze davorgezogen haben, bedecktes Verbrechen, (ein nöthiger, aber dünner Vorhang, der die Reitze des Gegenstandes vermehrt, anstatt daß er sie vermindern sollte); die Gelegen-

*) In Zeitaltern also, wo wenige Menschen wegen des zunehmenden Luxus mehr heurathen können, wird der Ehebruch desto gewöhnlicher. Mit je weniger Schwierigkeiten hingegen das Heurathen verbunden ist, desto besser sieht es um die Sittlichkeit einer Nation aus.

Der Uebers.

legenheiten, es zu begehen, sind so leicht und die Folgen so zweideutig, daß es weit eher in der Macht des Gesetzgebers steht, ihm vorzubeugen, als es wieder gut zu machen. Es ist eine allgemeine Erfahrung: die Strafe wird bei jedem Verbrechen, das vermöge seiner Natur meistentheils unbestraft bleiben muß, ein Anreiz zum Verbrechen. Es liegt in der Natur unsers Geistes, daß die Schwierigkeiten einer Sache, die nicht ganz unüberwindlich, oder allzu groß in Rücksicht der trägen Gemüthsart eines jeden Menschen sind, unsere Einbildungskraft weit mehr entflammen und den Werth des Gegenstandes erhöhen: denn die Schwierigkeiten sind gleichsam eben so viele Schranken, welche die herumschweifende und flüchtige Einbildung verhindern, ihren Gegenstand zu verlassen. Sie zwingen sie, alle Verhältnisse zu durchlaufen und sie hängt sich desto fester an den angenehmen Theil, zu welchem unser Gemüth natürlicher Weise sich mehr hinneigt, als an traurige und schmerzhafte Gegenstände, die es flieht und von welchen es sich entfernt *).

Die

*) Der Ehebruch und die Knabenschänderei gehören gar nicht vor den bürgerlichen Richter, wenn nicht die beleidigten Theile Klage führen. Was ist nun Ehebruch? Er ist eine Handlung, wodurch Einer der durch die Ehe verbundenen Personen von einer Dritten fleischlich beigewohnt wird. Die Ehe wird nicht durch den bloßen Umgang Einer der verehlichten Person mit einer Dritten, noch durch andere äußere Gefälligkeiten, sondern bloß durch die Geschlechtsbeiwohnung eines Dritten mit einer der verheuratheten Personen gebrochen, weil die Ehe durch die Beiwohnung allein ihre Vollziehung erhält.

Die Knabenschänderei, welche die Gesetze so hart bestrafen und wegen welcher man so leicht zu Martern schrei-

erhält. Der Ehebruch ist eine Verletzung eines auf dingliche Art persönlichen Rechts, welche Strafe verdient nun eine dergleichen Beeinträchtigung? Da der Zweck der Ehe in dem wechselseitigen Gebrauche der Geschlechtsorgane, durch das Gesetz, besteht, so vollziehen diejenigen, die einen Ehebruch begehen, schon die Ehe. Sie müssen daher einander heurathen; allein sie beleidigen durch diese Handlung einen Dritten, welche Genugthuung soll nun dieser erhalten? Geld und Beleidigungen sind disparate Gegenstände, die nicht durch einander ausgeglichen werden können: denn wer kann das Maaß von Kränkungen bestimmen, das jemand erlitten hat und wie will man eine Summe Geldes mit diesen unangenehmen Gefühlen in ein rechtliches Verhältniß bringen? Der beleidigte Theil kann also vor einem menschlichen Gerichtshofe keine andere Genugthuung erhalten, als im Falle seiner Schuldlosigkeit am Ehebruch eine Abbitte und Ehrenerklärung. Der Schaden aber, den er etwan während der Zeit der Untreue des Gatten an der Wirthschaft leidet, muß ihm vergütet werden, wenn er kann ausgemittelt werden: aber auf Muthmaßungen hin, ihn zu bestimmen, ist unerlaubt. Er muß genau und bestimmt angegeben werden, wenn Schadenersatz vor dem Rechte Gültigkeit haben soll.

Die Personen aber, welche die Ehe gebrochen haben, müssen mit dem Verluste ihrer Freiheit auf eine Zeitlang bestraft werden, weil sie eigenmächtig einen Vertrag gebrochen haben, der nicht über ein dingliches, sondern über ein weit wichtigeres, über ein dingliches persönliches Recht geschlossen worden war. Wie lange diese Strafe dauern darf, muß aus dem Grade der Schuld ermessen werden, den sie sich zugezogen haben. Es ist aber eine Pflicht des Staats, die Ehescheidung zu erleichtern, damit nicht die Ursachen der Treulosigkeit vermehrt werden und damit die Ehegatten einen desto größern Werth auf ihre wechselseitigen Gefälligkeiten setzen.

schreitet, die über die Unschuld triumphiren, gründet sich weniger auf die eingepflanzten Triebe des freien und abgesonderten, als auf die Leidenschaften des in Gesellschaften lebenden und sclavischen Menschen. Sie erhält ihre Stärke nicht sowohl durch die Uebersättigung der Vergnügen, als durch diejenige Erziehung, welche, um die Menschen für Andere brauchbar zu machen, sie sich selbst unnütz zu machen anfängt und zwar in solchen Häusern, wo eine feurige Jugend in großer Anzahl zusammengesperrt und wo ihr aller Umgang mit dem andern Geschlechte versagt ist. Alles Feuer und alle Lebhaftigkeit der Natur, welche sich eben entwickelt, verzehrt sich unnütz für die Menschheit, ja sie beschleunigt sogar das Alter *).

T 2 Der

setzen. Sind beide über die Scheidung einig, so muß sie ihnen ohne Einwendung zugestanden werden; ist aber nur Einer von den beiden Theilen aus Unzufriedenheit mit dem Andern die Ehe aufzuheben willens, so kann die Scheidung zwar nicht verweigert, weil ihre Disharmonie den Zweck der Ehe unreichbar macht, aber dem andern Theile, wenn er schuldlos ist, muß wegen der Hoffnung, welche er auf die Fortdauer des Vertrages setzte, Schadenersatz geleistet werden.

Glückliche Ehen sind die Stützen der Staaten und eine Schule der Tugend. Es muß daher Personen, die sich aus Zuneigung einander heurathen wollen, so wenig als möglich Hindernisse in den Weg gelegt werden. Liebe, nicht Eigennutz, noch Convenienz, noch Vorurtheile, müssen dieses heilige Band knüpfen, damit der Ehestand nicht ein Stand der Leiden und der Unsittlichkeit, sondern ein Stand der Erziehung in guten Gesinnungen werde. Der Uebers.

*) Knabenschänderei muß als ein unnatürliches Laster, wenn es vor den bürgerlichen Richter gebracht wird, mit

Der Kindermord ist gleichfalls die Wirkung eines unvermeidlichen und schrecklichen Widerspruchs, worein eine Person gerathen ist, die entweder aus Schwäche, oder durch Gewalt gezwungen, unterlegen ist. Wer sich in der Lage befindet, zwischen seiner eigenem Schande und dem Tode eines Wesen zu wählen, das noch nicht den Verlust des Lebens fühlen kann, wie sollte eine solche Person den Tod nicht dem unvermeidlichen Elend vorziehen, welchem sie und ihre unglückliche Frucht ausgesetzt seyn würden? Das zweckmäßigste Mittel, diesem Verbrechen vorzubeugen, würde darin bestehen, wenn kräftige Gesetze die Schwäche gegen diejenige Tyrannei schützten, welche alle Laster vergrößert, die man nicht mit dem Mantel der Tugend bedecken kann *).

Ich

mit Gefängniß und Arbeit bestraft werden, weil es gemeiniglich aus einem Hange zu widernatürlichen Wollüsten, die durch Arbeit vertilgt werden, entsteht. Es ist ein Mißbrauch der Geschlechtsorgane der einen Person und eine Verletzung und Gewaltthätigkeit an der Andern. Ueberhaupt muß dieser schändlichen Abschweifung vom Pfade der Natur durch vernünftige Erziehung, zweckmäßigen Unterricht und durch Schärfung des moralischen Gefühles gesteuert werden.

Der Uebers.

*) Der Kindermord ist ein Verbrechen, das unter allen Mordthaten das meiste Mitleid verdient. Es ist zwar schrecklich, daß Menschen ihre eigenen Kinder morden, aber ewige Schande, foldernde Gewissensbisse und eine trübe und trostlose Zukunft umlagern die Gefallene Tag und Nacht und die unnatürliche Mutter stößt den Dolch in das Herz ihres kaum gebornen Kindes! — Welche Strafe verdient nun eine Kindermörderin? So viele Entschuldigungsgründe sich immer für die Thäterin anführen lassen, so muß der Kindermord doch eben so bestraft

Ich bin nicht willens, den gerechten Abscheu zu vermindern, den dergleichen Verbrechen verdienen; aber indem ich ihre Quelle anzeige, glaube ich berechtigt zu seyn, eine allgemeine Folgerung daraus herzuleiten: Man kann eigentlich keine Strafe gerecht, das heißt, nothwendig nennen, so lange nicht das Gesetz das zweckmäßigste Mittel, das bei vorkommenden Umständen einer Nation möglich ist, angewandt hat, dem Verbrechen vorzubeugen.

§. 37.

Von einer besondern Gattung von Verbrechen.

Wer diese Schrift lieset, wird bemerken, daß ich eine Art von Verbrechen übergangen habe, die Europa mit Menschenblut überschwemmt und jene schändlichen Scheiterhaufen errichtet hat, worauf menschliche lebende Körper den Flammen zur Nahrung dienten,

straft werden, wie jeder andere Mord. Es muß aber genau untersucht werden, ob die Mutter mit Ueberlegung oder im Anfalle der Verzweiflung die That vollbracht habe: denn man kann als ausgemacht annehmen, daß, wenn man die Zuneigung einer besonnenen Mutter zu ihrem Geschöpfe bedenkt, die meisten Kindermorde in einem Anfalle von Wahnsinn und Verstandeslosigkeit verübt werden. Oft hat ein blinder mechanischer Trieb das Werk schon vollendet, ehe die Besonnenheit zurückkehrt. Dem Kindermorde muß durch Erleichterung der Ehen, durch Staatserziehungsinstitute, wo die Mutter ihr Kind ohne Furcht vor der Entdeckung hingeben kann und durch Verbreitung richtiger Begriffe von Ehre und Schande vorgebeugt werden.

Der Uebers.

ten, wenn es für den blinden Haufen ein angenehmes Schauspiel und eine liebliche Harmonie war, das dumpfe Aechzen und das Klagen der Unglücklichen, das durch die schwarzen Rauchwolken, durch den Rauch von menschlichen Gliedmaßen, hindurch drang und das Knistern der brennenden Gebeine und das Braten der noch schlagenden Eingeweide zu hören. Vernünftige Menschen aber werden leicht einsehen, daß die Umstände des Ortes und der Zeit, worin ich lebe und der Stoff, den ich bearbeite, mir nicht erlauben, die Beschaffenheit eines solchen Verbrechens zu untersuchen. Ich würde mich allzu weit von meinem Gegenstande entfernen und eine zu weitläuftige Arbeit übernehmen, wenn ich beweisen wollte, wie nothwendig eine vollkommene Einstimmigkeit in den Meinungen in einem Staate gegen das Beispiel vieler Nationen sey; wie Glaubensarten, die sich bloß durch einige dunkle Spitzfindigkeiten, die weit über alle menschliche Einsichten hinausliegen, unterscheiden, doch die öffentliche Ruhe stöhren und dem allgemeinen Besten nachtheilig seyn können, wenn nicht eine zum Vorzuge vor allen Andern berechtigt ist; und wie die Meinungen so beschaffen sind, daß, während einige durch ihren Widerstreit, durch ihre Gährung und durch ihre wechselseitige Bekämpfung einander selbst aufklären, die wahren oben aufschwimmen und die falschen in Vergessenheit versinken, Andere, weniger durch sich selbst gegründete, mit Macht und Ansehen unterstützt werden müssen. Es würde zu weitläuftig seyn, wenn ich beweisen wollte, daß die Herrschaft über die menschlichen Gemüther, so gehässig auch ihre Macht scheinen mag, weil sie nur Heuchler und dann Nieder-

trächtige

trächtige und Feige schaft und so sehr sie auch dem Geiste der Sanftmuth und der brüderlichen Liebe entgegen seyn mag, welchen uns die Vernunft und die Macht, welche wir noch mehr verehren, gebietet, unumgänglich nothwendig sey *). Dieses muß man alles als völlig

*) Das Gebiet der Meinungen ist durch nichts beschränkt als die Naturgesetze des menschlichen Geistes. Können nun Menschen, wegen Verschiedenheit ihrer Meinungen, gestraft werden? Meinungen sind Kinder des Verstandes und nicht der Willkühr. Sie hängen nicht von unserm Belieben und von unserer Freiheit ab, sondern werden durch die Nothwendigkeit erzeugt, die ein Werk der Erziehung, des Unterrichts, des Umgangs, des Klimas, der besondern Lage eines Menschen, seines Studiums und seiner besondern Anlagen ist. Sie **können** daher vor kein bürgerliches Gericht gezogen werden, weil sie nicht willkührliche, sondern nothwendige Aeußerungen des Geistes sind. Der Mensch **soll** sich ausbilden und dieser Pflicht kann er nicht anders gnügethun, als durch Uebungen und Versuche seiner Kräfte. Was ist nun geschickter dazu, als durch Verschiedenheit der Meinungen erregte Kämpfe und das Reiben der verschiedenen Denkarten der Menschen an einander? Durch Verschiedenheit der Meinungen wird der menschliche Geist zum Nachdenken aufgefodert, der Streit darüber hält seine Kräfte stets wach und aufmerksam und flößt ihm die Begierde ein, alles, was um ihn her ist, zu erforschen.

Verschiedenheit der Meinungen **darf** auch nicht bestraft werden, weil durch ihre Aeußerungen niemandes Recht beeinträchtigt wird: denn welches Recht würde denn dadurch verletzt? Hat nicht jeder Mensch das unveräußerliche Recht, seine Meinungen frei und offenherzig zu bekennen und befördert diese Mittheilung nicht die Wahrhaftigkeit und Lauterkeit der Gesinnungen und ist sie nicht der einzige wahre Weg zur Tugend? Wer Meinun-

völlig erwiesen ansehen und mit den wahren Vortheilen der Menschen übereinstimmend halten, wenn es eine gesetzmäßige und anerkannte Gewalt giebt, die es in Ausübung bringt. Ich spreche nur von denjenigen Verbrechen, die ihren Grund in der menschlichen Natur und in dem gesellschaftlichen Vertrage habe, aber nicht von den Sünden, deren Strafen, wenn sie auch zeitlich sind, nach ganz andern Grundsätzen, als nach den Grundsätzen einer eingeschränkten Philosophie bestimmt werden müssen.

§. 38.

Meinungen nicht frei kursiren läßt, sondern ihren Umlauf mit Gewalt zu hemmen versucht, ist ein Lehrer der Unsittlichkeit und der Irreligion und begeht nicht allein ein Verbrechen, sondern versündigt sich auch an der Gottheit. „Allein, giebst du nicht Andern durch deine verschiedenen Meinungen ein Aergerniß?“ Liegt aber nicht die Schuld davon an ihrer eingeschränktem Denkart und an ihrer Ungebildetheit? Gebietet ihnen nicht eine Gewissenspflicht jene zu erweitern und dieser durch Fleiß und Nachdenken abzuhelfen? Geben sie etwan Andern durch ihre intoleranten Gesinnungen und ihre grundlosen Ansprüche kein Aergerniß? Wer verletzt das Recht der Menschheit? Derjenige, der Meinungen verfolgt, oder derjenige, der frei und gewissenhaft denkt und handelt? Wollen die Intoleranten nicht alle menschliche Gedanken und Meinungen in eine und dieselbe Form gießen und das Unmögliche möglich machen? Es ist kläglich, daß schwache Menschen sich erdreusten, in das Meinungsgebiet — wo die Gottheit allein zu Gerichte sitzt, — Eingriffe zu thun! Verschiedenheit der Meinungen kann und darf nicht bestraft werden, wenn nicht der Adel der menschlichen Natur vernichtet und alle Tugend mit der Wurzel ausgerottet werden soll.

Der Uebers.

§. 38.

Von einer Quelle von Irrthümern und von Ungerechtigkeiten in der Gesetzgebung; und zwar erstlich von den falschen Begriffen des Nützlichen.

Eine Quelle von Irrthümern und Ungerechtigkeiten sind die falschen Begriffe, die sich die Gesetzgeber von dem Nützlichen machen. Derjenige macht sich einen falschen Begriff von dem Nützlichen, der den besondern Uebeln abhilft und die allgemeinen Uebeln fortdauern läßt, der über die Empfindungen herrschen will, anstatt daß er sie bloß erwecken sollte und der sich erdreustet zur Vernunft zu sagen: sey Sclave. Derjenige hat einen falschen Begriff von dem Nützlichen, der tausend wirkliche Vortheile der Furcht vor einem eingebildeten oder unbedeutenden Uebel aufopfert; der den Menschen das Feuer entziehen würde, weil es Feuersbrünste verursacht und das Wasser, weil jemand darin ertrinken kann und der dem Strome des Uebels nur durch Zerstörung vorzubauen weiß. Von dieser Art sind diejenigen Gesetze, welche das Waffentragen verbieten und die nur diejenigen entwaffnen, die weder Neigung noch Entschlossenheit zu Verbrechen haben: denn wie sollen diejenigen, die dreust und verwegen die heiligsten Gesetze der Menschheit und die wichtigsten Verordnungen des Gesetzbuchs verletzen, gegen die unbedeutenden und bloß willkührlichen Gesetze Ehrfurcht haben, deren Uebertretung, weil sie allzu leicht ist, unbestraft bleiben sollte und deren strenge Vollziehung alle persönliche Freiheit, — das theuerste Gut des Menschen und des aufgeklärten Gesetzgebers — vernichtet und die Unschuldigen allen Mißhandlungen, die nur die Schuldigen verdienen,

nen, preiß giebt *)? Dergleichen Gesetze verschlimmern den Zustand des Beleidigten und verbessern das Schicksal

*) Es giebt im Staate nur eine Art von Freiheit, von welcher jedermann Gebrauch machen und welche ihm der Staat schützen soll. Die Denkfreiheit, die Gewissensfreiheit u. s. w. a) liegen gänzlich außer dem Gebiete der Wirksamkeit, welches dem Staate von dem Rechte angewiesen ist. Die Freiheit, welche der Mensch als Staatsbürger genießen muß, ist die politische, welche darin besteht, daß jedes Gesetz im Staate muß angesehen werden können, als habe er seine Einwilligung dazu gegeben und als sey der Inhalt desselben aus dem Bedürfnisse seiner Natur entsprungen. Die Beistimmung zu jedem Gesetze ist ein nothwendiges Prädikat eines Staatsbürgers und es läßt sich, da es aus dem Zusammenleben mit seines Gleichen in einem bürgerlichen Vereine entspringt, nicht von seinem Individuum trennen. Freiheit herrscht also da, wo die Bürger entweder selbst oder durch Stellvertreter ihre Einwilligung zu einem Gesetze geben. Die bürgerliche Freiheit ist hingegen ein Wort ohne allen Inhalt, weil sie schon in dem Rechte der Gleichheit vor dem Gesetze enthalten ist, vermöge welches niemand zum Gehorsam gegen irgend ein Gesetz gezwungen werden kann, wozu er nicht rechtlicher Weise jeden Andern wieder verbinden kann. Der Mensch kann daher alles thun, was nicht verboten ist.

Der Uebers.

a) Der Freiheit zu denken, sagt Kant, ist der bürgerliche Zwang entgegen gesetzt. Zwar sagt man: die Freiheit zu sprechen oder zu schreiben, könne uns zwar durch obere Gewalt, aber die Freiheit zu denken, durch sie gar nicht genommen werden. Allein, wie viel und mit welcher Richtigkeit würden wir wohl denken, wenn wir nicht gleichsam in Gemeinschaft mit Andern, denen wir unsere und die uns ihre Gedanken mittheilen, dächten! Also kann man wohl sagen, daß diejenige äußere Gewalt, welche die Freiheit, seine Gedanken öffentlich mitzutheilen,

sal des Angreifers; sie vermindern nicht die Menschenmörder, sondern sie vermehren sie, weil man weit dreuster Unbewaffnete als Bewaffnete anfallen kann. Diese Gesetze beugen nicht den Verbrechen vor, sondern sie fürchten sich vor ihnen; sie verdanken ihr Daseyn dem betäubenden Eindrucke einiger besondern Vorfälle und nicht der Vernunft, welche die Vortheile und Nachtheile einer allgemeinen Verordnung in genaue Ueberlegung zieht.

Einen falschen Begriff von dem Nützlichen macht sich auch derjenige, der einer Menge empfindender Wesen die Gleichförmigkeit und Ordnung zu geben wünscht, deren nur eine rohe und leblose Materie fähig ist; der nahe liegende Beweggründe vernachläßigt, die allein einen starken und dauerhaften Eindruck auf den großen Haufen machen, und entfernte Beweggründe gebraucht, deren Eindruck sehr kurz und schwach ist, wenn nicht etwan eine starke Einbildungskraft, die kein gemeines Geschenk der Natur unter den Menschen ist, durch die Vergrößerung eines Gegenstandes seine Entfernung ersetzt. Endlich hat derjenige einen unrichtigen

len, den Menschen entreißt, ihnen auch die Freiheit zu denken nehme: das einzige Kleinod, das uns bei allen bürgerlichen Lasten noch übrig bleibt und wodurch allein wider alle Uebel dieses Zustandes noch Rath geschaft werden kann. Der Freiheit zu denken, wird auch der Gewissenszwang entgegengesetzt, wo ohne alle äußere Gewalt in Sachen der Religion sich Bürger über Andere zu Vormündern aufwerfen und statt Argumente, durch vorgeschriebene mit ängstlicher Furcht vor der Gefahr einer eigenen Untersuchung, begleitete Glaubensformeln alle Prüfung der Vernunft durch frühen Eindruck auf die Gemüther zu verbannen wissen.

tigen Begriff von dem Nützlichen, der die Sache dem Namen zum Opfer bringt und der das allgemeine Beste von der Wohlfarth der einzelnen Bürger trennt.

Der Unterschied zwischen dem Zustande der bürgerlichen Gesellschaft und zwischen dem Naturstande besteht darin, daß der im Naturzustande lebende Mensch dem Andern nur so viel Schaden zufügt, als hinreicht, sich selbst einen Vortheil zu verschaffen; aber der Mensch, der in Gesellschaft lebt, wird manchmal durch schlechte Gesetze bewogen, Andern, ohne irgend einen Vortheil für sich selbst, zu schaden *). Der Despot jagt seinen Sclaven Furcht und Muthlosigkeit ein, aber diese Furcht und Muthlosigkeit wirken mit desto stärkern Nachdruck auf ihn zurück, und foltern und machen ihn unglücklich.

Je einsamer und häuslicher die Furcht ist, desto weniger ist sie für denjenigen gefährlich, der sie zum Werkzeuge seiner Glückseligkeit macht; je öffentlicher sie hingegen und je größer die Anzahl von Menschen ist, welche sie beunruhigt, desto leichter ist es möglich, daß sich

*) Der bürgerliche und Naturstand unterscheiden sich dadurch von einander, daß in jenem Alle unter einem Oberhaupte stehen, in diesem jeder in allen Angelegenheiten sein eigener Richter ist; daß es in jenem eine austheilende Gerechtigkeit giebt, die jedermann widerfahren läßt, was er verdient, und daß in diesem die Uebermacht entscheidet und daher niemand zu seinem Rechte gelangt. Der Naturzustand ist ein Stand der Ungerechtigkeit, weil dadurch, daß jeder sein eigener Richter ist, das Recht ohne Effekt bleibt. Die Menschen können daher mit Gewalt genöthigt werden, diesen Zustand zu verlassen, weil sie niemand Sicherheit gewähren.

Der Uebers.

sich entweder ein Unbesonnener, oder ein Verzweifelter, oder ein verschlagener Wagehals finde, der Andere zu seinen Absichten hinzulenken und der unter ihnen desto angenehmere und verführerische Hoffnungen zu erregen versteht, je größer die Anzahl ist, welche die Gefahr des Unternehmens theilen. Der Werth, den Unglückliche auf ihr Leben legen, vermindert sich nach dem Maaße des Elendes, das sie erdulten. Dies ist Ursache, warum Eine Beleidigung immer neue erzeugt, weil der Haß weit länger als die Liebe dauert; der Erstere erhält durch die Fortdauer der Handlung immer neue Kräfte, da hingegen die zweite durch fortdauernden Genuß sich selbst vermindert *).

§. 39.

Von dem Familiengeiste.

Der Familiengeist ist eine andere allgemeine Quelle von Irrthümern und Ungerechtigkeiten in der Gesetzge-

*) Der Gesetzgeber darf nicht zuerst auf das Nützliche sehen, wenn er gerecht seyn will, weil ihm der Nutzen oder Schaden keinen sichern Maaßstab gewährt, wornach er die allgemeine Verbindlichkeit eines Gesetzes entscheiden könnte. Nur der ist ein weiser Gesetzgeber, der Aller Willkühr einem gleichen Gesetze unterwirft, der nur Handlungen der Menschen gegen einander vor sein Forum zieht, der auf die Bedürfnisse der Nation Rücksicht nimmt und sie zu befriedigen die zweckmäßigsten Mittel ergreift. Sieht er hingegen bei seinen Gesetzen auf den bloßen Nutzen, so verliert er sich in Irrgänge, aus welchen es keinen Ausweg giebt und er erndtet, anstatt Lob und Segen, Schande und Verwünschungen ein.

Der Uebers.

setzgebung. Man bemerkt, daß die Grausamkeit und andere Fehler der peinlichen Gesetzgebung auch von den aufgeklärtesten Männern gut geheißen und in den freiesten Staaten in Ausübung gebracht worden sind, weil man die Gesellschaft mehr für eine Familienverbindung als für eine Vereinigung von Menschen angesehen hat *). Man setze den Fall, eine Nation bestehe aus hunderttausend Menschen, oder aus zwanzigtausend Familien, deren jede 5 Personen, das Oberhaupt, das sie vorstellt mit

*) Eine Regierung, sagt Kant, die auf dem Prinzip des Wohlwollens gegen das Volk als eines Vaters gegen seine Kinder errichtet wäre, d. i. eine väterliche Regierung (imperium paternale), wo also die Unterthanen als unmündige Kinder, die nicht unterscheiden können was ihnen wahrhaft nützlich oder schädlich ist, sich bloß passiv zu verhalten genöthigt sind, und wie sie glücklich seyn sollen, bloß von dem Urtheile des Staatsoberhauptes und daß dieser es auch wolle, bloß von seiner Gütigkeit zu erwarten, ist der größte denkbare Despotismus (eine Verfassung, die alle Freiheit der Unterthanen, die alsdann gar keine Rechte haben, aufhebt). Nicht eine väterliche, sondern eine vaterländische Regierung (imperium non paternale, sed patrioticum) ist diejenige, welche allein für Menschen, die der Rechte fähig sind, zugleich in Beziehung auf das Wohlwollen des Beherrschers gedacht werden kann. Patriotisch nämlich, ist die Denkungsart, da ein jeder im Staate (das Oberhaupt desselben nicht ausgenommen) das gemeine Wesen als den mütterlichen Schoß oder das Land als den väterlichen Boden, aus und auf dem er selbst entsprungen und welchen er auch so als ein theueres Unterpfand hinterlassen muß, betrachtet, nur um die Rechte desselben durch Gesetze des gemeinsamen Willens zu schützen, nicht aber, es seinem unbedingten Belieben zum Gebrauch zu unterwerfen, sich für befugt hält.

mit eingerechnet, stark ist. Wenn die Vereinigung Familienweise eingegangen ist, so giebt es nur zwanzigtausend Menschen und achtzigtausend Sclaven; ist sie aber Personenweise abgeschlossen worden, so giebt es hunderttausend Bürger und keinen einzigen Sclaven. Im ersten Falle gründet man eine Republik und zwanzigtausend kleine Monarchieen, aus welchen jene zusammengesetzt ist; im zweiten wird nicht allein auf öffentlichen Plätzen und in Volksversammlungen ein republikanischer Geist athmen, sondern auch in dem Innern der Häuser, welche den größten Theil von dem Glücke oder von dem Elende der Menschen in sich schließen. Da die Gesetze und Sitten eine Wirkung der eingewurzelten Gesinnungen der Mitglieder eines gemeinen Wesens, oder der Oberhäupter der Familien sind, so wird sich im ersten Falle nach und nach in die Republik selbst ein monarchischer Geist einschleichen, weil dieser keine ander Hinderniß, als das entgegengesetzte Interesse eines jeden Familienhauptes, und nicht den lebendigen und Allgemein-Geist der Freiheit und Gleichheit zu besiegen hat. Der Familiengeist ist ein Kleinigkeitsgeist, der sich bloß mit kleinen unbedeutenden Dingen beschäftigt. Der herrschende Geist der Republiken hingegen, der sich auf allgemeine Grundsätze gründet und sie auch beherrscht, blickt auf die Thaten, bringt sie in allgemeine Classen und weiß wichtige für den größten Theil des Volks zuträgliche Folgerungen daraus zu ziehen. In Republiken, welche aus Familien bestehen, bleiben die Kinder so lange unter der Gewalt des Oberhauptes, bis daselbe stirbt und sie müssen erst von seinem Tode eine von dem Gesetzen allein abhängige Existenz erwarten. Da sie in jüngern und kraftvollen Jahren, wo ihre Thätigkeit noch wenig von der aus der Erfahrung entstandnen Furcht, die man Mäßigung nennt, gehemmt wird, sich zu schmiegen und zu zittern gewohnt sind, wie sollen sie den Hindernissen widerstehen können, die immer das Laster der Tugend in einem kraftlosen und hinfälligen Alter entgegensetzt, wo man sogar die Hoffnung aufgiebt, die Früchte seiner Bemühungen zu erndten, welches von kühnen Unternehmungen abschreckt?

In Republiken aber, wo ein jedes Individuum Staatsbürger ist, ist die Familie keine durch Gewalt erzwungene, sondern durch Vertrag eingegangene Unterwerfung. Haben die Kinder das Alter erreicht, das sie von der Abhängigkeit der Natur, das heißt, von der Schwäche und von dem Bedürfnisse der Erziehung und des Schutzes befreiet, so werden sie freie Mitglieder der Gesellschaft und unterwerfen sich nur dem Familienhaupte, um an den Vortheilen Antheil zu nehmen, welche diese Unterwerfung gewährt; eben so wie es freie Menschen in Beziehung auf die große Gesellschaft machen.

In Republiken, wo bloß die Familienväter Bürger sind, steht die Jugend, das ist, der größte und nützlichste Theil, unter der Willkühr der Väter; in Staaten hingegen, wo jeder männliche Bewohner Bürger ist, findet kein anderes gebotenes Band statt, als jene heilige und unverletzliche Pflicht, sich einander allen nöthigen Beistand zu leisten und dankbar für die erhaltenen Wohlthaten zu seyn: und das Gefühl, diese

Pflich-

Pflichten zu erfüllen, ist nicht sowohl durch die Bösartigkeit des menschlichen Herzens, als durch eine übelverstandene Unterwürfigkeit, welche die Gesetze gebieten, ausgerottet worden.

Dergleichen Widersprüche zwischen den Familiengesetzen und den Grundgesetzen des gemeinen Wesens sind eine zweite Quelle von andern Widersprüchen zwischen der öffentlichen und häuslichen Sittenlehre und verursachen einen immer fortdauernden Kampf in dem Gemüthe eines jeden Menschen. Die häusliche Sittenlehre flößt Unterwürfigkeit und Furcht, die öffentliche Muth und Freiheit ein; jene lehrt den Menschen, seine Wohlthätigkeit auf eine kleine Anzahl nicht freiwillig gewählter Personen beschränken, diese aber, gegen alle Klassen von Menschen wohlthätig seyn; jene befiehlt, sich selbst stets einem erdichteten Götzen aufzuopfern, den man das Beste der Familie nennt, das doch oft keinem ihrer Mitglieder einen wirklichen Vortheil gewährt; diese zeigt, wie man für sein eigenes Wohl sorgen könne, ohne die Gesetze zu übertreten, oder muntert die Bürger auf, sich ihrem Vaterlande aufzuopfern, und zeigt ihnen im Geiste die Belohnung voraus, welche ihre Aufopferung erwartet. Dergleichen Widersprüche sind Ursache, daß die Menschen so ungern der Tugend folgen, die sie so verhüllt, so unkenntlich und in einer solchen Entfernung erblicken, die von der Dunkelheit sowohl der physischen als der moralischen Gegenstände herrührt. Wie oft erstaunt nicht der Mensch, sich unredlich zu finden, wenn er auf sein vergangenes Leben zurück blickt!

Je mehr sich die Gesellschaft vermehrt, ein desto geringerer Theil des Ganzen wird jedes Mitglied und in gleichem Verhältnisse vermindert sich auch der republikanische Geist, wenn die Gesetze nicht dafür sorgen, ihm neue Stärke zu geben. Die bürgerlichen Gesellschaften haben, wie die menschlichen Körper, ihre bestimmten Grenzen, die sie nicht überschreiten dürfen, ohne daß ihre innere Einrichtungen nothwendig zerrüttet werden. Die Größe eines Staats scheint in einem umgekehrten Verhältnisse mit dem Grade der Empfindlichkeit und Thätigkeit seiner Bürger stehen zu müssen, denn wenn beide im Verhältnisse der Bevölkerung zunähmen, so würden die guten Gesetze, wenn sie den Verbrechen vorbeugen wollten, ein Hinderniß in dem Guten selbst, das sie hervorgebracht haben, finden. Eine allzu große Republik rettet sich nur dadurch vor dem Despotismus, daß sie sich selbst zertheilt und in eine Menge verbündeter Republiken vereinigt *). Allein wie

*) Große Republiken, wenn sie ein weißlich organisirte Verfassung haben, verdienen den Vorzug vor kleinen, weil, wenn in jenen auch eine Verschwörung, die auf den Umsturz der Verfassung abzielt, in der Hauptstadt ausbrechen sollte, sie doch nicht leicht gelingen kann, da die Macht, die sie noch in den übrigen Provinzen zu bestreiten hat, zu groß ist, als daß man sich nach ihren Absichten bequemen sollte. Große Staaten erfordern auch nicht so viele Regierungskosten und befördern mehr den Weltbürgergeist, auf dessen Verbreitung die Menschen hinarbeiten sollen, als eine Menge kleiner abgesonderter Staaten. Die Masse der Einsichten bringt in großen Republiken weit leichter Verbesserungen zu wege, als in kleinen, zumal wenn Preßfreiheit in ihnen herrscht, welche die Stimme des Volks allzu gewaltig macht,

wie kann man diesen Zweck erreichen? Hierzu ist ein despotischer Diktator nöthig, der den Muth eines Sylla und eben so viel Talente zum Aufbauen hätte, als dieser zum Niederreißen hatte. Wäre ein solcher Mann ehrgeitzig, so würde ihn der Nachruhm aller Jahrhunderte krönen; wäre er Philosoph, so würden ihn die Segenswünsche seiner Mitbürger für den Verlust seines Ansehens schadlos halten, wenn er nur gegen ihre Undankbarkeit nicht gleichgültig würde.

Je schwächer die Gefühle, die uns an den Staat ketten, werden, desto mehr verstärken sich diejenigen, die uns an die Gegenstände, die uns umgeben, fesseln. Daher sind unter dem wüthensten Despotismus die Freundschafsbande stärker und dauerhafter und die Familientugenden (die immer mittelmäßig sind) die gemeinsten, oder vielmehr die einzigen. Hieraus kann

 man

macht, als daß man sich ihrer Foderung widersetzen sollte. Sie sind auch der Industrie und den Wissenschaften günstiger, weil die Regierung leichter große und nützliche Institute errichten kann und weil die Gelehrten eines Landes immer in einer engern Verbindung mit einander stehen, als mit dem Auslande. Daß größe Staaten zum Kriege geneigt seyn sollten, gilt nur von Despotien, aber nicht von solchen Staaten, wo alle Gewalten verfassungsmäßig von einander getrennt sind, wo den Bürgern das Recht, über Krieg und Frieden zu entscheiden zukommt und wo sie nicht allein alle Kosten und Beschwerlichkeiten des Krieges tragen, sondern wo auch die Gewalthabenden nach kurzer Zeit selbst fechten müssen. Wenn sie also auch das Recht und die Pflicht gegen die Menschheit nicht vom Kriege abhalten sollte, so wird sie doch der Eigennutz davon abschrecken.

Der Uebers.

man sehen, wie eingeschränkt die Gesichtspunkte der meisten Gesetzgeber gewesen sind!

§. 40.

Von dem Fiscus.

Es hat einen Zeitraum gegeben, wo alle Strafen, Geldstrafen waren. Die Verbrechen der Menschen waren das Erbgut des Fürsten. Die Angriffe auf die öffentliche Sicherheit waren ein Gegenstand des Gewinns: derjenige, der sie zu vertheidigen bestimmt war, hatte einen Vortheil dabei, wenn er sie gestört sah. Der Gegenstand der Strafen war damals ein Prozeß zwischen dem Fiscus, der diese Strafen zuerkannte und dem Schuldigen, den sie trafen; eine bürgerliche Streitsache oder vielmehr eine Privat- als eine öffentliche Angelegenheit, die dem Fiscus andere Rechte einräumte als ihm die Sorge für die öffentliche Sicherheit zu gestatten erlaubte, und dem Schuldigen andere Bedrückungen aufbürdete, als wozu er um der Nothwendigkeit des Beispiels willen hätte verdammt werden können *).

Der

*) Alle Prozesse müssen umsonst geführt werden, damit die Obrigkeit nicht der Versuchung des Eigennutzes und des Verdachtes der Partheilichkeit ausgesetzt werde. Alle Obrigkeiten müssen fixe Besoldungen erhalten, damit sie ihre Geschäfte ohne Sorgen und mit Fleiß und Pünktlichkeit abwarten können. Ueberdies ist die Austheilung der Gerechtigkeit Zweck des Staatsvertrages zu dessen Vollziehung alle Bürger nach ihrem Vermögen beizutragen verbunden sind. Jeder Einzelne muß nunmehro, ohne weitere Vergeltung, sein Recht erhalten, wenn der Staat seiner Pflicht nachkommen will. Die Gesetze

Der Richter war daher vielmehr ein Sachwalter des Fiscus, als ein unpartheiischer Untersucher der Wahrheit, er war vielmehr ein Geschäftsführer der Casse des Fiscus, als ein Beschützer und Diener der Gesetze. Erkannte sich jemand nach diesem Systeme für schuldig, so erklärte er sich für einen Schuldner des Fiscus, welches der Zweck des peinlichen Verfahrens in den damaligen Zeiten war. Das Eingeständniß des Verbrechers, das man so lenkte, daß es dem Fiscus nicht zum Schaden, sondern zum Vortheile gereichte, war also und ist noch heutiges Tages der Mittelpunkt, um welchen sich die ganze peinliche Rechtsgelehrsamkeit dreht; denn die Wirkungen dauern immer noch sehr lange fort, wenn gleich die Ursachen nicht mehr vorhanden sind. Ohne das Eingeständniß wird den durch unbezweifelte Beweise überführten Schuldigen eine geringere Strafe treffen, als diejenige ist, die er leiden sollte, wenn er sein Verbrechen eingestanden hätte und ohne dasselbe bringt man ihn nicht auf die Folter, um aus ihm das Geständniß noch anderer Verbrechen von der Art, die er begangen haben könnte, heraus zu bringen. Hat der Richter das Eingeständniß erhalten, so wird er Herr des Körpers des Schuldigen und martert ihn

Gesetze aber müssen gerecht, deutlich, bestimmt und einfach, die Prozeßform darf nicht verwickelt seyn, und die Prozesse dürfen nicht lange dauern, sondern müssen durch ihre kurze Dauer und durch ihre gerechte Entscheidung die Streitsucht unter den Menschen, die eine Frucht verworrener und dunkler Gesetze, der Habsucht der Richter und der Rabulisterei der Advocaten ist, ausrotten.

Der Uebers.

ihn methodisch, um wie aus einem gekauften Landgute allen möglichen Vortheil zu ziehen.

Hat man die Wirklichkeit des Verbrechens bewiesen, so macht das Eingeständniß einen überzeugenden Beweis aus und um nun diesen Beweis weniger verdächtig zu machen, so erpreßt man es mit Gewalt durch Zuckungen und bis zur Verzweiflung gehenden Schmerzen aus, weil man zu gleicher Zeit eingesteht, daß ein außergerichtliches, ruhiges und gleichgültiges Bekenntniß, ohne die übermächtige Furcht einer peinigenden Untersuchung zur Verdammung nicht hinreichend sey. Man schließt die Untersuchungen und Beweise aus, die die Thatsache zum Vortheile des Angeklagten aufklären, aber den Ansprüchen des Fiscus nachtheilig seyn würden. Nicht zur Linderung des Elendes, noch aus Mitleiden gegen menschliche Schwäche geschieht es, daß man die Schuldigen zuweilen mit der Folter verschont, sondern zu Gunsten der Ansprüche, die dieses eingebildete und unbegreifliche Wesen verlieren könnte. Der Richter wird ein Feind des Angeschuldigten, eines Menschen, der in Ketten schmachtet, und der eine Beute der Quaalen, eines ungesunden Gefängnisses und der schrecklichsten Zukunft ist. Er sucht nicht die Wahrheit der Thatsache auszumitteln, sondern spürt nur an dem Gefangenen nach einem Verbrechen, er legt ihm Fallstricke und glaubt zu verlieren, wenn ihm sein Wunsch nicht gelingt und wähnt, der Untrüglichkeit, die sich der Mensch in allen Dingen anmaaßt, zu nahe zu treten. Es steht in der Gewalt des Richters, die Anzeigen zu bestimmen, welche zur

Ver-

Verhaftnehmung eines Menschen hinreichend sind: damit jemand seine Unschuld beweise, muß er vorher schuldig erklärt werden. Das heißt einen Angriffsprozeß führen und gleichwohl ist ein solches peinliches Verfahren fast an jedem Orte des aufgeklärten Europas noch im 18ten Jahrhunderte gewöhnlich. Der wahre Untersuchungsprozeß, d. i. eine ruhige Erforschung der Thatsache, die die Vernunft gebietet, die Kriegsgesetze befolgen und die selbst der asiatische Despotismus in ruhigen und gleichgültigen Fällen gebraucht, trifft man äußerst selten in den europäischen Gerichtshöfen an. Welch' ein verwirrtes Labyrinth von sonderbaren Ungereimmtheiten, die einer glücklichern Nachwelt unglaublich vorkommen werden! Nur die Philosophen allein werden die Möglichkeit eines solchen Systems aus der menschlichen Natur erklären können!

§. 41.

Von Vorbeugungsmitteln gegen Verbrechen.

Es ist besser Verbrechen vorzubeugen, als sie zu bestrafen. Dies ist der Hauptzweck einer jeden guten Gesetzgebung, die in der Kunst besteht, den Menschen die größre Summe von Glückseligkeit zu verschaffen, oder sie von so wenig als möglich Uebeln heimsuchen zu lassen. Der Gesetzgeber muß alles Glück und Unglück dieses Lebens in Anschlag bringen. Die Mittel aber, die man bisher zur Beförderung der Glückseligkeit der Nationen angewandt hat, sind größtentheils elend und dem beabsichtigten Zwecke zu wider gewesen. Es ist nicht möglich, die unruhige Thätigkeit des Menschen einer

einer geometrischen Ordnung zu unterwerfen, ohne daß nicht Unregelmäßigkeiten und Verwirrungen vorfallen sollten. Wie die unwandelbaren und höchst einfachen Gesetze der Natur nicht verhindern, daß die Planeten in ihren Bewegungen nicht Störungen erfahren sollten, so können auch nicht menschliche Gesetze bei den zahllosen und entgegengesetztesten Anziehungen der Freude und des Schmerzes Störungen und Unordnungen verhüten. Und gleichwohl wollen eingeschränkte Köpfe dies Hirngespenst verwirklichen, wenn sie Gewalt in Händen haben *). Eine Menge gleichgültiger Handlungen verbieten, heißt nicht den Verbrechen, die davon eine Folge seyn können, vorbeugen, sondern zu andern Verbrechen Veranlassung geben: es heißt willkührlich die Begriffe von Tugend und Laster bestimmen, die man uns doch für ewig und unwandelbar ausgiebt. Wie elend würde es um uns stehen, wenn man uns alles das verbieten wollte, was uns zu einem Verbrechen verleiten könnte. Man müßte dem Menschen den Gebrauch seiner Sinne entziehen. Gegen einen Bewegungsgrund, der die Menschen ein wirkliches Verbre-

chen

*) Immer werden Verbrechen begangen werden, so lange die Menschen nicht den Grad von moralischer Ausbildung erlangt haben, daß sie allein dem Sittengesetze und zwar bloß aus Achtung gegen dasselbige gehorchen. Dieser Zeitpunkt scheint aber noch weit entfernt zu seyn. Die Pflicht einer guten Gesetzgebung beschränkt sich daher jetzt bloß darauf, durch Unterricht und gutes Beispiel die Anzahl der Verbrechen zu verringern und jedes Verbrechen gerecht, bald und ohne Unterschied des Standes zu bestrafen.

Der Uebers.

chen zu begehen anreitzt, giebt es tausend andere, die sie zu gleichgültigen Handlungen, die schlechte Gesetze Verbrechen nennen, antreiben *). Und wenn nun die Wahrscheinlichkeit, daß ein Verbrechen begangen werden wird, mit der Anzahl der Beweggründe dazu in Verhältniß steht, so heißt es die Sphäre der Verbrechen erweitern, wenn man die Wahrscheinlichkeit vermehrt, daß sie begangen werden können. Der größte Theil der Gesetze sind nur ausschließende Vorrechte, das heißt, ein Tribut Aller zum Vortheil einiger Wenigen.

Wollt ihr Verbrechen vorbeugen, so wendet alle eure Mühe darauf, daß die Gesetze deutlich und einfach seyn, und daß man die ganze Stärke der Nation zu ihrer Vertheidigung vereinige, ohne daß ein Theil dieser Stärke zu ihrer Vernichtung angewandt werden könne. Man sehe darauf, daß die Gesetze weniger die verschiedenen Stände der Menschen, sondern die Menschen selbst begünstigen *). Man flöße diesen Furcht vor

*) Nichts darf vor dem äußern Rechte verboten und als ein Verbrechen angesehen werden, wenn es begangen worden ist, als was irgend jemandes Recht beeinträchtigt. Giebt es auch gleich vor dem Sittengesetze keine gleichgültigen Handlungen, so giebt es doch dergleichen vor dem äußern Rechte, und diese dürfen vom Staate weder geboten noch verboten, sondern der Willkühr der Menschen anheim gestellt werden, welche dafür ihrem Gewissen verantwortlich sind.

Der Uebers.

*) Es giebt kein wirksamer Mittel, Verbrechen zu steuern und ihnen vorzubeugen, als gerechte und allgemeingültige Gesetze. Jedermann huldigt ihnen und befolgt sie gern.

vor den Gesetzen ein, aber nur vor den Gesetzen allein. Die Furcht vor den Gesetzen ist heilsam, aber die Furcht eines Menschen vor einem Andern, ist eine unselige und fruchtbare Quelle von Verbrechen. Sclaven sind wollüstiger, zügelloser und grausamer als freie Menschen. Diese denken über die Wissenschaften und über die Vortheile der Nationen nach, werden große Gegenstände gewahr und führen große Dinge aus; jene aber mit der Gegenwart zufrieden, suchen im Geräusche eines zügellosen und liederlichen Lebens eine Zerstreuung, um dem schrecklichen Zustande zu entfliehen, worinn sie sich erblicken. An die Ungewißheit des Ausgangs aller Begebenheiten gewöhnt, wird der Erfolg ihrer Verbrechen für sie selbst zweifelhaft. Diese Ungewißheit giebt der Leidenschaft, die sie dazu anreitzt, eine neue Stärke.

Macht eine Nation das Klima träge und gleichgültig, so erhält und vermehrt die Ungewißheit der Gesetze ihre Unthätigkeit und Dummheit: trifft hingegen diese

gern. Auch der größte Bösewicht schaudert vor der Verletzung eines so heiligen Verbotes und Gebotes zurück, das er durch seine Handlungen aufzuheben willens ist. Diese Ehrfurcht ist so tief in der menschlichen Natur eingewurzelt, daß jedes Geist sich auch unwillkührlich vor dem Guten und vor dem Rechte beugt. Gerechte Gesetze, die Aller Rechte schützen, das Unrecht allein verbieten und weder zu viel noch zu wenig thun, sind daher nebst einer vernünftigen Erziehung und einem zweckmäßigen Unterrichte die besten Mittel von Verbrechen abzuhalten. Ungerechte Gesetze hingegen beleidigen nnd empören die menschliche Natur, fodern die Menschen zu Verbrechen heraus und übersäen die Erde mit Frevelthaten und Ungerechtigkeiten.

Der Uebers.

diese Ungewißheit eine wollüstige aber thätige Nation, so verschwendet sie ihre Thätigkeit an eine ungeheuere Menge von listigen Ränken und Anschlägen, die den Saamen des Mistrauens in Aller Herzen ausstreuen und die den Verrath und die Heuchelei zur Grundlage der Klugheit machen. Fällt endlich diese Ungewißheit auf eine muthige und tapfere Nation, so wird sie vernichtet, nachdem sie vorher die Veranlassung von vielen Hin- und Herschwanken von der Freiheit zur Sclaverei und von der Sclaverei zur Freiheit gewesen ist.

Wollt ihr Verbrechen vorbeugen, so macht, daß die Aufklärung im Gefolge der Freiheit sey. Je mehr sich die Kenntnisse verbreiten und die Wissenschaften erweitern, desto geringer wird die Anzahl der Uebel, die von ihnen herrühren und desto mehr vermehren sich die Vortheile, die sie gewähren. Ein kühner Betrüger (der niemals ein Mensch von gemeinen Talenten ist) wird von einem unwissenden Volke höchlich verehrt, von einem aufgeklärten aber verachtet: denn Kenntnisse erleichtern dem Menschen die Vergleichung der Gegenstände. Sie lernen ihm dieselben aus mehrern Gesichtspunkten betrachten und viele Empfindungen einander entgegenstellen, welche sich wechselsweise einschränken und ihm desto leichter an Andern, eben die Gesichtspunkte und eben den Widerstand voraussehen lassen, welchen er selbst zu machen geneigt ist. Vor der Aufklärung, welche in großer Menge unter einer Nation verbreitet ist, schweigt die verläumderische Unwissenheit, zittert das Ansehen, wenn es nicht mit Gründen bewaffnet ist und nur die starke Macht der Gesetze bleibt uner-

unerschütterlich: denn es giebt keinen aufgeklärten Mann, der nicht die öffentlichen Verträge, deren Nutzen offenbar und deutlich ist und die die Grundsäulen der öffentlichen Sicherheit sind, liebe, wenn er den geringen Theil der unnützen Freiheit, die er aufgeopfert hat, mit der Summe der Freiheit aller Andrer vergleicht, welche sie ihm aufgeopfert haben, und der erwägt, wie sie ohne Gesetze sich gegen seine Sicherheit verschwören könnten.

Wer ein gefühlvolles Herz hat, wer einen Blick auf ein gutes Gesetzbuch wirft und findet, daß er weiter nichts verloren hat, als die unselige Zügellosigkeit, Andern Uebels zu thun, wird den Thron und denjenigen, der darauf sitzet, zu seegnen gezwungen seyn.

Es stimmt nicht mit der Wahrheit überein, daß die Wissenschaften immer der Menschheit nachtheilig gewesen seyn; und waren sie dies auch jemals, so war es ein Uebel, das die Menschen nicht vermeiden konnten *). Die Vermehrung des menschlichen Geschlechts auf

*) Das Fortschreiten in der Kultur und also die Erweiterung der Wissenschaften und die Vermehrung der Kenntnisse ist ein Naturgesetz, welchem der Mensch gehorchen muß. Die Wissenschaften sind daher keine erkünstelten Bedürfnisse, sondern nothwendige Erzeugnisse des menschlichen Geistes. Sie sind zwar die Ursache von einer Menge von Uebeln und sie lernen uns vorher nie bemerkte kennen (die idealisirende und sophistisirende Vernunft und die schöpferische Einbildungskraft sind unerschöpflich in Erfindung neuer Leiden) aber geben sie uns denn nicht auch zugleich Mittel dagegen an die Hand? Die Leiden, welchen der Mensch durch die Wissenschaften zur Beute wird, sind sehr zahlreich und scheinen unerträglich zu seyn,

auf der Erde hat den Krieg, die Handwerke, die rohen Künste und die ersten Gesetze erzeugt, die nur augenblickliche Verträge waren, die von der Nothwendigkeit herrührten und mit ihr vernichtet wurden. Dieses war die erste Philosophie der Menschen, deren wenige Grundsätze in ihren Urstoffen richtig waren, weil ihre Trägheit und ihr weniger Scharfsinn sie vor dem Irrthume bewahrten.

Da aber mit der Vermehrung der Menschen sich die Bedürfnisse vervielfältigen, so waren stärkere und dauerhaftere Eindrücke nöthig, um die Menschen von öftern Rückfällen in den ersten Stand der Ungeselligkeit abzuhalten, der täglich gefährlichere Folgen nach sich zog. Diese ersten Irrthümer, die die Erde mit erdichteten Gottheiten bevölkerten und ein unsichtbares Weltall, das unsere Erde beherrschte, schufen, leisteten daher der Menschheit einen großen (politischen) Dienst. Diejenigen Männer, welche die Menschen in Erstaunen

seyn, weil sie mehr unsern Geist als unsern Körper treffen und weil wir sie stets mit uns herumtragen müssen, aber haben sie denn keinen Zweck? Erhalten sie den Menschen nicht in steter Thätigkeit? Lernen wir nicht durch vermehrte Einsichten immer mehr Mittel kennen, welche den zahllosen Schwarm von Uebeln, die auf uns losstürmen, in die Flucht schlagen? Und gewähren uns denn nicht die Wissenschaften eine Menge Freuden und Wohlgenüsse, die der Wilde nicht kennt? Haben wir ihnen nicht die Freuden der Einbildungskraft und des Verstandes, deren Anzahl nicht gering ist, zu danken? Haben sie nicht auch die moralischen Freuden vermehrt und uns neue Vergnügungen in dem Gebiete des Geschmacks angewiesen?

Der Uebers.

nen zu setzen wagten und die gelehrige Unwissenheit zu den Altären hinschleppten, waren Wohlthäter des Menschengeschlechts. Sie stellten dem Volke Gegenstände dar, die über die Sinnenwelt hinauslagen, die sich immer mehr von ihm entfernten, je näher es ihnen zu kommen glaubte und die man niemals zu verachten wagte, weil man sie nicht kannte. Sie vereinigten und richteten die verschiedenen und getheilten Leidenschaften auf einen einzigen Gegenstand, der sich ihrer ganzen Seele bemeisterte. So waren die ersten Schicksale aller Völker beschaffen, die aus Wilden entstanden. Dies war die Epoche der Bildung der großen Gesellschaften und von der Art war ihr nothwendiges und vielleicht einziges Band. (Ich spreche nicht von jenem auserwählten Volke Gottes, bei welchem die außerordentlichsten und die ausgezeichnetesten Beweise der göttlichen Gnade die Stelle der menschlichen Staatskunst vertraten.) Wie aber der Irrthum das Eigene hat, daß er sich bis ins Unendliche theilt, so machten diejenigen Wissenschaften, die ihm ihr Daseyn verdankten, aus dem Menschen einen fanatischen Haufen von Blinden, die in einem verschlossenen Labyrinthe an einander stoßen und sich so in einander verwirrten, daß einige gefühlvolle Seelen und philosophische Geister den alten Zustand der Wildheit bedauerten. Dies ist die erste Epoche, wo die Kenntnisse oder besser, die Meinungen schädlich sind.

In der zweiten Epoche findet der schwere und schreckliche Uebergang von den Irrthümern zur Wahrheit, von der unerkannten Finsterniß zum Lichte statt. Es entsteht ein ungeheurer Kampf der Irrthümer, die einigen wenigen Mächtigen nützlich sind, gegen die Wahrheit, die vielen Ohnmächtigen Nutzen gewährt. Die Annäherung und die Gährung der Leidenschaften, die bei dieser Gelegenheit aufwachen, fügen den unglücklichen Sterblichen zahllose Uebel zu. Wer über die Geschichte, deren Hauptepochen nach gewissen Zwischenräumen immer wieder erscheinen, nachdenkt, wird finden, daß in dem traurigen, aber nothwendigen Uebergange von der Finsterniß der Unwissenheit zum Lichte der Philosophie, und von der Tyrannei zur Freiheit, oft eine ganze Generation dem Glücke der nachfolgenden aufgeopfert wird *). Wenn aber die Gemüther beruhigt sind, und das Feuer, das die Nation von den Uebel, die sie bedrückten, reinigte, gelöscht ist, dann gelangt die Wahrheit, deren Fortschritte anfänglich langsam sind, hernach aber beschleunigt werden, auf die Throne, sie wird eine Gefährtin der Monarchen, man erbauet ihr in den Parlamenten der Republiken Altäre

und

*) Alle großen Veränderungen in den Verfassungen der Völker sind mit Aufopferungen für Einzelne verbunden, weil man einer Menge von Ungerechtigkeiten ein Ende macht; allein nicht Alle verlangen Opfer von der ganzen Nation, wie es bei politischen Revolutionen der Fall ist, in welchen sich fremde Mächte einmischen, wogegen sich diejenige Nation, welche die Veränderung getroffen hat, zu vertheidigen verbunden ist. Solche Revolutionen sind gefräßige Raubthiere, welche die Menschen in Haufen verschlingen, woran aber nicht die Veränderungen unter einer Nation selbst, sondern die unbefugte Einmischung schuld ist. Ist aber endlich die begangene Veränderung vollendet und alles ruhig, alsdann kehrt Glück, Ruhe und Ueberfluß bald desto reichlicher unter die Nation zurück.

Der Uebers.

und erzeigt ihr eine göttliche Verehrung. Wer kann nun wohl noch glauben, daß das Licht, welches den großen Haufen erleuchtet, schädlicher sey als die Finsterniß und daß eine richtige Erkenntniß von dem wahren und einfachen Verhältnisse der Dinge den Menschen nachtheilig sey *)?

Wenn die blinde Unwissenheit weniger schädlich ist als ein mittelmäßiges und verwirrtes Wissen, weil dieses mit den Uebel der Unwissenheit noch die Uebel des Irrthums verbindet, (ein unvermeidliches Schicksal für denjenigen, der viel zu kurzsichtig ist als daß er die Grenzen der Wahrheit wahrnehmen sollte,) so ist ein aufgeklärter Mann das kostbarste Geschenk, das ein Regent einer Nation und sich selbst machen kann, wenn er ihn zum Verwahrer und Hüter der geheiligten Gesetze bestellt. Gewohnt die Wahrheit zu sehen ohne sie zu fürchten, über den größten Theil der eingebildeten Bedürfnisse erhoben, die niemals zur Gnüge befriedigt werden

*) Die Aufklärung ist nur Ungerechtigkeiten gefährlich. Sie ist vielmehr die Stütze der Staaten welche sich auf das Recht gründen und die Gerechtigkeit handhaben. Der Bürger, der einsieht, warum ihm etwas befohlen wird, gehorcht gern, wenn er auch das Widerrechtliche eines Gesetzes wahrnehmen sollte, weil er das Gesetz, so lange es nicht aufgehoben ist, als den Erhalter der bürgerlichen Gesellschaft ansieht und den Nationalwillen, wenn er auch nicht mit seinen Einsichten übereinstimmen sollte, heilig achtet. Ganz anders ist es mit einem unwissenden und blinden Haufen, vor dessen Angriffen weder die Gesetze noch der Regent einen Augenblick gesichert ist, weil er kein leitendes und unwandelbares Prinzip bei seinen Handlungen hat, sondern ein Spielwerk der Leidenschaften und der äußern Eindrücke ist. Der Uebers.

werden können und die die Tugend der meisten Menschen in Versuchung führen, pflegt und weiß er die Menschheit aus den erhabensten Gesichtspunkten zu betrachten. Seine Nation sieht er als eine Bruderfamilie an, und der Abstand der Großen von dem Volke kommt ihm desto geringer vor, je größer die Menge von Menschen ist, die er vor Augen hat. Die Philosophen haben Bedürfnisse und Pflichten, die das gemeine Volk nicht kennt, worunter vorzüglich gehört, daß sie die Grundsätze, welche sie in ihrem Studierzimmer geprediget haben, öffentlich ausüben. Sie erwerben die Fertigkeit, die Wahrheit um ihrer selbst willen zu lieben. Eine Auswahl solcher Männer befördert die Glückseligkeit einer Nation, aber eine Glückseligkeit, die nur vorübergehend ist, wenn nicht gute Gesetze die Anzahl derselben so vermehren, daß sich die Wahrscheinlichkeit, die immer noch groß ist, eine schlechte Wahl hierinnen zu treffen, vermindere.

Ein anderes Mittel Verbrechen vorzubeugen, besteht darin, daß man es dahin bringe, daß der Obrigkeit weit mehr an der genauen Vollziehung der Gesetze als an der Verletzung derselben durch Bestechung, gelegen seyn muß. Je größer die Anzahl derjenigen ist, die mit der Vollziehung der Gesetze beauftragt sind, desto weniger gefährlicher sind ihre angemaßten Eingriffe in die Gesetze, weil die Bestechlichkeit unter Mitgliedern, die einander beobachten und die desto weniger interessirt sind, ihr Ansehen zu vermehren, je geringer der Antheil ist, der auf jedes derselben fallen würde, beson-

ders

ders wenn man den Vortheil mit der Gefahr vergleicht, mit mehr Schwierigkeiten verbunden ist. Wenn der Souverain durch Gepränge, durch Feierlichkeiten, durch strenge Befehle, durch Verbietung von gerechten und ungerechten Klagen desjenigen, der sich für unterdrückt hält, seine Unterthanen daran gewöhnt, sich mehr vor den Obrigkeiten als vor den Gesetzen zu fürchten, so werden die Obrigkeiten mehr Vortheil von dieser Furcht haben, als die privat- und die öffentliche Sicherheit.

Ein anderes Mittel, Verbrechen vorzubeugen, besteht in der Belohnung tugendhafter Handlungen. Ueber diesen Gegenstand sehe ich die Gesetze der heutigen Nationen ein allgemeines Stillschweigen beobachten. Wenn die Academien Preiße auf die Entdeckung nützlicher Wahrheiten gesetzt und hierdurch sowohl die Kenntnisse als die guten Bücher vermehrt haben, warum sollten die Belohnungen, welche die Wohlthätigkeit der Tugend ertheilt, nicht auch die Anzahl der tugendhaften Handlungen vermehren *)? Die Münze

*) Die Tugend darf nie belohnt werden, wenn sie nicht ihren eigenthümlichen Charakter und ihre innere Würde verlieren soll. Ihr Charakter ist Uneigennützigkeit und ihre Würde ist ohne allen Preiß. Tugendhafte Handlungen sind eine Gewissenspflicht und warum soll das bezahlt werden, was die Pflicht des Menschen an und für sich selbst fodert? Man erzeige der Tugend nur die gehörige äußere Achtung (die innere kann ihr kein Sterblicher verweigern) und trete tugendhafte Männer nicht in Staub, dann wird schon die Tugend triumphiren.

Der Uebers.

Münze der Ehre ist in den Händen eines weisen Regenten immer unerschöpflich und fruchtbar.

Das sicherste aber schwereste Mittel, Verbrechen zu verhüten, ist die Vervollkommnerung der Erziehung: ein Gegenstand der allzu weitläufig ist und der mich über die Grenzen, die mir vorgeschrieben sind, hinausführen würde, ein Gegenstand, ja ich wage es zu sagen, der allzu enge mit der Natur der Regierung verbunden ist, als daß er nicht immer bis auf die entferntesten Jahrhunderte der öffentlichen Glückseligkeit ein unfruchtbares und nur von wenigen Weisen hier und da bearbeitetes Feld bleiben sollte. Ein großer Mann *), der die Menschheit, die ihn verfolgt, aufklärt, hat ausführlich die Hauptgrundsätze einer für die Menschen wahrhaft nützlichen Erziehungsmethode entwickelt. Er hat bewiesen, daß die Erziehung und der Unterricht weniger in der Beibringung einer unfruchtbaren Menge von Gegenständen, als in der Auswahl und Deutlichkeit derselben bestehe: daß man so wohl bei physischen als bei moralischen Erscheinungen, die der Zufall oder die Geschicklichkeit des Lehrers den jugendlichen Gemüther darbietet, die Urbilder an die Stelle der Abbildungen setzen, und daß man die Jugend auf dem leichten Wege der Empfindung zur Tugend leiten, und sie von dem Bösen auf dem untrüglichen Wege der Nothwendigkeit und der Unannehmlichkeiten, die immer auf die Handlungen folgen und nicht auf dem ungewissen Wege des Befehlens, wo man nur einen verstellten und augenblicklichen Gehorsam erhält, abhalten müsse.

§. 42.

*) Rousseau (J. J.)

§. 42.

Beschluß.

Aus dem bisher Vorgetragenen kann man folgenden allgemeinen und sehr nützlichen, aber mit dem Gebrauch, der der gewöhnlichste Gesetzgeber der Nationen ist, wenig übereinstimmenden Lehrsatz ziehen:

Jede Strafe, die nicht eine Gewaltthätigkeit Eines oder Mehrerer gegen einen einzelnen Bürger seyn soll, muß durchaus öffentlich, schleunig, nothwendig, so gelinde, als sie nach Beschaffenheit der Umstände seyn kann, mit den Verbrechen übereinstimmend und durch die Gesetze bestimmt seyn.

Ende des Beccaria'schen Werkes: über Verbrechen und Strafen.

Leipzig,
gedruckt bei Christian Friedrich Solbrig.